甘肃省中医药产业发展及海外市场拓展研究

甘肃华侨华人研究中心　编

主　编　闫鹏勋

副主编　刘　英

编委会

林　柯　宋圭武　柴裕红　张伟杰

张胜祥　逯　迈　喇杰廉　马元平

马玉田　黄　炜　李晓霞　段建玲

U0896779

兰州大学出版社
LANZHOU UNIVERSITY PRESS

图书在版编目（CIP）数据

甘肃省中医药产业发展及海外市场拓展研究 / 闫鹏勋主编 ; 甘肃华侨华人研究中心编. -- 兰州 : 兰州大学出版社, 2023.9
ISBN 978-7-311-06388-7

Ⅰ. ①甘… Ⅱ. ①闫… ②甘… Ⅲ. ①中国医药学—制药工业—产业发展—研究—甘肃省 Ⅳ. ①F426.7

中国版本图书馆CIP数据核字(2022)第177989号

责任编辑 尚天龙 王 军
封面设计 雷们起

书 名 甘肃省中医药产业发展及海外市场拓展研究
作 者 甘肃华侨华人研究中心 编
闫鹏勋 主编
出版发行 兰州大学出版社 (地址:兰州市天水南路222号 730000)
电 话 0931-8912613(总编办公室) 0931-8617156(营销中心)
网 址 http://press.lzu.edu.cn
电子信箱 press@lzu.edu.cn
印 刷 西安日报社印务中心
开 本 710 mm×1020 mm 1/16
印 张 12.75(插页2)
字 数 227千
版 次 2023年9月第1版
印 次 2023年9月第1次印刷
书 号 ISBN 978-7-311-06388-7
定 价 32.00元

序

中医药作为华夏文明的重要组成部分，不仅是中华民族几千年智慧的结晶，而且为中华民族的繁衍生息和健康长寿提供了重要保障。

2016年2月，国务院颁布《中医药发展战略规划纲要（2016—2030年）》，把发展中医药上升为国家战略，明确了未来15年我国中医药的发展目标和工作重点。

甘肃是中医药文化的重要发祥地，为国家中医药产业的兴起和发展做出了巨大贡献。在古秦州的苍郁山河间，曾经活动着中华原始先民，受三皇之首伏羲的教化而迈向文明。传说中伏羲“一画开天”，已定格为中华哲学的肇始一刻，也成了中华医学思想的源头。此后，崆峒“岐黄问答”成就了中医学之本《黄帝内经》，武威汉医简揭示了先秦前后中医药辨证论治之因，灵台皇甫谧《黄帝三部针灸甲乙经》承前启后了中华针灸学，敦煌莫高窟医学宝卷记述了中医药传承与融合发展。这些弥足珍贵的中华医著和史料，无不印证了甘肃是中华医学文化的发源地。同时，甘肃也是中药材的重要产区。甘肃所处的地理位置，使当地拥有特质迥异的地貌和复杂多变的自然环境，并生化成蕴藏各类中药材的天然宝库，由此也决定了今日甘肃的道地药材源远流长、大宗药材畅销世界、药材商贸兴盛不衰。悠久的中医药文化和丰富的中药材资源，也使甘肃成为中国的中医药产业中心之一。甘肃的中医药产业兴发较早，产业规模和水平位居行业前列。甘肃的中医药企业众多，其产业的迭代更新与时俱进，中药品牌享誉中外，创新专利占比突出，中医药经济助推社会发展的作用重大。

2021年12月颁布的《甘肃省“十四五”中医药发展规划》，围绕打造全国道地药材主产地、全国中医药传承创新发展示范区、“一带一路”中医药合作交流大平台，描绘了由中医药资源大省向中医药强省跨越的崭新蓝图。从中医药资源大省向中医药强省转变的过程中难免会有阵痛，也存在一些需要改进和规范的问题，但这是产业转型升级中的必然，也为所有关心甘肃中医药产业发展的人们提出了新的思考视野和任务。

甘肃省归国华侨联合会作为党和政府联系广大归侨侨眷和海外侨胞的桥梁纽带，具有联系广泛、人才荟萃、智力密集的优势，在传承弘扬中医药文化、促进中医药国际技术交流、推动中医药合作交往、开发中医药海外市场、打造中医药国际经济环境等方面具有独特作用。如何发挥侨联优势，内外联动，助力新时期甘肃中医药发展战略目标的落实，是甘肃省侨联义不容辞的责任。

2021年7月，甘肃华侨华人研究中心在西北民族大学挂牌成立，这是甘肃省侨联与高校合作共建、开展工作的新探索。实践中，我们认识到，自产业经济出现以来，市场就成为产业发展的最终保障，甘肃中医药产业的发展除进一步依靠全国统一大市场的坚强支撑外，同样离不开海外市场的拓展。甘肃要实现国家中医药发展战略目标，完成本省的中医药发展规划任务，除了要强化产业内功，还要赋能企业向外拓展市场。在此背景下，甘肃省侨联委托甘肃华侨华人研究中心开展“甘肃省中医药产业发展及海外市场拓展”专项研究，旨在探究侨联组织在服务经济社会发展、拓展海外联谊、扩大交流合作的同时，如何团结凝聚海内外华侨华人共同参与我省中医药产业建设，进而提出拓展海外市场的对策和建议。

经过一年多的努力，研究成果《甘肃省中医药产业发展及海外市场拓展研究》一书终于面世。在此，感谢参与本书研究的团队成员林柯教授、宋圭武教授、刘英教授、张伟杰教授、逯迈教授、张胜祥教授、黄炜教授、柴裕红副教授、马元平副教授，以及巴基斯坦岐黄中医中心主任喇杰廉、甘肃驻马来西亚商务代表处首席代表马玉田等。在各位的辛勤努力下，本书从历史、现状、产业、法律、社会、生态、科技等视角，追溯了甘肃中医药产业发展的始末，考察了赢得海外市场的必要条件和路径，解析了当下中医药产业发展的方向和存在的问题，阐释了在“一带一路”框架下中医药产业发展的前景和对策。

希望本书为所有关心甘肃中医药产业发展的海内外读者，打开了解甘肃中医药产业本身及其新时期发展需求的窗口，也为相关部门决策和企业发展提供思路。由于专业和水平所限，书中错误之处在所难免，敬请读者批评指正。

甘肃华侨华人研究中心名誉顾问

目 录

上编 中医药产业发展

下编 中医药海外市场拓展

上　编

中医药产业发展

甘肃省中医药产业发展史略

刘 英[①] 丁晓燕[②]

自古以来，在中华医药产业发展史上，甘肃始终具有独特而又重要的地位。远古时期，在陇原大地"羲用八卦释阴阳，'制九针而味百草'，为医理之肇始；黄帝在崆峒山与广成子论养生道，与庆城岐伯问答，成就《黄帝内经》一十八卷，是为中医学之本源"。[1]"自岐伯以降，华夏诸医，远师伏羲阴阳八卦之说，前承《黄帝内经》之论，弘扬经典，证至于临床，用烫熨针石之法，扶救百姓，遂成大医辈出之势。"[2]诸如"汉代陇人……的92枚简书……载方30余帙，涉药百余种"；晋朝皇甫谧"研针灸医术，将《素问》《针经》与《明堂孔穴灸治要》'事类相从，删其浮辞，除其重复，论其精要'而成《针灸甲乙经》……堪称'针圣'"；敦煌医卷和壁画宝藏中的"中医学文献资料，是多文明浇灌而催开的医学奇葩"。三皇陇地，正所谓"羲轩桑梓，河岳根源"者也。[3]

一、相关概念

"中医药"："医药"是基于物质材料及其制品基础上的、用以预防与治疗人类和牲畜疾病的专门手段。而其所利用的物质材料的制成品又有着天然和合成的不同属性。可以说，"中医药"就是中华民族自有的、用以预防与治疗人畜疾病

---

①刘英，西北民族大学历史文化学院教授。

②丁晓燕，西北民族大学党委统战部统战科科长。

的物质材料及天然或合成制品。在我国，中医药已有几千年的发展历史，并形成了独特的中医药传统文化。因而，中医药有其自身的体系化和传统化之特征。

“中医药产业”：“产业”概指在现代社会中与不同物质生产相关的综合经济体，而近代以来的现代物质生产活动模式的出现是其形成的前提；并且产业是现代国家和社会实现经济能力的基本条件，它决定着现代社会生活的水平和质量。因此，“中医药产业”可以被理解为近代以来逐渐形成的与中医药生产活动相关的综合经济体，亦指整个现代中医药业。具体而言，就是依靠中华民族的医学传统文化及其实践体系，采用现代生产模式以生产预防与治疗人、畜疾病所需的物质材料及其天然或合成制品的独立的综合经济体。在我国，中医药产业是整个医药产业的重要组成部分，也是构成国民经济的基本成分。

中医药产业事关现代中医的所有方面，其核心内容是中药材资源在现代经济模式下的开发与利用。一方面，“中药资源从自然属性分析是指在一定地区或范围内分布的各种药用植物、药用动物、药用矿物及其储藏量的总和，是自然资源的组成部分。从社会属性来看，它是用于医疗保健的传统中药、民族药及民间草药等各类物质资产的总和。中药资源是中医药事业发展的重要物质基础”[4]。另一方面，中药材资源既具有实际的药用价值，又蕴藏着重大的经济价值。因此，中药材资源是中医药产业发展的基础性和战略性的条件。

历史上，对中药材资源的开发与利用源远流长，其间经历了野生利用、人工栽培、现代加工、合成制药的演进过程。可以说，中药材资源的禀赋、分布、商品化程度、药品化制造、现代化经营等，均为中医药产业发展的基本要素。

二、甘肃省中药材资源的历史开发

甘肃省地处中国陆地的地理中心，且位居内陆地带，东西经度有16度之差，南北纬度有10个以上，占全国总面积的4.06%。这里，交错分布着山地、河谷、高原、平川、戈壁、沙漠等，平均海拔较高，地势差异很大，兼有亚热带、暖温带、温带季风气候、内陆干旱气候和高寒气候等多样化的气候，并且大部分地方是干旱和半干旱区，常年少雨，光照足，温差大，尤其是全省地势狭长而又普遍北倾，地质结构十分复杂，地貌动力更是多样，直接影响到省内各地的地表水分、热量、地下水系等，使其状态各异。可以说，正是如此复杂而多样的自然环境，使甘肃省成为储藏中药材资源的天然宝地和中华医药学之灿烂文化的源头。

（一）甘肃中药材资源的地理分布

甘肃在历史上就享有“千年药乡”“天然药库”之美称，其中药材资源的地理分布十分广泛。“由于甘肃独特的自然环境，为中药材生产提供了适宜的生长条件。资源丰富，品种繁多，是名副其实的‘中药材之乡’……其中，陇南山区因土壤气候特异，所产中药材更久负盛名。甘肃出产的当归无论数量、质量都居全国之首。所产纹党也是西北党参中之佳品，补益强力，闻名于世。纹党中的晶党、狮子盘头党，更是难得之珍品。黄芪、大黄、甘草、冬花、羌活、柴胡、木香等产量也都较大，质量亦高。”[5]

总的来说，甘肃省的中药材资源主要分布在南部的陇南、甘南地区及定西的部分地区，东部的庆阳、平凉等地区，西部河西走廊和祁连山区的酒泉、张掖、武威等地区，[6]或曰泛盖古时的成州、宕州、武州、阶州、扶州、河州、文州、庆州、渭州、秦州、泾州、宁州、凉州、甘州、肃州、原州、沙州、西凉、西羌、羌夷、陇西、兰州等处。

（二）甘肃中药材资源的各时代发掘

对于中药材一般采用三分法：一是按类别划分，将中药材区分为植物药材、动物药材和矿物药材；二是按特性划分，将中药材区分为道地药材、常见药材、民间草药；三是按来源划分，将中药材区分为野生药材、人工培植药材、养殖药材。

1.古代

人们将中药以及记录中药材的著作都泛称作“本草”。此外，历代的方志、医书等，也都在不同程度上记载了中医药材的情况。因此，这些古籍文献就成为今人认识国家或地方中药材资源的基本依据。

先秦时期，《山海经》已“收载了甘肃分布的动物、植物和矿物共计20余种……有文字记载的最早期，甘肃的植物、动物分布状况已在典籍中记录”[7]。

汉朝的《神农本草经》是中国历史上最早的一部人畜通用的药籍。《神农本草经》在收录的“一些中药名称前冠以古地名或古国名，表现出一定的地域概念”[8]。这一特点不仅体现了古人对中药材产地的重视，抑或对药材品质的一种认知水平，而且得见有关“道地药材”观的初始。

按照《神农本草经》的记载，汉朝，被时人发掘与认识的植物药材、动物药材和矿物药材等中药材种类为365种。其中，植物药材252种，动物药材67种，矿物药材46种，而所有植物药材中的180个种类分布于陇原之上。[9]虽然，在《神农本草经》中，古人在对中药材种类的记述未必严谨与准确，却反映了至少在两千年前中华祖先已发掘出了多样化品种的中药材，并印证了古时甘肃已是出产植物药材的要地。

南北朝时，梁代陶弘景的《本草经集注》载药730种，其中，对甘肃多类地产优质药材有明确记录，如当归、大黄、甘草、黄芪、肉苁蓉、升麻、麝香、雌黄等8种。而这一时期，被其他本草所记明的还有羌活、款冬花、牛黄等许多品种。此外，《名医别录》记载了甘肃药材38种。

唐朝，在苏敬等的《新修本草》、孙思邈的《千金翼方》，以及《唐书·地理志》和五代《蜀本草》中，最多者载药约有850种。其中，所呈现的甘肃地产优质药材资源有20多种，包括当归、黄芪、秦艽、泽泻、黄芩、藁本、百脉根、方解石、雄黄、空青等，且亦贡亦销，尤以甘肃陇南的这类资源最丰。《甘肃省道地志》说："唐朝初期……中医药得到唐政府的重视……唐政府……撰修本草……显庆四年（公元659年）撰成了世界上第一部药典《新修草本》，这是我国药学创新发展的里程碑。《新修本草》共收载药材850种，其中，甘肃地产药材达25种之多……唐代孙思邈在《千金翼方》中专列'药出州土'章节，收载了全国133州出产药材519种，书中记录甘肃14个州府所产药材，有当归、大黄、川芎、甘草、防风、肉苁蓉、防葵……独活、狼毒、秦艽、黄芪、黄芩、鹿角、雄黄等34种。中药开发利用迎来重要的发展时期，甘肃发掘中药品种有了明显的提高，成为全国中药资源开发规模较大的地区之一。"[10]

宋朝时期，在《宋史·地理志》《太平寰宇记》《元丰九城志》《金史·地理志》等中，录药者明确所计370多种。从中可见，甘肃优质地产药材资源又有新发掘，共载有38种。而苏颂的《图经本草》对甘肃各类药材"明确记载……达65种之多"[11]。"北宋时期的《本草衍义》《开宝本草》《绍兴本草》及《宝庆本草折衷》分别收载甘肃出产药材11种、6种、7种和35种。"[12]众本草中，"属宋代本草首次记录的甘肃地产药材达48种"[13]，其中包括植物药材、动物药材、矿物药材。与唐朝一样，"宋朝是甘肃中药资源开发和……（优质）药材涌现的鼎盛时期"[14]。这时，甘肃地产优质中药材资源及其规模基本勘定。

元朝，所修本草或医著不多，而"唯一的官修本草《御制本草品汇精要》收载药材1 815种，其中记载甘肃药材30种"[15]。

明代，刘文泰等的《本草品汇精要》、陈嘉谟的《本草蒙筌》、李时珍的《本草纲目》分别录药1 815种、448种、1 892种。从中可见，出自甘肃优质“道地”[16]药材的资源甚广，如“大黄、乌头、木贼、百合、当归、甘松香、谷精草、肉苁蓉、苦参、枳实、地骨皮、香蒲、枸杞、莨菪子、泽泻、桔梗、秦艽、秦椒、秦皮、骨碎补、黄药根、黄连、黄芪、豨莶草、鹤虱、款冬花、庵闾子、蒲黄、蓬藁、硇砂、枸杞子等共30种”[17]。李时珍的“《本草纲目》，共收载药材1 892种，其中新增药材374种……收载甘肃出产的药材有36种”[18]。

清前期，《本草崇原》《本经逢原》《本草求真》《本草术钩元》等许多撰本，对于全国或地方的中药材资源多沿用前代记载，而少有新发掘与新突破。故此，结合历代医家等的观点，并考虑到重复性、伪冒性、替代性等情况，那么，至清前期全国各类中药材资源为“800种左右”。其中，甘肃地产优质药材资源已被发掘与利用的“达72种，其中植物药56种、动物药7种、矿物药9种”[19]。可以认为，清时甘肃古代中药材资源的发掘再掀高潮。有关于此，仅在清时兴编的众地方志中可见一斑，如“康熙《岷州志》收载116种、《河州志》收载58种，乾隆《陇西县志》收载50种、《武威县志》收载43种”[20]。

2.近代

“中医在数千年的历史长河中起落沉浮，到了近代则日渐衰微”，[21]从而冲击了各地对中药材资源的发掘与利用。李约瑟对中医给予过评价，认为它是一种在世界的“疾病记载方面，几乎唯一拥有连续性的著述传统的”[22]医药文化。可是，“西方医学在近代大量涌进，造成了中医和西医两种异质医学体系并存的局面。因而，对中西医的比较和抉择，就成为晚清至民国近百年间中国医学变迁史的核心问题”[23]。同时，对中药材资源的开发和利用进入了弱势期。

直到近代末年，由甘肃地方编订的1909年《甘肃全省新通志》记载：全省有中药材198种。除去其中的重复药材、外来药材等，实际的药材品种数为191种。具体而言，植物药162种、动物药10种、矿物药19种。其中，大黄、甘草、肉苁蓉、枸杞子、甘松、石斛、秦艽、川芎、葶苈、毒狼、麝香、鹿茸、蜂蜜、蜂蜡等14种药材，是历代作为贡品的道地药材。此外，该通志还记载了大量的民间草药。[24]至于新发掘出的甘肃地产药材，可见于“民国年间18部甘肃地方志，新收录46种植物药材，2种动物药材”[25]。

很明显，自古到近代，对中药材资源的开发和利用取得了微弱的发展与进步。此时，在甘肃地方中药材资源中占比最大的属植物类药材。

3.现代

民国时期，随着“西洋医学全面登陆中土以后，中医一统天下的格局被悄然打破。民国开始，中医的地位日益式微，步入命途多舛，困境重重的尴尬境地。一方面，西医迅速得到认可并呈强势发展，另一方面，中医却一路踉踉跄跄，大有日薄西山之虞”[26]，乃至于有关新的甘肃中药材资源的调查活动非常鲜见。中西医废存之争的结果，便是形成了中医药和西医药并存的医药格局。

但是，在中医药维护派向国民政府据理力争下，中医药传统依旧得以保存，特别是在乡村，中药材资源在中医药低谷期仍得到开发和利用。根据民国时期所编的甘肃地方志可知，在甘肃“常用中药材……祖师麻……是甘肃著名的民间民族药。娃娃鱼……民间俗称接骨丹……是甘肃特色动物药……官桂……都是由民国年间地方志收录”[27]。据《甘肃道地药材志》记载，到民国末年，甘肃先后已“开发利用约328种（品名）中药资源，其中植物药271种、动物药34种、矿物药23种”[28]。

1949年新中国成立后，中医药的近代颓势不但得到抑制与纠正，而且在传承中迎来了科学发展的新时代。20世纪50年代，“中国共产党一直高度重视中医药事业，并把保护、传承和发展传统中医药作为社会主义事业的重要组成部分，坚持不懈推动中医药与时俱进发展，保障人民群众生命健康安全”[29]。

1956年，甘肃省卫生厅组织了对甘肃中草药资源的首次普查，以对包括文县、宕昌、武都、岷县、康县等地在内的陇南地区的中药材资源进行调查，并在此基础上编写出《甘肃中药手册》。20世纪60年代，甘肃省卫生厅再度组织对中草药资源的调查活动，编写出《甘肃物产志》。根据此次调研的情况，统计出全省植物药种约1 100多种。70年代初，甘肃省卫生局展开对甘肃中草药资源的调查，并于1974年编辑出版了四册《甘肃中草药手册》。书中，被公布的甘肃省中药材资源共有1 080种分类群，包括药用植物药材951种及变种、亚种，还有动物药材87种、矿物药材34种、加工类药材8种等，计936味药。80年代初，甘肃省医药卫生部门进一步组织对全省中药资源的普查，并在1987年编写了内部资料《甘肃省中药资源普查名录》，更新了甘肃省中药材资源，共有1 527种分类群，包括植物药材1 270种及变种、亚种，还有动物药材品种214个、矿物药材品种43个，计1 601味药。

2000年以来，新出版的《甘肃中草药资源志》收录了甘肃省内中药材资源共计1 950种分类群，包括植物药材1713种及变种、亚种，还有动物药材品种

185个、矿物药材品种52个，计2 050味药，进一步更新了甘肃省中药材资源的藏量。2010年，在新编订的《甘肃省中草药名录》中，共录入甘肃省内中药材资源2 338种分类群，包括植物药材2 040种及变种、亚种，还有动物药材品种246个、矿物药材品种52个，计2 810味药。

数十年来，甘肃省医药部门和相关机构展开的调查与鉴定显示，“甘肃中药资源以药用植物种数最多，占全部种数的88.0%左右，药用动物约9.4%，药用矿物仅占2.6%左右。与全国中药资源相比，矿物药最多，占全国资源的66.25%，其次是植物药，占全国资源的18.35%，动物药占全国资源的15.63%。甘肃中药资源种类在全国排名第12位，高于全国中药资源2 177种（分类群）的平均数”[30]。

具体而言，第一，“甘肃药用植物约94%来自高等植物，其中又以种子植物最多，约占90%；而藻类、真菌、地衣、苔藓、蕨类等药用植物约占10%，种子植物是甘肃药用植物的主体。全省药用植物2 040种占全国药用植物的18.35%，高于全国药用植物1 883种的平均数”[31]。第二，“全省药用动物资源114科204属246种……药用动物主要分布于脊椎动物门，约占全省药用动物总数的71.5%……软体动物仅见于民间药用……环节动物中有水蛭、地龙等资源……节肢动物中有全蝎、蜈蚣、土鳖虫、桑螵蛸、蝉蜕、蜂房、蚕砂（沙）、斑蝥等常用药材。其中全蝎在本省黄土高原区野生商品量大……两栖动物中有蟾蜍、蛤蟆为常用药材……接骨丹在民间应用普遍，现已人工饲养……鸟类在脊椎动物中药用种类较多，但多数为民间、民族用药，常用药材主要有鸡内金和驴皮。哺乳纲中常用药材较多，有牛黄、水獭肝、夜明砂、望月砂、鹿茸、熊胆、麝香等品种，有不少属国家重点保护的珍稀动物”[32]。第三，“全省药用矿物资源有12类53种……甘肃矿物药资源丰富，现代商品主要有石膏、方解石、滑石、硼砂等少数品种。历史上产于甘肃的雄黄、雌黄、硇砂等道地药材现没有地产商品流通。甘肃古动物化石类的龙骨、龙齿蕴藏量很大……姜石在本省黄土高原地区多见”。第四，“136种地方习用药材”[33]。第五，“2013年3月，陇药产业发展协调领导小组制定的《陇药产业标准化生产基地建设发展规划》中将当日、黄（红）芪、党参、甘草、大黄、柴胡、板蓝根、枸杞子、黄芩、款冬花等列为‘十大陇药’品种……‘十大陇药’存在不同的版本，其中，前八个品种相同……后两个品种分别枸杞子、款冬花，或牛蒡子、小茴香，或牛蒡子、款冬花”[34]。

三、甘肃中药材生产的历史演进

数千年来，中医药材从古代的商业化发掘与利用，到现代的药品化开发与生产，不仅实证了中华医药学的历史进步，而且造就出以中药材资源为物质基础的，同时跨社会业界发展的产业类别，并显著地影响了人们的生命健康和社会的经济生活。

《周易》记载：远古神农“日中为市，致天下之民，聚天下之货，交易而退，各得其所”之事，初显中华商品经济的端倪。至于中药材的商品化，春秋时人范蠡的《范子计然》已记明，先秦之时，药材已成为商品物在市场流通。到南北朝时，医、药开始逐渐分为两业，进而药材生意成了专门的营生业。唐代，专营药业的“药行”出现。至宋时，官设各级官药局，统管全国药业。元明之时，在河南、江西、河北等地，兴起了许多分销全国各地中药材的集散市场。清代，药帮组织兴盛。此外，无论规模大小，中药材集散与交易市场不断兴生。民国时期，各地县、乡成为继承中医药传统的主阵地，带动中药材专营经济继续发展。新中国成立后，国家大力保护中医药产业，从而开创了中医药业的新局面。

（一）甘肃中药材的市场变化

甘肃是古代丝绸之路的黄金地带，中药材的商贸经济十分活跃。张骞通西域以来，古代甘肃的商贸经济十分活跃，地产中药材行销内外。两汉之时，白银、陇西、河州、兰州和河西走廊地区已出现中药材市场。

唐代，肃州的肉苁蓉、甘州的枸杞、成州狼毒、阶州的花椒、渭源的秦艽，还有河州、庆州、宕州、渭州等地的麝香行销省外，被市场所称道。

宋元时期，甘肃地产的中药材除了在西夏边地的官榷场大量售卖外，还在临夏的茶马市场，以及宋金时兴起的兰州货场进行交易。

明朝，随着许多地方出现了全国性的中药材交易市场，甘肃当地从事药材买卖的人更多。在秦州、甘州、洮州、河州、庄浪、临夏等地，出现了许多定期或不定期的茶马市场，在某些地界还兴起了流动的商贸市场。这些商贸货市也正是甘肃地产药材的主营场地。

清代，在早期形成的“十三帮”中，陕西帮汇集了陕、甘、宁三地的药商，向各地尤其是向全国性的药材集散市场分销西北的地产药材。当专营各类中药材的全国性药材贸易市场越来越多时，兰州也成了各地土药的中转贸易地。同时，肃州、秦州、洮州等地也成为地产药材的重要贸易地。

近代时期，随着大宗贸易市场的不断兴起与繁荣，甘肃中药材被直销或转销至京师及全国各地，甚至达俄罗斯等境外市场。逐渐地，来自全国各地的药材商在兰州、酒泉、武威，天水、陇南等地开立药铺、药行，更使得甘肃成为全国营销中药材的重要集散地。“清末，瓜州就有晋泰统、长胜西、万泉生、同顺玉四大老字号商行……并办了中药铺和小当铺，药铺常年坐堂开方销药……民勤的‘槐树店’经营百货和以甘草、枸杞药材为主的特产……光绪年间，陕西人开设泰州公盛通行号，主营当归、党参、大黄、款冬花、甘草、枸杞、天麻、花椒、桃仁等2000多种药材，常年发往广州、上海、天津、汉口、成都及新疆。光绪年间有陕西、河北、山西等处商人，后又有西安、天津祁州药商在甘肃设庄启肆，购销药材。”[35]清末，天水国药（材）最为兴盛。河南、陕西发往西北地区的药材，经车马运至凤翔府，再用牲口驮运至秦州。四川方面发往西北四省的药材，由成都经汉中至秦州均用人力背运。徽县、岷县、漳县、西和县、两当县各地药材云集秦州，再转运各地。据传，有药商号“于清末往兰州、凉州发药一次，就有百余峰骆驼。民国时期，天水国药店铺行栈共计54户”[36]。

民国时期，虽有激烈的中西医论争，但甘肃的中药材营商局面仍得以保持。如史料所记，在白银“境内屈吴山、哈思山、黄家洼山、铁木山、桃花山、寿鹿山、梧桐山、米家山、昌岭山等广大地域都产中药材。经检验合格入药的，靖远有62种、景泰67种、会宁75种，全市主要收购近30种。这些中药材……有私营店采集少量品种”[37]。不过，“各州府县都有专业零售商店”在经营中药材。它们“采购当地产品，加工炮制，也到外地采购地道药材，进行配制，供应患者。药材的经营利润较大，各地普遍流行‘药无十倍利，不如闲坐着’……开始时药商以山陕人为多，以后本省（甘肃）人及河南人相继介入，成为后起之秀”[38]。

当时，甘肃的大宗药材主要是“通过南北两路运销全国各地或出口。南路在碧口乘舟，顺嘉陵江运往重庆，再转长江直抵汉口、上海，或由汉口转火车到广州。北路在兰州集中后，由大车运到西安，再转郑州、汉口等地，或由‘筏子店’承运……顺黄河而下，由兰州到包头……药材运到包头，再换装车辆，直抵北京、天津等地”[39]。

随着甘肃中药材市场化程度的日益提高，在此形成了以地产药材为大宗货品的几大重要的集散性贸易地。具体是：以岷县为集散中心的陇南贸易地，该贸易地主要分销来自天水、临潭、武都、舟曲、卓尼等地的地产药材，并经四川沿长江水路，或经陆路一路洒卖，最后销往上海、香港等地；以陇西县为集散中心的陇中贸易地，该贸易地主要分销来自陇西、临夏、天水、武山、两当、甘谷、渭源等地的地产药材；以平凉为集散中心的陇东贸易地，该贸易地主要分销来自平凉、隆德等地的地产药材，并经陕西销往河南、湖北方向；以凉州为集散中心的河西贸易地，该贸易地主要分销来自甘州、临泽一带和青海临界地区的地产药材，并经北方草原销往平津之地。此外，还有几个以动物药材为主营商品的集散贸易点，如：张掖、武威、永登等贸易点，主要转销来自甘肃、青海、宁夏等地的麝香，以及来自青海、新疆等地的鹿角、鹿茸；张掖、永昌、武都、夏河、临潭等贸易点，主要转销牛黄、熊胆等。

中华人民共和国成立之后，中药材经济的新型发展环境逐步得到确立。毛泽东主席曾对重振中国的中医药事业多次作出指示。他强调，中华医药是几千年中国传统文化的宝藏，需大力发掘中医药潜能，并吸纳西方近代科技成果科学发展中华新医药。1955年，周恩来总理在中医研究院成立之际，亲笔题词“发扬祖国医药遗产，为社会主义建设服务”。1965年，按照毛泽东主席将医疗卫生的重点放到农村去的“六二六”指示精神，全国不仅“在农村加强中草药知识普及与中医药适用技术推广，也带动了中草药种植与加工”[40]经济，而且中药材品种及其市场销量随之扩增。“文革”以后，恢复领导工作的邓小平，强调了保护与发展中医传统的重要性。“1985年，中央书记处要求‘把中医和西医摆在同等重要地位’，中医不能丢，必须保存和发展。同时，要求中医必须积极利用先进的科学技术和现代化手段，促进中医药事业的发展。”[41]1986年，国家推出了《中医事业“七五”发展规划》。1991年和1997年，国家又分别公布了《中华人民共和国国民经济和社会发展十年规划和第八个五年计划纲要》《中共中央、国务院关于卫生改革与发展的决定》，这两份文件都强调了应走中西医并重，科学发展中医药事业的观念。2001年，国家进一步制定了《中医药事业“十五”计划》，明确了中医药发展的新重任。2016年，国家颁布的《中医药发展战略规划纲要（2016—2030年）》，又首次将中医药事业提升到了国家发展战略的高度。2017年颁行的《中华人民共和国中医药法》，更从法律制度上为中医药事业的健全和规范发展提供了保障。

在国家政策的鼓励与保护下，甘肃地方采集与收购中药材的规模逐年加大。在很长的时期内，在甘肃采集与收购中药材的直接机构一般是农村供销社、县级药材公司等。它们主要为省级药材公司提供货源，并由其外销。为此，对“所需中药，从外地购进和就地采购”[42]。白银市在20世纪“50年代初，各县供销社收购一些主要品种，如甘草、地骨皮、麻黄等，调往省药材公司及陕西、四川等地。1953年会宁县收甘草、地骨皮万余公斤；1956年靖远县收购6种，价值0.34万元，景泰县收购7种1.99万公斤。60年代，各县药材公司设立药材收购组，1965年景泰收购6种172公斤；靖远收购29种，价值6.8万元；会宁收购18种5.2万公斤，价值5.6万元。1975年景泰收购18种6 575公斤；靖远收购52种，价值11.8万元；会宁收购51种64.52万公斤，价值43.73万元。1985年景泰收购17种6 647公斤；靖远收购76种，价值49. 6万元；会宁收购71种46. 63万公斤，价值10.19万元。1990年时，全市主要收购36个品种，总量35.54万公斤，价值82万余元”[43]。永昌县在1956年成立药材公司后，于“1970—1980年，先后在马营的头群门和西大河、皇城等地，设中药材收购点。1982年，在河西堡建成麻黄厂。收购量较大的中药材有麻黄、甘草、羌活、秦艽、锁阳、苁蓉、大黄、五灵脂、莱菔子、菟丝子，白芥子等。1956—1991年共收购898万公斤”[44]。到1995年，金昌市的“甘草主产于朱王堡、水源、双湾等地，年收购量达3.6万公斤。秦艽主产于祁连山区、大黄山区，年产量3万公斤。羌活主产于新城子、西大河等地，年产量约5 000公斤。大黄主产于祁连山、大黄山等地，年产量约200公斤。麻黄主产于宁远堡、河西堡、曹大坂、麻黄沟、平口峡等山地”[45]。

此外，按照国家发展中医药事业的一系列政策安排，甘肃省始终重视对中药材资源的经济利用。在国家提供的中医药政策和法律规定的利好环境中，甘肃省卫生、农业、林业、工商、科技等政府部门，不仅协同工作，而且长期采取调动基层单位、科研力量、乡镇农户等积极性的措施，努力提升药材大省的市场地位。通过努力，甘肃省中药材在市场化水平方面得到了显著提升，占据全国药材市场的份额越来越大。例如，1993—1996年间，甘肃省药品检验所专门组织人力，先后数十次深入全省的中药材产区，对中药材生产系统展开调查。调查人员深入基层医药公司、药材经营商，并重点考察药材的营销大户、种植大户等，以便清楚地掌握省内各地生产药材的真实状况，为甘肃中药材市场经济的发展提供政策依据。

到21世纪初，甘肃省中药材市场的经济水平获得了历史性的突破。其一，地产药材的市场过量值快步增长。在人工种植药材的市场过量值方面，1950年的市场过量值为323万元，1978年则为5 640万元。此后，这类药材的市场过量值继续增长，到2012年达到64.88亿元，成为新中国之初的114倍，而市场过量数也是那时的2 007倍；在野生中药材的市场过量值方面，2000年以后，野生中药材的市场过量值逐年提升，2008年达到了1.47亿元。虽然，这仅占时年的人工种植药材市场过量值的4.9%，但也比新中国之初增长了37.3%到50.1%；在效益方面，人工种植药材的市场经济所产生的社会效益十分突出，而野生药材则对营商户带来了显著的个体利益。应当指出的是，作为甘肃地产的人工种植药材，当归的年市场过量值多位居于市场第一，其次是党参、黄芪、柴胡、板蓝根等地产品种。比如，仅2012年，当归在甘肃省的市场过量总值中占比17.5%，而党参占比16.9%。同时，在甘肃地产的人工药材中，当归、党参、黄芪、柴胡、板蓝根这五个品种，在时年的全省人工种植药材总过量值中共占比为57.7%。其二，地产药材的市场品牌形成。如前文所述，2000年以后，质量过硬，且市场竞争力强、声誉好的甘肃名优药材纷纷出现。其三，现代市场交易平台确立。在甘肃地产药材的交易市场中，成熟且规范的交易平台主要有：岷县城郊乡的当归城药材市场；文县中寨乡的纹党市场；渭源县会川镇、清源镇的党参市场；宕昌县哈达铺镇的当归、红芪、大黄市场；武都区安化镇的红芪市场等；此外还有现代化的综合性全国药材集散市场，如陇西文峰、首阳药材交易城、兰州黄河中药材交易市场等。它们吸纳了来自全国各地的药商、企业等千家以上，年交易额一般在千亿元左右。

（二）甘肃中药材的生产变化

中药材资源的演进经过了从单一的天然存在到人工与天然共存的过程。野生不足、品种退化、扩大规模、生态破坏等诸方面的因素，是中药材资源以野生为主逐渐转变为以栽培、驯养为主的主要原因。在本质上，中药材资源植根于农、林、牧、矿等物质领域。历史上，种植和养殖中药材的经济目标主要有：一是种植、养殖普通（常用）药材；二是种植、养殖地方道地药材。前者逐量、逐广，后者守质、守誉，而后者是地方中药材经济生产的核心目标。

甘肃省中药材种植、养殖的历史源远流长。远古时期，这里的先民们就开始了劳动分工，出现了耕植和驯养活动。《神农本草经集注》记载，至少在魏晋南北朝时期，今甘肃渭源县（陇西叨阳）、武山县（黑水）已有人工种植当归的生产活动。《新修本草》和《本草纲目》的记录，都反映出唐及以后，在今甘肃天水（秦州）也有人工种植的当归、川芎等药材。清代的许多地方志记载了甘肃人工种植百合、山药、枸杞、薄荷、白苏、蓝（靛青）的生产情况。

近代时期，由于中药材资源的生产化发展受到阻碍，因而甘肃的中药材经济也随之减弱。但在近代的地方志中，仍可见在甘肃人工种植山药、红花、地黄、乌头、天仙子、紫苏等许多药用植物的情况。

现代时期，首先在民国，“据记载，国民政府的农林、医药部门也开展中药材引种栽培”[46]。那么，在《甘肃经济丛书》及民国时期的许多甘肃地方志中，充分记录了甘肃扩大种植、养殖药材的生产状况。当时，如党参、黄芪、当归、百合、大黄、地黄、连翘、红芪、紫荆皮、天仙子、花椒、紫苏、蓝（靛青）、椿皮、木槿皮、合欢皮、透骨草、小茴香、薄荷、石榴皮、牛蒡子等等中药材品种，都在进行人工化的植、养。

其次，中华人民共和国成立后，遭受了近代“革除”的冲击，且已千疮百孔的中医药事业得到了提振与发展。初期，针对全国卫生行政工作，毛泽东主席多次作出批示，强调重视和发展祖国中医药历史遗产的重要性，指出：“中医是在农业与手工业的基础上产生出来的。这是一大笔遗产……把其积极的一面吸收过来加以发挥，使它科学化”[47]，“要以西方的近代科学来研究中国的传统医学的规律，发展中国的新医学”[48]。特别是，中共中央《关于把卫生工作重点放到农村的报告》精神，推进了全国中医药事业的发展。在农村，随着广泛普及中草药知识，以及推广中医药的适用技术，也拉动了中药材的种植与生产。

20世纪50—60年代，甘肃省中药材种植和养殖业的面貌不断更新，成果喜人。统计数据说明，1959年，由甘肃省医药总公司牵头，向省内各地农村推广栽种、引种、野生变家种和家养的政策、技术等，大力发展甘肃省中药材生产事业。据《甘肃中药材手册》记录，到1959年，甘肃种植、养殖的中药材并能供应市场的已达40种。此后，甘肃省各地更加重视中药材的生产。仅白银一市，在“1960年，境内开始引进地黄、当归、党参、山芋、杜仲、枸杞、大黄、菊花、黄柏、连翘等30多个品种，其中党参引种面积最大，仅会宁县1965年引种山西潞党500亩，收获8 000公斤，1966年，靖远引种山芋、杜仲、枸杞、菊花等12个品种，栽植35亩”[49]。

20世纪70年代，甘肃各地在扩大面积、增加品种方面进一步推进中药材生产。比如，“1973年景泰县引种枸杞、草红花、薏米、地黄、板蓝根等药材10余种”。[50]1974年时，甘肃省的各类种植、养殖药材已扩增到160种，可供应市场的也已发展到65种。“1975年景泰县更换地产不含大黄甙、无下泻药理的波叶大黄为正品的掌叶大黄，并开始将部分野生药材变家种家养，还曾拨款2 000元扶持寺滩公社单墩试种秦艽：喜泉公社三台井试养全蝎。”[51]1976年，甘肃省“将靖远县药材公司二十里铺农场定为中药材试种场，种植引进中药8亩16个品种，其中山芋3亩160株，产60公斤，杜仲6亩2 100株，最大的有28厘米。药场至1986年累计收入6万元”[52]。

20世纪80年代以后，甘肃省的中医药种植生产，一方面坚持在品种更新和培育技术方面开展试验研究，另一方面长期进行引种栽培，变野生为家种、家养，以此扩大药源和保护生态，以及提高中药材种植业、养殖业的经济效益，从而拉动农村社会的经济发展。

当国家成立了医药管理总局，恢复建设了供、产、销体系的药材公司时，甘肃对野生药材品种的试种、植物药材栽培面积的扩增等工作更加主动而积极。1987年，天水市医药“分公司根据省公司制定的《甘肃省中药材经营目录》和各县、区长期形成的用药习惯，重新修订经营目录，市分公司540种、北道532种、甘谷466种、秦安460种、清水432种、武山400种、张家川380种。1988年底，根据市场需求有所增加，市分公司经营品种已达606种，比1985年增加88种。全市紧缺品种1985年为80种，1986年为65种，1987年为25种，1988年为18种，比1985年减少62种……除稀有的动植物药材外，基本满足供应”[53]。

这一时期，甘肃省各地先后从四川、湖北、云南、新疆、吉林、黑龙江、宁夏、浙江等外省或国外，成功引种了百种以上的药材品种，如贝母、木香、人参、黄连、川芎、枸杞、元胡、银柴胡、地黄、白术、金银花、木香、射干、西洋参、砂仁、牛膝、巴豆、三七、防风、黄白等等；成功栽培了杜仲、天麻、山茱萸、银杏、山楂、灵芝、紫丹参等品种，以及作为工业原料的一些天然药物品种。另外，还将野生岷贝（甘肃贝母）、桃仁、牛蒡子、红芪、板蓝根、木瓜、党参、大黄、柴胡、竹节参等变为家种。

20世纪90年代，据可靠的统计数据，“甘肃各地种植养殖、野生驯化、引进试种的中草药品种达到190余种”[54]。例如金昌市，到1995年，虽然其境内已知的中草药有211种，但已被开发和利用的就有100余种。它们“分布在祁连山、大黄山山区、草原荒漠区和荒坡、河沟旁、林间、田间地埂，或与禾苗间生。品质优良者有大黄、甘草、锁阳、麻黄、秦艽、羌活等，名贵动物药源有鹿、麝等”[55]。

2010开始，甘肃省食品药品监督管理局对省内人工种植、养殖中药材的情况展开调查。在两年的时间里，由甘肃省药品检验所组织的全省药检部门，先后在74县（区）、210多个乡镇、360多个村，实地调查了20个种养基地、3个中药材种植园区。结果表明，至少到2012年，甘肃省各类植物药材共达192个品种，其中药用种植品种约103个、交叉品种89个；养殖动物药材品种13个、药用养殖品种4个。2017年止，甘肃药用人工种植、养殖中药材数据又有所突破，总品种数达到220个左右。[56]

经过数十年的努力，甘肃省不仅摆脱了历史上单纯采挖野生药材的局面，形成了以人工种植为主的中药材产业模式，而且从2010年开始，还逐步成为全国的中药材种植大省，以及“以种植品种多、栽培面积大和药品质量优等特点享誉全国”[57]。甘肃现已建立起一大批市场认知度很高的国家级药材品牌，其中，荣登中国特产药材之乡的陇西、渭源、岷县、西和、康县、武都、民乐等县区，分获“中国黄芪之乡”“中国党参之乡”“中国当归之乡”“中国半夏之乡”“中国核桃之乡”“中国花椒之乡”“中国油橄榄之乡”和“中国板蓝根之乡”之誉。[58]

当前，甘肃省中药材的人工种植和养殖生产继续发展，且重点聚焦于对省内道地药材品种的保护与发展、大宗药材的种植与养殖、中药材的引进与试种、野生药材的驯化等目标。中药材的人工种植和养殖生产，早已成为甘肃省中医药产业发展的关键内容，并对甘肃省中医药产业所拥有的资源优势地位起着决定性的作用。

（三）甘肃中药材的药品变化

中药材的药品化发展创造出了举世闻名的中药品。这是中华民族认识自然与对抗疾病，以及采用古代技术和近代工业文明成果的智慧结晶，也是通过中华医学实践和创造性劳动所获得的一种特殊产品。但是，中药材的药品化并不等同于产业化。事实上，中药材的药品化早于药品的产业化，但后者作为一种近代以来才有的生产模式，既为前者提供了宏大的进步空间，还使中医药实现了社会化预防和治疗疾病的本原目的，为促进人类的身体健康和社会进步发挥着独特的作用。

（1）甘肃中药材的药品化发展

“中药”一词在《神农本草经》里就有记载。今人所见的中药之独特又传统的制剂形式，是为中药的药品形态，也被泛解为“中药”（药品）。远古时期，中华先祖就知晓了某些药物知识，后来又逐渐具有了制造（中）药品的能力。南北朝《本草经集注》所记，已“考定了古今用药的度量衡，规定了汤、酒、膏、丸的制作规范”[59]。所以，传统中药的生产起步很早，其方法恒久且连贯。从战国《五十二病方》到明代《本草纲目》，历代本草和医药专著所记有的中药制剂，抑或传统的中药品如有：丸剂、散剂、汤剂、膏剂、坐剂、煎剂、导剂、含化（口服）剂、滴剂、糖浆剂、浓缩丸、软膏剂、洗剂、栓剂、酒剂、熨剂、干浸膏、饼剂、丹剂、锭剂、砂熨剂、粉剂、油剂、软膏剂、熏蒸剂、曲剂、露剂、喷雾剂等等。这些传统形式的（中）药品，都以自然物材而制成。直到近代，科技革命带来的实验和生产手段，推动了传统中药品在形式、功效、价值等方面的革新式发展，比如中药品出现了胶囊剂、颗粒剂等新剂型，还有中西合成药等新药品种等。

近代以前，由于中药生产尚未遇到外部挑战，故传统的中药手工工艺历久弥新、代际传承。而药商、药民等群体是这种传统中药的主要生产者。他们开设国药店堂，专营中药材，或批零兼营，或自制成药以加工出售，或售药且应诊。“明洪武年间（1368—1398年），长春堂从陕西来秦州城开业……前后经营达500多年。清代，有万裕茂、安泰堂等药店至秦州落户。这些药店多批零兼营，供应饮片，自制中成药。药物加工配制注重质量，讲究‘地道药材’‘遵法炮制’。”[60]

近代之时，中国遇到了西方科技和文化的挑战，从而“悄然”地开始了近代转型的进程。中华医药学及中药生产也被“浸入”了近代浪潮之中。在晚清兴发不断的药铺、药行中，陇地“凉州万寿堂等制售的万应膏药，能化腐生肌，消肿止痛，疗效显著，在西北一带很有影响，被称为‘凉州膏药’”[61]。“在天水市解放路有张子厚创办的同泰德、德生成，李本初创办的复顺昌，李斜子创办的三益成，李夏娃创办的永顺和，师云峰创办的合顺福，韩百忍创办的德发泰，在交通巷口有胡子和与惠俊卿创办的同义店。”[62]

民国时期到“1949年，兰州市共有中药店堂91家，从业人员334人”[63]。而此前的兰州中药堂铺已经十分密集，如表1所示。

表1 20世纪30年代兰州主要中药店表[64]

名称	地址	名称	地址	名称	地址
兴盛魁	西关街	复元堂	西门外	太和堂	学院街
同益堂	西关街	光和堂	西大街	复盛荣	学院街
长春堂	西关街	福泰堂	西大街	义和堂	东关街
广元堂	桥门街	永春堂	西大街	仁义堂	小稍门里
万春堂	桥门街	长泰堂	西大街	益泰堂	东关街
同益永	桥门街	恒德堂	鼓楼南	鼎立水	东关街
德兴堂	桥门街	全盛德	部门街	义兴西	东关街
万兴堂	桥门街	庆馀丰	中山街	安泰堂	东关街

其间，河北人创办的兰州万全堂国药店，制售膏药等药品。1949年前，天水就有40余户药店堂，如长春堂、致中和、双盛和、济丰堂等。

新中国成立后，历经民国“存废之争”的跌宕沉浮后，中华医药得到了重振与现代化的发展。而中西医结合的创新道路和中药生产的产业化进步，都是近代以来中华医药历经风雨后的历史回馈。

（2）甘肃中药材药品的产业化发展

中药材药品的产业化生产起步于近代并式微，直到中华人民共和国建立后，中医药产业体系才真正形成且走向了成熟。其间，中医药产业快步实现了科技发展，而且又被纳入了国家的发展战略之中。

新中国成立以来，我国的中医药产业化发展经历了两个重要时期：中医药产业体系形成期（1950—2000年）、中医药产业战略提升期（2000年及以后）。甘肃省中医药产业发展的实际，客观上符合国家中医药产业发展的这种阶段性特征。

第一，中医药产业体系形成期（1950—2000年）。1949年新中国成立，全国的中医药事业全面迎来了提振信心、规划布局的新时代。20世纪50年代，在社会主义革命和建设时期，建成现代化制药工厂成为新中国中医药产业的起步任务。国家为中医药发展制定了一系列指导性政策，并成立了中医药最高管理机构、最高研究机构、最高经营机构等，以此改变中医药经营所存在的不合理的历史现象。

这个时期，甘肃省“在一些区域有重点地建立了中药制药厂，开展中药加工、提炼和剂型改进的工作。随着中药专业管理体制和生产经营机构的建立，中成药的生产逐渐实现了场店分开。1955年，我国在大中型城市相继建立了中成药加工厂和饮片切制厂，为我国中药产业规模化、工业化发展奠定了基础，也是中药工业发展的雏形”[65]。

这时，在国家有关西部建设的布局中，甘肃省一边迎接跨省支援且整厂迁入的省外中药厂，一边着手自建中药制药工厂。根据国家有关发展中国新医学、实现中药产业现代化的大政方针和规划要求，甘肃省针对自身中医药生产的历史实际和现实条件，开始进行中医药生产行业的体系建设。实践中，不仅从管理、科研、教育、文化、经营等各方面，逐步健全了甘肃省中医药行业的各级、各类组织和机构，而且使甘肃省中医药生产告别了数千年的作坊式的手工生产方式，以现代工业模式为方向，走上了规范化、标准化、产业化发展的道路。

1956年，经过新中国公私合营的改造，且根据国家有关支援西北工业建设布局的安排，始创于1929年且享有市场美誉的上海佛慈制药厂，由上海迁入兰州，同时更名为“兰州佛慈制药厂”。当年9月6日，兰州佛慈制药厂正式投产运营。而当时，可直接上马的药品就有近百种，其中多为丸剂、膏剂、水剂、片剂、酊剂、西药片剂等。兰州佛慈制药厂的成立，为甘肃省中医药制药工业奠定了重要的产业基础。不过，“50年代中期，兰州中药厂及由上海迁来的兰州佛慈制药厂等中成药生产厂，只是对原药材进行简单分等、包装，调运省内外”[66]。而同一时期，在兰州91家中药堂铺中，“到1953年、1954年，82家中药店堂转向公私合营，9家自愿停业”[67]。

同期，甘肃本土自建的中药制药企业陆续出现，医院制剂快速发展。1958年，甘肃省天水岐黄药业在天水市创建。1960年，甘肃河西制药有限责任公司在张掖市成立，并很快成为省内生产中药制剂的主导企业。1958年，金昌市“从上海移民中抽调了制中成药的技术人员，在河西堡试制藿香正气丸、理中丸、附子理中丸、山楂丸，木香顺气丸，补中益气丸，十全大补丸、香砂养胃丸、还少丹、三香四寇散、康复丸散等”[68]。而“1959年，（金昌）县医院设制剂室，主要配置的药品有：50%、5%的葡萄糖注射液、生理盐水、注射用水、普鲁卡因等”[69]。

20世纪60—70年代，甘肃省中药制药工业的物质基础进一步扩大，并且创制生产，逐渐形成了行业发展的方向。新中国在振兴中医药事业的同时，不断强化新药学理念，从而在中医药领域为中西医结合和创新生产的确立起到了重要作用。“文革”结束后，国家颁布了新中国成立以来第三个科技发展纲要，即《1978—1985年全国科学技术发展规划纲要》。纲要中，生物制药和创新制药的工艺、品种、剂型，以及新药学和中西医防治理论等，都被列为医药卫生领域科技发展的重点建设目标。虽然，该纲要超出了“文革”刚刚结束后的国内实际，但仍反映出中医药工业在中药研发、中药生产、新技术实践等方面的发展所具有的迫切性，同时，也表明国家对中医药制药工业的创新发展给予了高度重视。在纲要实施过程中，邓小平同志提出了“科学技术就是生产力”的论断，指明了科学技术现代化是实现社会主义四个现代化的关键条件。所有这些不断调整的国家发展规划和策略，都成为甘肃中医药制药工业突破传统思想和工艺、加快自身科技发展和提高创制能力的行动指南。这个时期，在甘肃本土成长起来的新兴制药企业，正是建构国家现代医药产业体系的地方践行者。

1962年，甘肃省兰州市城关区“健民制药厂”被并入兰州佛慈制药厂。但在1966年因“文革”原因，“兰州佛慈制药厂”被更名为“东风制药厂”，原有的“佛光”牌商标被改为“岷山”牌商标，并一直沿用至今。“1969年5月，天水药材分公司阿胶厂并入天水市制药厂。”[70]20世纪70年代，甘肃集中出现了一批新建的中药制药企业：综合生产中西药制品的甘肃西峰制药有限公司、综合生产中西药品且发展成为“甘肃泰康制药有限责任公司”的甘肃武威制药有限责任公司、生产中成药和藏药企业的甘南制药厂。此外，还有1971年成立，以生产中药片剂、胶囊剂、粉剂为主，后来成为“甘肃普尔康药业有限公司”的陇兴生物制药有限公司等。1975年，金昌县医院“配制丁卡因，胎盘组织液，雷夫诺尔，止咳糖浆，苦豆子栓剂、三黄散，青黛散、618糊剂、子宫丸等”[71]。“1975年2月，根据国务院关于县级政府不办药厂的精神，将天水市制药厂划归天水地区领导，更名为天水地区制药厂。1977年，生产大蜜丸、当归丸、中西药片剂、大输液、阿胶等120个品种，完成工业总产值308.4万元，实现利润14.7万元。1978年生产的‘百里香杜鹃片’荣获全国科技大会奖。”[72]1979年，专业生产中药浓缩丸的兰州太宝制药有限公司建成。

20世纪80年代，借着改革开放的东风，甘肃中医药工业迈着改革和创新的步伐，朝着业态整合、集群构建、规模发展、科技立业、海内外并举的道路出发。这一时期，由于拨乱反正，国家的科、教、文、卫领域得以重振。1983年，国务院将中药饮片生产作为独立的工业单元予以单独核算。自此，也拉动了甘肃省中药企业生产中药饮片的产业化过程，促使甘肃中药制药工业不断升级，尤其是中药生产的重要流程即中药提取不仅实现了机械化生产，而且迈向了自动化生产的方向。而这时，国家陆续出台发展规划，如《中长期科技发展纲领及纲要》《1986—2000年科学技术发展规划》等，进一步刺激了甘肃地方中医药企业的快速生长。

从1984年开始，佛慈制药厂“利用省产当归、祖师麻、高乌头、陇马陆、麝香、杜鹃等资源，进行深度加工提取制药，制成当归系列产品、祖师麻膏药、高乌甲素、陇马陆胃药、复方杜鹃制剂等医药新产品，中成药产值量达2601吨，产品近300个品种。佛慈制药厂生产的金匮肾气丸、当归浸膏片、六味地黄丸等岷山牌中成药被评为省优产品”[73]。“1981年8月，天水地区制药厂搬迁到天水市七里墩新厂。1982年5月18日划归甘肃省医药管理局，更名为甘肃省天水制药厂。1983年生产的阿胶产品荣获甘肃省优质产品。1986年，与北京第四制药厂联合，引进蜂王浆系列产品生产技术，用两个月时间生产出符合质量要求的蜂王浆产品投放市场。1988年，完成工业产值1 100万元，利润165万元。”[74]1987年，金昌“市卫生局批准2家医院生产灭菌制剂，3家医院生产普通制剂。金川公司职工医院生产各种灭菌制剂14种、普通制剂48种、6种大输液，年产大输液近7万瓶，年加工中草药3万多公斤。市第一人民医院生产灭菌制剂9种、普通制剂95种、4种大输液”[75]。

各类现代化新型中医药企业的不断建设，推动了甘肃现代化中医药产业体系的形成。1981年，曾被易名的“东风制药厂”，恢复了最早的厂名——“兰州佛慈制药厂”。这一年，该企业的“佛慈金匮肾气丸”获得了国家中医药管理局优质产品奖。此后，1983年“当归浸膏片”荣获国家优质产品银质奖章，该企业从“1984年开始，利用省产当归、祖师麻、高乌头、陇马陆、麝香、杜鹃等资源，进行深度加工提取制药，制成当归系列产品、祖师麻膏药、高乌甲素、陇马陆胃药、复方杜鹃制剂等医药新产品，中成药产值量达2 601吨，产品近300个品种”[76]。1985年，该企业的“当归丸”也获国家优质产品奖。另外，在这个阶段新建的中药企业主要有：1986年在甘肃省灵台县建立的“平凉制药厂皇甫谧分厂”。该厂在试产运营期间建成一条中药提取生产线，使建厂之初提取五加浸膏的年生产量达到30吨。该厂主要生产中药饮片、胶囊剂、颗粒固体口服制剂，还有大容量注射剂等中药制剂，并先后两次更名为“甘肃皇甫谧制药有限责任公司”和“陇药皇甫谧制药股份有限公司”。而后者不仅一直被沿用至今，而且在甘肃中药企业中具有显著的市场地位。1986年，集体所有制企业“甘肃天水益生阿胶厂”成立，主要生产阿胶、鹿角胶等胶剂产品。随着企业的发展，该厂进一步发展为后来的“太极集团甘肃天水羲皇阿胶有限公司”。

20世纪90年代，经过长期的对现代化中药产业的立体建设，甘肃省中医药产业体系得以确立。这一时期，在国家层面，针对全国中医药产业的生产环境、标准质量、药品管理等不断升级。例如，1991年，国家将中药品种的保护问题列入了立法计划。1993年，国家正式施行《中药品种保护条例》，该条例的实施，保护了中药生产专利，刺激了新药开发，提高了药品的质量管理，催生了中药品牌的形成，保障了中医药产业发展走向成熟。1997年，国家在《中共中央、国务院关于卫生改革与发展的决定》中，对进一步发展医药产业提出了多目标和全要求。多目标在于：逐步实现中医药生产规模化和集约化；实现中药生产和经营的规范化，形成竞争、开放、统一、有序的产业环境；优化中药产业的企业结构和产品结构；加快制定中药制品的质量标准，促进中药生产和质量的科学管理；建立国有大中型医药生产企业的现代企业制度以形成规模经济；加快医药生产和经营企业的技术改造；等等。而全要求在于：中药生产的现代化、生产企业的改革、中药研发和保护、中药材的生产组织形式等等。

在地方层面，中医药行业面临着复杂的转轨任务与快速发展的挑战。随着国家经济体制改革的深化，甘肃省在中医药生产领域，一方面有更多的现代技术型企业顺势而为地崛起，而另一方面许多中医药企业进入了改制、重构和再建的历史时刻。在此形势下，企业的生产组织形式发生了重大变化，同时新老企业各展宏图。1992年，主要研制与开发食疗保健品的“甘肃华春食疗研究所”在兰州成立。三年后，该所发展为“甘肃青黛中草药美容研究有限责任公司”，涉中西医药学、生物工程学、精细化工学、制药工程学等多领域的美容产品的研制与推广。1993年，“奇正集团”中药综合制药企业建立。当年，“奇正药贴”即通过了甘肃省药品管理技术鉴定，而企业本身成为甘肃省“兰州高新技术企业”。不久，该企业的“奇正消痛贴”荣获第26届日内瓦发明与新技术展览会金奖，而企业的销售额突破亿元以上。1993年，“临夏龙康保健药品厂”在临夏市成立，后更名为“甘肃省临夏龙康制药厂”，并综合原料药、OTC、处方药三大领域而发展为专业制药企业。1996年，甘肃众友药业有限公司在兰州建立，且日益发展壮大。同年，兰州燕滨生物科技有限责任公司也在兰州成立，主营委托生产保健（食疗）食品。1997年，“甘肃天森药业有限公司”在天水市成立，核心生产片剂、颗粒剂（含中药前处理、提取）、硬胶囊剂、散剂等药品。同年，兰州佛慈制药厂的浓缩丸系列中成药获得了“陇货精品”的地位。1998年，“兰州和盛堂制药股份有限公司”在兰州新区生物医药园区成立，主要进行陇药的研发与生产，逐渐形成了全产业链的创新型现代化制药技术。同年，“甘肃众友医药连锁有限公司”成立，这是甘肃省首家医药连锁企业。1999年，西藏奇正藏药股份有限公司在甘肃成立了其全资子公司——“甘肃奇正藏药有限公司”，主要进行藏药、药材饮片等中药制品的研发与生产，加工胶囊剂藏药和“奇正消痛贴膏”等，并拥有了自己的“奇正”止痛系列产品，如铁棒锤止痛膏、伤湿止痛膏等。

总之，在贯彻国家有关中医药产业政策的过程中，甘肃中药企业的整体规模得以扩充，老企业的技术改造步伐明显加快，地方中药品牌的生产取得进步，中医药企业在国内外的市场实现拓展。特别是，现代化新型中药企业在新技术和新管理模式下，形成了较强的市场竞争力。与此同时，甘肃省中医药的现代化产业体系形成。

第二，中医药产业战略提升期（2000年以后）。2000年以来，随着中医药产业战略地位的提升，甘肃地方中医药产业实现了全面飞跃。21世纪开始，国家先后推出了一系列有关中医药事业提升与发展的新规划，如2002年的《中药现代化发展纲要（2002—2010年）》、2007年的《中医药创新发展纲要（2006—2020年）》、2010年的《中药现代化科技产业基地发展规划（2010—2020年）》等，成为这一时期系统指导中医药事业发展的新指南。尤其是，2016年国家发布的《中医药发展战略规划纲要（2016—2030年）》，首次将中医药事业提升到国家战略发展的高度，从而成为中医药发展史上最具里程碑意义的文件。在这一重大机遇的面前，甘肃省中医药产业在以下几个方面取得了突破性的发展成就。

其一，现代一体化生产企业和药材种植企业与经济园区和综合发展试验区的建设。21世纪以来，在中医药产业发展的集约化、规模化、规范化、科技化趋势的推动下，在甘肃省新老中医药企业的激烈竞争中，经过大浪淘沙，涌现出了一批具有现代化生产条件及较强竞争力的规模性企业。这些企业在中药生产、医药保健、医疗卫生、中医药文化、康旅服务和海内外市场等多领域中挖掘潜力，并进行综合发展，从而推动了甘肃省中医药产业链的健全发展。

1.现代一体化企业：2002年，“甘肃陇神戎发药业股份有限公司”在榆中县成立，主要生产与经营中药和保健食品等，同时还开展中药材的种植、收购、加工、销售和医药流通业务，并逐渐发展为甘肃药业投资集团有限公司控股下的创业板上市公司。同年，经国有企业改制而重组的民企“甘肃扶正药业科技股份有限公司”在定西市成立，主要生产与经营中药浓缩丸、颗粒剂、胶囊剂、中药饮片、中药提取剂等药品，其中核心产品为“贞芪扶正胶囊”“贞芪扶正胶囊颗粒”。该企业现已发展成为“甘肃省高新技术企业”，成为甘肃省制药行业的骨干企业之一。同年，“甘肃岷海制药有限责任公司”在定西市成立。2003年，改建而成的“甘肃亚兰药业有限公司”成立，以生产与经营中药材、中药饮片、中药材提取物、中药制剂等为主要业务。同年，“甘肃益尔药业股份有限公司”在庆阳市成立，主要生产中药片剂、胶囊剂、颗粒剂、滴丸剂、口服液、糖浆剂、散剂等。2004年，在对前述甘南制药厂改制的基础上，甘肃众友药业集团建成了“甘南藏药有限公司”，而在被逐步纳入甘肃众友药业集团的子公司序列后，该公司被冠以全名“甘肃众友药业甘南藏药有限公司”，并在充分发挥藏药的产品和生产技术优势中，创造出了一批技术含量高且疗效突出的藏药品牌。同年，作为众友集团全资子公司的“兰州黄河中药材批发有限公司”成立。同年，挂靠甘肃药业投资集团有限公司的国营“甘肃普安制药股份有限公司”成立，从事药品的研发、生产和经营。同年，经过改制，前述兰州太宝制药有限公司成长为“甘肃省首批高新技术企业”，并取得了甘肃省著名商标。同年，“甘肃佛仁制药科技有限公司”在武都成立，主要生产与经营中药丸剂、片剂、中药饮片、颗粒剂、糖浆剂、膏剂、散剂、浸膏剂、酊剂等药品。2005年，“甘肃泰康制药有限公司”改制成立。2006年，由兰州大得利生物化学制药有限公司全资组建的“甘肃岷归中药材科技有限公司”在岷县成立，主要生产与经营大宗中药材，以及生产当归、党参、黄芪、大黄、柴胡、黄芩等中药饮片等400多个中药品种。2007年，“甘肃中天药业有限责任公司”在陇西县成立。作为天士力控股集团的控股子公司，主要研发、生产及经营中药材种子和种苗、中成药、中药饮片、颗粒剂、保健食品等产品为，是一家具有全产业链生产的高新技术中药企业。同年，隶属于甘肃奇正实业集团有限公司的“兰州奇正生态健康品有限公司”，主要从事保健食品的研发、生产、销售。2009年，“兰州古驰生物科技有限公司”在兰州市成立，主营生物制品、中药饮片、中草药美容保健品、保健食品等。同年，经收购原甘肃武都制药厂而重组的“甘肃佛仁制药科技有限公司”在武都工业园区成立，并发展成为“甘肃省农业产业化重点龙头企业”。2012年，“甘肃九州天润中药产业有限公司”在岷县成立。2018年，“甘肃药业投资集团有限公司”成立，为甘肃省唯一一家以医药健康为主业的省属药企集团，在发展中形成了以中成药制药为主，集中药材种植、加工、流通、研发等于一体的产业化格局。该集团现有子企业10家、托管企业1家。旗下制药领域的2家二级企业，分别是创业板上市公司“甘肃陇神戎发药业股份有限公司”“甘肃普安制药股份有限公司”。旗下中药材种植加工领域二级企业为“甘肃药业集团中药材发展有限公司”。

2.药材种植企业：2020年，“岷县劲康中药材有限公司”在岷县成立，主营中草药种植等。2021年，“岷县宁宁中药材种植场”在岷县成立，以中草药种植为主要业务。同年，“岷县兴旺达中药材种植农民专业合作社”注册成立。

3.一体化产业园区：一批已建或在建的中药一体化产业园区，极大地整合了甘肃省的产业资源，推动了产业规模的增长。“陇西中医药循环经济产业园”：2008年起，“甘肃陇西经济开发区扩区升级规划，打通中医药从种植、交易、仓储、提炼、饮片制药、药渣循环利用的全产业链。如今，陇西经济开发区已成为全国产业链条最全的中医药循环经济产业园、全国最大的中药材种植基地、中医药初级加工基地、中药材产地交易市场、中药材仓储物流基地、西北最大全国重要的中药材价格形成和信息发布中心”。“渭源工业集中区”：2010年底，按“一区三园”的规划，建设渭源工业园、会川工业园、渭源物流园。具体而言，渭源工业园的“主导产业为中医药精深加工及其他特色农产品加工业”。会川工业园“重点发展中药饮片及农产品的初级加工业”。渭源物流园主要“建设物流仓储、商贸交易及物流配送中心”。“2016年底，工业集中区累计入驻企业58户，就业人数达到600人以上，当年工业税收收入达591万元。园区内中药加工企业达45家，已经通过中药生产许可证、生产车间GMP认证企业分别为30户、26户”[77]。“兰州新区西部药谷产业园”：2015年，兰州新区西部药谷产业园正式开建，其是以“引进生物医药、现代中药等项目和医药研发、医药物流等产业，并统一规划建设GMP医药标准厂房……以现代中药制造和疫苗生产为主体，以医疗器械制造和保健品加工为补充，集生产、研发、物流、营销、检验、新药申报、医疗健康于一体的中医药产业创新平台”。“兰州高新区生物医药产业园”：兰州高新区生物医药产业园获批较早，“辖雁滩园区、榆中园区、九州经济开发区、七里河园区、和平工业园……集聚了众多的创新资源和要素，有兰州大学、甘肃中医药大学等4所高等院校，有中国科学院兰州分院及4个研究所，并拥有9个国家级重点实验室和32个省部级重点实验室，4个国家级工程研究中心和20个省级工程研究中心，5个国家级企业技术中心和18个省级企业技术中心，21个国家和省级创新创业平台”。此外，还有一批作为后起之秀的中药产业园区，如兰州高新技术开发区中医药产业创新研发孵化园、兰州新区现代中药产业精深加工园、陇西中药材循环经济产业园、渭源工业园区中药产业园、天水航天中药材苗木种植园、酒泉国家育种基地园等。[78]

4.产业发展综合试验区：由国家部委建设的甘肃省各类中医药产业发展综合试验区承载着传承中医药文化、一体化综合发展的重任。所建主要有：国家中医药产业发展综合试验区；国家中医药管理局、甘肃省人民政府共建中医药综合改革试点示范省；甘肃陇东南国家中医药养生保健旅游创新区；国家中医药服务贸易试点省；敦煌中医药国际论坛；“庆阳岐伯圣景”中医、针灸师承基地；“庆阳岐伯圣景”全国中医药文化宣传教育基地；“平凉皇甫谧中医文化园”中医、针灸师承基地；“平凉皇甫谧中医文化园”全国中医药文化宣传教育基地等。[79]

其二，科技创新与其平台的建设。“21世纪初，GXP系列标准在中药诸领域广泛运用，现代科技手段和方法逐步引入到中药的质量控制、生产过程中，优质中药材基地建设、创新药物产业化、创新平台建设取得重要进展。”[80]与此同时，甘肃省中医药产业所依靠的科技动能，一方面来自企业的自我创新，另一方面源自国家科技力量的扶持。

从前者看，兰州佛慈制药厂早年就曾攻克了全浸膏丸、全细粉丸的工艺技术难关，并且自行设计制造出履式光丸助选机，从而为企业走向卓越打下了坚实的创新基础，并推动自身成为甘肃省高新技术企业，同时建成了甘肃省现代中药制剂工程技术研究中心、甘肃省中药质量控制技术工程实验室、省级企业技术中心等重点研发平台和专家团队的创新平台；甘肃陇神戎发药业股份有限公司也发展成为省级高新技术企业，并建设有甘肃省企业技术中心、甘肃省中药新药剂型研究工程实验室、甘肃省中药固体分散制剂重点实验室等省级技术平台；甘肃普安制药股份有限公司建设有“武威市技术转移中心”“武威市止嗽中药技术创新中心”“武威市企业技术中心”“武威市麻精药品重点实验室”等研发平台，有力地推动了企业的科技进步和技术升级；奇正集团自主研发了高压清洗生产线、多层网带烘房，拥有多台配置质检仪器，如安捷伦气相色谱质谱联用仪、沃特斯液相色谱仪、电感耦合等离子体质谱仪等，提升了检测全套含量、农残、重金属、黄曲霉毒素等指标的技术能力。奇正集团被认定为“国家企业技术中心”，已建成

“藏药外用制剂国家地方联合工程实验室”“藏药固体制剂国家地方联合工程实验室”“哈佛大卫·克里斯帝安尼教授·奇正藏药·藏药科研实验室”、藏药与药物联合实验室等，其“奇正消痛贴膏”荣获2000年度国家科技进步二等奖。而其旗下的甘南佛阁藏药有限公司所建设的“新型藏药高技术产业化示范工程项目”获得成功；甘肃中天药业有限责任公司上线了自主研发的数字本草“三网合一”公共服务体系，率先在行业内推出了产品可追溯系统。并且，通过追溯系统、企业资源计划、数字农事、电商平台、信息频道、仓库管理系统等，可实现数据集成即全程信息化，从而达到中药材从种植到销售这一全产业链的全程闭环追溯，或曰一“码”可查。

从后者来看，专业科研平台的广泛建设，成为甘肃省中医药产业推陈出新，傲立潮头的重要条件。国家中医药管理局重点研究室系列平台有：甘肃省中医院、西北地区中医骨伤药物疗法研究室；兰州大学第一医院中医药防治传染病研究室；中医药防治慢性病国际科技合作基地国家级国际科技合作基地。省级重点实验室系列平台有：敦煌医学与转化实验室省部共建教育部重点实验室、甘肃省中药药理与毒理重点实验室省级重点实验室、甘肃省中医方药挖掘与创新转化重点实验室（培育基地）、甘肃省中医药防治慢性疾病重点实验室（培育基地）、甘肃省中药质量与标准研究重点实验室（培育基地）、甘肃省中药资源与产品开发创新平台建设项目省级重点实验室、甘肃省中医药减肥技术研究与应用工程研究中心、中药生药实验室、国家中医药管理局中医药科研实验室（三级）、中药药理实验室、国家中医药管理局中医药科研实验室（三级）、中药化学实验室、国家中医药管理局中医药科研实验室（三级）、中（藏）药化学与质量研究重点实验室、重大疾病分子医学与中医药防治研究实验室、甘肃省中药新产品创制工程实验室、甘肃省道地药材质量标准化技术研究与推广工程实验室、生物化学实验室、甘肃省中医药科研实验室（二级）、中药免疫与分子生物学实验室、甘肃省中医药科研实验室（二级）、中药制剂实验室、甘肃省中医药科研实验室（二级）。中药制药实验室系列平台有：甘肃省中医药科研实验室（二级）、中西医结合基础实验室、甘肃省中医药科研实验室（二级）。工程中心系列平台有：甘肃省中药现代化工程技术研究中心甘肃省工程技术研究中心、甘肃道地中药材当归黄芪等加工炮制及种植工程研究中心省发展和改革委工程研究中心、兰州中药现代化工程技术研究开发中心兰州市工程技术研究中心、甘肃省中药炮制及质控工程技术研究中心甘肃省工程技术研究中心等。[81]

其三，产业经济规模的发展。衡量产业能力的重要指标在于产业经济的规模效益。2000年以来，甘肃省中医药产业的经济规模及其效益保持了良好的局面。2002年，奇正集团的“奇正消痛贴”销售收入突破2亿元大关，之后，该企业成功上市。2003年，兰州佛慈制药厂已名列甘肃工业60强，并很快成为兰州市唯一国有控股上市公司。2004年，兰州太宝制药有限公司的年产值已达1.3亿元。2008年，甘肃奇正实业（集团）有限公司完成工业产值4.36亿元，实现主营业务收入4.19亿元。2010年，奇正藏药实现营业收入5.24亿元，净利润达1.7亿元。同年，甘肃众友药业甘南藏药有限公司年产值达1.3亿元。2013年，甘肃佛仁制药科技有限公司实现销售收入3000多万元，上缴利税200多万元。甘肃药业投资集团有限公司在“十四五”期间的目标为年营业收入达到150亿元、总市值达到100亿元、工业总产值达到40亿元、利润总额达到12亿元，拉动全省医药健康产业达到千亿级。2019年，太极集团甘肃天水羲皇阿胶有限公司实现产值2亿元。陇药皇甫谧制药股份有限公司年可生产中药配方颗粒1000吨400多个品种，可加工利用中药材4000吨、提取浸膏1000吨，可实现年产值5.9亿元，可创利税8000万元。甘肃中天药业有限责任公司现有五家全资和控股子公司，即甘肃中天金丹药业有限公司、甘肃中天中药材有限责任公司、临潭天士力中天药业有限责任公司、宁县天士力中天医药有限责任公司和甘肃中天纹党参产业发展有限责任公司。甘肃岷海制药有限责任公司发展以当归为主的生态药源种植基地5万亩，年生产能力为20万件，总产值达5个亿。

其四，产业标准化基地的建设。21世纪以来，在国家的产业政策的指导下，不仅中成药、中药饮片被认定为我国中医药产业的主体产品，而且GAP、GMP等质量规范体系得以在中医药产业领域实施，从而中医药产业的研发、种植、生产、流通等各环节都被纳入了规范管理的目标，也为中药生产建立起质量保障体系。

1.GAP基地：GAP是指导中药材规范化种植的质量体系标准，由国家食品药品监督管理总局实施。2000开始，为提高中药材的质量安全水平，完成现代中药材产业体系的建设，甘肃省鼓励中医药企业积极开展《中药材生产质量管理规范》基地的认证，从而提升地产药材在国内外市场的竞争力。经过推广与实施，通过认证过的甘肃省中药材质量规范种植基地越来越多，主要有以下几个种植基地。

当归种植基地：2001年，甘肃劲康药业有限公司的当归种植基地获得认证。

该基地种植区域位于岷县禾驮乡石家台村红花沟、岷县麻子川乡麻子川村和上沟村；2005年，甘肃岷归中药材科技有限公司的当归种植基地获得认证。该种植区域位于宕昌县哈达铺镇、岷县西寨镇；2006年，甘肃岷归中药材科技有限公司的当归种植基地获得认证，该种植区域于宕昌县哈达部镇、岷县西寨镇。

黄芪种植基地：2015年，甘肃九州天润中药产业有限公司的黄芪种植基地获得认证。该种植区域位于甘肃省岷县梅川镇车路村。此外，还有甘肃九州天润中药产业有限公司、甘肃扶正药业科技股份有限公司的黄芪种植基地获得认证。

党参种植基地：2014年，东阿阿胶高台天龙科技开发有限公司的党参种植基地获得认证。该种植区域位于甘肃省定西市陇西县福星镇马营湾村。2015年，甘肃九州天润中药产业有限公司的党参种植基地获得认证。该种植区域位于甘肃省岷县梅川镇车路村。

红芪种植基地：2015年，甘肃中天药业有限责任公司的红芪种植基地获得认证。该种植区域位于甘肃省陇南市武都区。

罂粟种植基地：2009年，甘肃农垦集团有限责任公司的罂粟种植基地获得认证。该种植区域位于甘肃省武威市、张掖市、金昌市和白银市。

2.GMP质量认证：根据国家药品监督管理局发布的认证要求，2004年6月30日以前，国内所有药企的生产必须符合GMP质量体系标准，以及通过国家认证，否则一律停产。在甘肃省药品监督管理部门的推动下，甘肃中医药企业的GMP质量认证成果显著。[82]

早在1999年，兰州佛慈制药厂斥资建成的固体制剂车间，率先了通过国家GMP认证、澳大利亚TGA组织认证，其产品也得到14个PIC协约国的认可。随之，企业跨入了中国中药工业生产企业的50强。目前，兰州佛慈制药厂的本部生产线全部通过了国家GMP认证、澳大利亚TGA组织认证、日本厚生劳动省GMP认证等。由于企业产品的国外认证数、海外商标注册数、出口品种数和出口覆盖面等优势明显，长期位居同行业的前列，企业产品因此享誉中外，经久不衰；奇正集团所建片剂、胶囊剂两条保健食品生产线也通过了GMP认证；2003年，奇正集团下属甘肃藏药有限责任公司取得“药品GMP证书”之后，奇正藏药兰州制造中心的贴膏剂、橡胶膏剂、软膏剂、中药饮片通过了兰州市食品药品监督管理局的GMP跟踪检查；2004年，甘肃众友药业制药有限公司的产品生产通过了GMP认证，使企业的规范化发展效应得到了强化；同年，甘肃众友药业甘南藏药有限公司的“藏药生产线GMP改造项目”取得了国家GMP认证；同年，甘肃亚兰药业有限公司获得中药饮片的GMP认证；同年，陇药皇甫谧制药股份有限公司GMP技改项目通过了GMP认证；同年，甘肃临夏龙康制药有限公司通过GMP认证之后，在临夏州工业园区的厂房、新建的饮片车间等通过了新版GMP认证；2009年，甘肃岷归中药材科技有限公司的饮片车间获得国家GMP认证；2013年，兰州奇正生态健康品有限公司的片剂、胶囊剂两条保健食品生产线通过国家GMP认证；2015年，兰州和盛堂制药股份有限公司在兰州新区升级厂区，通过了新版GMP的认证；甘肃益尔药业瞄准中国中药四大基地之一的甘肃作为生产基地，占有独特的区域和资源优势，甘肃益尔药业股份有限公司的胶囊剂、片剂、颗粒剂、糖浆剂、滴丸剂、口服液、洗剂等七条生产线通过国家GMP认证，从而在甘肃乃至西北地区成为投资最大、剂型齐全的医药生产与经营企业；甘肃普尔康药业有限公司现有GMP认证的4个生产车间、1个辅助车间、1个中心化验室；兰州太宝制药有限公司生产车间通过了国家GMP认证、澳大利亚TGA认证；甘肃佛仁制药科技有限公司建成的中药饮片厂，成为陇南药材大区的首家GMP认证企业；甘肃泰康制药有限责任公司公司已整体通过国家GMP认证；太极集团甘肃天水羲皇阿胶有限公司的2条胶剂生产线通过了国家GMP认证；甘肃岷海制药有限责任公司也通过了国家GMP认证。

其五，中药品牌的建设。品牌是产业的隐形资产，是推动市场竞争、企业增效的重要因素。2000年以来，甘肃省自产的中药产品共计1 402种，其中名牌商标和产品的占比不断提高。甘肃陇神戎发药业股份有限公司的元胡止痛滴丸、斯娜格药膜、酸枣仁油滴丸、七味温阳胶囊4种为全国独家品种，特别是元胡止痛滴丸入选为国家中药大品种、陇药大品种；甘肃普安制药股份有限公司的主导产品宣肺止嗽合剂，是国家级六类新药、中药二类保护品种，荣登“2018年中药大品种科技竞争力排行榜”。该企业所拥有的“普安康”商标相继通过了“甘肃省著名商标”“中国驰名商标”的认定；甘肃众友药业甘南藏药有限公司所拥有的洁白丸、五味麝香丸等42个藏药产品，受到国家中药品种保护法规的保护，洁白丸、五味麝香丸、七味红花殊胜散、六味寒水石散等，被收录于《中华人民共和国药典》之中。该公司的“甘楠牌”商标获得“甘肃省著名商标”的称号；甘肃佛仁制药科技有限公司的胃康灵胶囊、保胎灵胶囊、调经益母胶囊等产品为甘肃名牌产品，而“皇甫谧”商标为甘肃省著名商标；兰州和盛堂制药股份有限公司生产的“今来舒牌”当归腹痛宁滴丸、“和盛堂牌”洁白胶囊和金参润喉合剂为甘肃省中药名牌产品；甘肃扶正药业科技股份有限公司的道地黄芪获国家认证；甘肃泰康制药有限责任公司的麝香壮骨膏为甘肃名牌产品；奇正藏药作为“非处方药重点品牌”入选中华人民共和国商务部编撰的《2006年中国品牌发展报告》。“奇正消痛贴膏”是“非处方药主要类别中的重点品牌”之一。2010年，奇正藏药入榜“中药成长型企业品牌”“中国中药行业品牌百强”；“皇甫谧”商标被认定为甘肃省著名商标，而该商标下的胃康灵胶囊、保胎灵胶囊、调经益母胶囊等产品，为“甘肃名牌产品”。甘肃药业投资集团有限公司现有全国独家产品5个，即元胡止痛滴丸、宣肺止嗽合剂、斯娜格药膜、酸枣仁油滴丸和七味温阳胶囊。该集团还拥有“隴神”“普安康”等“甘肃省著名商标”和“中国驰名商标”。

其六，院内制剂的发展。院内中药制剂是医疗机构药学的重要组成部分，也是临床用药的补充手段，对防、治病同样发挥着作用。它以通过长期的临床检验且疗效确切的中药为基础，是根据经典名方、院内制剂、名老中医验方等进行产业化开发所生产的中药品。2009年，国务院下发《国务院关于扶持和促进中医药事业发展的若干意见》，指出要发展医疗机构的中药制剂，“鼓励和支持医疗机构研制和应用特色中药制剂”[83]。2010年8月，卫生部、国家中医药管理局、国家食品药品监督管理局下发《关于加强医疗机构中药制剂管理的意见》，提出“医疗机构中药制剂的使用能够弥补市售中成药产品不足，有利于满足群众的中医药服务需求；能够服务于临床需求……”[84]。2010年，甘肃省卫生厅、甘肃省食品药品监督管理局发布了《关于公布全省调剂使用院内中药制剂推荐（第一批）目录》的文件。到2015年，甘肃省先后已有五批院内制剂被批准与公布，涉及剂型全面，用途广泛。

其七，电商化经营与电子化管理模式的开启。电商化经营和电子化管理已经成为社会经济发展的潮流。掌握前沿科学技术、善于把握科技转化成果所创造的市场机遇，是赢得经济市场先机的重要条件。在甘肃省中医药产业发展中，电商化经营模式已经崭露头角。大批的中医药企业都在进行相应的实践与建设。比如，2020年，奇正集团旗下的食品、健康品、中药饮片、日化等产品的阿里巴巴国际站正式开通，网址为https://qzhgroup.en.alibaba.com/。该平台可通过阿里国际电商平台向国内外客商进行产品推广与销售，是奇正产品拓宽国内外市场的有效手段。2021年，奇正集团旗下的“奇正中药网”正式上线，开始了从厂家直达终端客户的对接业务，正在全力创造双赢新格局。

此外，服务于甘肃省中医药产业发展的电子化管理体系也在建设中不断发展与更新。比如，目前已经建成的有发展中医药检验检测平台、甘肃省中药材种子种苗质量检测中心、甘肃数字本草检验中心有限公司等政府监管平台。许多中医药企业也建立了针对一体化内部管理所需的电子监管系统。

纵观甘肃省中医药产业形成与发展的历史道路，可以认为，甘肃省中医药产业发展具有深厚的历史人文基础、传统的理论和实践体系、丰富的物质资源、多样的品牌产品和商标、持续的技术创新经验、稳定的政策支持等诸多优势。因此，在今后的发展道路上，无论遇到何种艰难险阻，我们都有理由始终充满自信，继续顽强地克服时艰，坚定地创造新的伟绩，有力地促进社会发展，更好地服务于人类的健康事业。

参考文献

［1］戴恩来.甘肃中医药名录［M］.兰州：甘肃科技出版社，2017：001.

［2］戴恩来.甘肃中医药名录［M］.兰州：甘肃科技出版社，2017：007.

［3］戴恩来.甘肃中医药名录［M］.兰州：甘肃科技出版社，2017：001.

［4］宋平顺，杨平荣，赵建邦.甘肃道地药材志［M］.兰州：甘肃科学技术出版社，2017：8.

［5］甘肃省地方史志编纂委员会.甘肃省志：第五十三卷 外经贸志［M］.兰州：甘肃文化出版社，1989：397.

［6］赵汝能，张承忠，李文惠，等.甘肃中草药资源志：上册［M］，兰州：甘肃科学技术出版社，2004.

［7］宋平顺，杨平荣，赵建邦.甘肃道地药材志［M］.兰州：甘肃科学技术出版社，2017：9.

［8］宋平顺，杨平荣，赵建邦.甘肃道地药材志［M］.兰州：甘肃科学技术出版社，2017：43.

［9］赵汝能，张承忠，李文惠，等.甘肃中草药资源志（上册）［M］，兰州：甘肃科学技术出版社，2004.

［10］宋平顺，杨平荣，赵建邦.甘肃道地药材志［M］.兰州：甘肃科学技术出版社，2017：10-11.

［11］宋平顺，杨平荣，赵建邦.甘肃道地药材志［M］.兰州：甘肃科学技术出版社，2017：11.

［12］宋平顺，杨平荣，赵建邦.甘肃道地药材志［M］.兰州：甘肃科学技术出版社，2017：11.

［13］宋平顺，杨平荣，赵建邦.甘肃道地药材志［M］.兰州：甘肃科学技术出版社，2017：11.

［14］宋平顺，杨平荣，赵建邦.甘肃道地药材志［M］.兰州：甘肃科学技术出版社，2017：21.

［15］ 宋平顺，杨平荣，赵建邦.甘肃道地药材志［M］.兰州：甘肃科学技术出版社，2017：12.

［16］在人们所见之内，“道地”一词在明《本草品汇精要》中首现，后被广泛采用。

［17］宋平顺，杨平荣，赵建邦.甘肃道地药材志［M］.兰州：甘肃科学技术出版社，2017：22.

［18］宋平顺，杨平荣，赵建邦.甘肃道地药材志［M］.兰州：甘肃科学技术出版社，2017：12-13.

［19］赵汝能，张承忠，李文惠，等.甘肃中草药资源志：上册［M］，兰州：甘肃科学技术出版社，2004.

［20］宋平顺，杨平荣，赵建邦.甘肃道地药材志［M］.兰州：甘肃科学技术出版社，2017：13.

［21］郝先中.近代中医废存之争研究［D］，华东师范大学，2015：1.

［22］潘吉星.李约琴文集［M］，沈阳：辽宁科学技术出版社，1986：996.

［23］郝先中.近代中医废存之争研究［D］，华东师范大学，2015：7.

［24］赵汝能，张承忠，李文惠，等.甘肃中草药资源志：上册［M］，兰州：甘肃科学技术出版社，2004.

［25］宋平顺，杨平荣，赵建邦.甘肃道地药材志［M］.兰州：甘肃科学技术出版社，2017：14.

［26］郝先中.近代中医废存之争研究［D］，华东师范大学，2015：1.

［27］戴恩来.甘肃中医药名录［M］.兰州：甘肃科技出版社，2017：14-15.

［28］宋平顺，杨平荣，赵建邦.甘肃道地药材志［M］.兰州：甘肃科学技术出版社，2017：16.

［29］欧阳雪梅.中国共产党对中医药的保护传承与发展［EB/OL］.（2020-04-01）［2021-11-07］.https://baijiahao.baidu.com/s?id=1662757659602042150&wfr

=spider&for=pc.

［30］宋平顺，杨平荣，赵建邦.甘肃道地药材志［M］.兰州：甘肃科学技术出版社，2017：25-26.

［31］宋平顺，杨平荣，赵建邦.甘肃道地药材志［M］.兰州：甘肃科学技术出版社，2017：25-30.

［32］宋平顺，杨平荣，赵建邦.甘肃道地药材志［M］.兰州：甘肃科学技术出版社，2017：25-30.

［33］宋平顺，杨平荣，赵建邦.甘肃道地药材志［M］.兰州：甘肃科学技术出版社，2017：25-30.

［34］宋平顺，杨平荣，赵建邦.甘肃道地药材志［M］.兰州：甘肃科学技术出版社，2017：25-30.

［35］宋平顺，杨平荣，赵建邦.甘肃道地药材志［M］.兰州：甘肃科学技术出版社，2017：24.

［36］天水市地方志编纂委员会.天水市志:第一轮［M］.北京：方志出版社，2004：1317.

［37］白银市地方志编纂委员会.白银市志［M］.北京：中华书局，1999：510.

［38］甘肃省地方史志编纂委员会.甘肃省志：第四十九卷　商业志［M］，兰州：甘肃人民出版社，1993：21.

［39］甘肃省地方史志编纂委员会.甘肃省志：第四十九卷　商业志［M］，兰州：甘肃人民出版社，1993：20.

［40］欧阳雪梅.中国共产党对中医药的保护传承与发展［EB/OL］.（2020-04-01）［2021-11-07］.https://baijiahao.baidu.com/s?id=1662757659602042150&wfr=spider&for=pc.

［41］欧阳雪梅.中国共产党对中医药的保护传承与发展［EB/OL］.（2020-04-01）［2021-11-07］.https://baijiahao.baidu.com/s?id=1662757659602042150&wfr=spider&for=pc.

［42］甘肃省金昌市地方志编纂委员会.金昌市志［M］.北京：中国城市出版社，1995：676.

［43］白银市地方志编纂委员会.白银市志［M］.北京：中华书局，1999：510.

［44］甘肃省金昌市地方志编纂委员会.金昌市志［M］.北京：中国城市出版社，1995：676.

［45］甘肃省金昌市地方志编纂委员.金昌市志［M］.北京：中国城市出版社，1995：675.

［46］戴恩来.甘肃中医药名录［M］.兰州：甘肃科技出版社，2017：14.

［47］中央文献研究室.毛泽东年谱（1949—1976）第2卷［M］.北京：中央文献出版社，2013：205-206.

［48］中央文献研究室.毛泽东文集：第7卷［M］.北京：人民出版社，1999：81.

［49］白银市地方志编纂委员会.白银市志［M］.北京：中华书局，1999：509.

［50］白银市地方志编纂委员会.白银市志［M］.北京：中华书局，1999：509.

［51］白银市地方志编纂委员会.白银市志［M］.北京：中华书局，1999：509.

［52］白银市地方志编纂委员会.白银市志［M］.北京：中华书局，1999：509.

［53］天水市地方志编纂委员会.天水市志［M］.北京：方志出版社，2004.1320.

［54］宋平顺，杨平荣，赵建邦.甘肃道地药材志［M］.兰州：甘肃科学技术出版社，2017：32.

［55］甘肃省金昌市地方志编纂委员会.金昌市志［M］.北京：中国城市出版社，1995：675.

［56］甘肃省金昌市地方志编纂委员会.金昌市志［M］.北京：中国城市出版社，1995：675.

［57］宋平顺，杨平荣，赵建邦.《甘肃道地药材志》［M］.兰州：甘肃科学技术出版社，2017：01.

［58］宋平顺，杨平荣，赵建邦.《甘肃道地药材志》［M］.兰州：甘肃科学技术出版社，2017：78.

［59］宋平顺，杨平荣，赵建邦.《甘肃道地药材志》［M］.兰州：甘肃科学技术出版社，2017：15.

[60] 天水市地方志编纂委员会.天水市志［M］.北京：方志出版社，2004：1317.

[61] 宋平顺，杨平荣，赵建邦.甘肃道地药材志［M］.兰州：甘肃科学技术出版社，2017：25.

[62] 天水市地方志编纂委员会.天水市志［M］.北京：方志出版社，2004：1317.

[63] 兰州市卫生志编纂委员会.兰州市志［M］.兰州：兰州大学出版社，1999：287.

[64] 兰州市卫生志编纂委员会.兰州市志［M］.兰州：兰州大学出版社，1999：279.

[65] 庞震苗，覃仁安，陈珩，等.新中国成立七十年中医药产业发展的成就与启示［J］.中医药管理杂志，2020：28（07）.

[66] 兰州市卫生志编纂委员会.兰州市志:第六十一卷 卫生志（第一轮）［M］.兰州：兰州大学出版社，1999：287.

[67] 兰州市卫生志编纂委员会.兰州市志:第六十一卷 卫生志（第一轮）［M］.兰州：兰州大学出版社，1999：287.

[68] 甘肃省金昌市地方志编纂委员会.金昌市志［M］.北京：中国城市出版社，1995：676.

[69] 甘肃省金昌市地方志编纂委员会.金昌市志［M］.北京：中国城市出版社，1995：676.

[70] 天水市地方志编纂委员会.天水市志：中卷［M］.北京：地方志出版社，2004：1231.

[71] 甘肃省金昌市地方志编纂委员会.金昌市志［M］.北京：中国城市出版社，1995：676.

[72] 天水市地方志编纂委员会.天水市志［M］.北京：地方志出版社，2004：1231.

[73] 兰州市卫生志编纂委员会.兰州市志：第六十一卷 卫生志（第一轮）［M］.兰州：兰州大学出版社，1999：287.

[74] 天水市地方志编纂委员会.天水市志：中卷（第一轮）［M］.北京：地方志出版社，2004：1231.

[75] 甘肃省金昌市地方志编纂委员会.金昌市志［M］.北京：中国城市出版社

版社，1995：676.

［76］兰州市卫生志编纂委员会.兰州市志：第六十一卷　卫生志（第一轮）［M］.兰州：兰州大学出版社，1999：287.

［77］戴恩来.甘肃中医药名录［M］.兰州：甘肃科技出版社，2017：157.

［78］戴恩来.甘肃中医药名录［M］.兰州：甘肃科技出版社，2017：158.

［79］戴恩来.甘肃中医药名录［M］.兰州：甘肃科技出版社，2017：149.

［80］庞震苗，覃仁安，陈珩，等.新中国成立七十年中医药产业发展的成就与启示［J］.中医药管理杂志，2020：28（07）.

［81］戴恩来.甘肃中医药名录［M］.兰州：甘肃科技出版社，2017：152-154.

［82］戴恩来.甘肃中医药名录［M］.兰州：甘肃科技出版社，2017：150-152.

［83］关于公布甘肃省调剂使用院内中药制剂推荐（第一批）目录的通知［EB/OL］.（2011-10-29）［2021-12-08］.https://wenku.baidu.com/view/9a4882d284254b35eefd344f.html.

致谢：

在此，向参与此题部分史料工作的西北民族大学历史文化学院2021级硕士研究生王转转、朱佳宁同学致谢！

甘肃省中医药产业发展的现状

马元平[①] 李 林[②]

2019年10月20日，《中共中央 国务院关于促进中医药传承创新发展的意见》（以下简称意见）下发。意见指出，中医药学是中华民族的伟大创造，是中国古代科学的瑰宝，也是打开中华文明宝库的钥匙，为中华民族繁衍生息作出了巨大贡献，对世界文明进步产生了积极影响，传承创新发展中医药是新时代中国特色社会主义事业的重要内容。[1]因此，对中医药产业发展现状加以了解是重要且必要的。甘肃省是我国主要的中药材产区之一，中药材种植面积和产量均居全国首位，中药材产业作为甘肃省重点扶持发展的特色优势产业，其雄厚的资源优势造就了“千年药乡”和“西北药都”的盛誉，甘肃省也因此成为西北最大的中药材种植、仓储、加工基地和交易、信息、价格形成中心。[2]本文将从甘肃省中医药的资源、种植、销售、产业、人员设施、研发等方面对甘肃省中医药产业发展现状进行描述与分析。

一、甘肃省中医药产业现状

（一）中药资源

甘肃省偏居内陆，地理纬度偏北，大部分地区干旱少雨，温度偏低，光能资源丰富，从南到北地跨亚热带、暖温带、中温带3个气候带，气候类型多样；境

①马元平，西北民族大学中华民族共同体学院副教授，社会学博士。
②李林，贵州大学公共管理学院硕士研究生。

内较大的河流有450条，按归属划分为长江、黄河、内陆河3个流域，10个水系，水文特色明显，[3]形成了河西走廊温带荒漠干旱西药区、青藏高原东部高寒阴湿西药藏药区、陇中陇东黄土高原温带半干旱西药区、陇南山地亚热带与暖温带秦药区的分布结构。[4]正是由于独特的地理、气候与水文特征，使得甘肃省内的中药材资源极为丰富。调查显示，甘肃有药用植物、动物、矿物共计1 527种，其中大宗道地药材300多种，[6]药用植物1 270种，药用植物中有菌类35种、苔藓类4种、地衣类5种、蕨类47种、种子植物1 179种；动物类药材有资源分布的214种；矿物类43种。[5]甘肃省有《野生药材保护条例》规定的国家重点保护野生药用植物30种，属于药材的21种；其中二级野生保护植物8种，三级保护野生药用植物22种，隶属于18科20属。[6]

目前甘肃省传统大宗道地中药材种类有当归、党参、黄（红）芪、甘草、大黄、丹参、赤芍、升麻、柴胡、地骨皮、茵陈等，这些药材产量大、品质优，是甘肃省最具代表性的品种，[7]“岷归、纹党”更具传统出口优势。[6]因此，岷县、陇西县、渭源县分别被中国农学会命名为“中国当归之乡”“中国黄芪之乡”“中国党参之乡”，而西和县和礼县则被称为“中国半夏之乡”和“大黄之乡”。[8]

（二）中药种植

20世纪80年代开始，我国中药材种植开始向基地培育模式发展。“九五”期间，科技部曾设立专项基金支持中药材种植基地建设。自1999年我国提出中药材GAP概念、2003年实施认证以来，中药材种植的规范化及GAP基地建设推动了产品品质和供应的稳定性，进而降低了行业经营风险。随后，国家食品药品监督管理总局于2016年3月取消中药材GAP认证，以备案管理取而代之，进一步加强全过程质量管理和监督检查工作，这些举措均有效促进了中药材的规范化、规模化和产业化发展。[6]

我国的中药材本质上属于农产品，受自然及市场价格波动等因素影响较大。[6]截至2019年，全国中药材种植面积约4 054.35万亩，其中甘肃省占比约11.5%，居全国之首。[9]作为中药材栽培历史悠久的省区，甘肃省内种植植物药100种以上（形成商品者，以植物来源统计），加上观赏与药用品种及食药两用品种约达150种之多，主要大宗品种有当归、黄芪、大黄、红芪、党参、纹党和甘草等；商品交易量较大的品种有柴胡、板蓝根、麻黄、枸杞、款冬花、玫瑰等；形成一定规模的药材商品有川芎、独活、丹参、半夏、穿龙薯蓣等；食药两用品种有木耳、桔梗、百合、胡桃、大枣、柿、石榴、辣椒、花椒、大蒜、亚麻子、紫苏等；药用与观赏功能兼具的如牡丹、芍药、射干、川射干、丝石竹、鸡冠花、凤仙花、青葙等品种；药用菌类则有猪苓、茯苓、木耳。有小面积栽培但尚未形成规模商品的包括小叶黑柴胡、柴胡、独一味、锁阳等；相较而言，本省养殖动物药起步较晚且品种不多，仅有赛加羚羊、梅花鹿、马鹿、马麝、全蝎、乌龟等。[6]据甘肃省农业农村厅统计，2019年甘肃省中药材种植面积465万亩左右，标准化种植面积180万亩以上，产量约130万吨，其中大宗道地品种党参70万亩、黄芪65万亩、当归55万亩、甘草25万亩、板蓝根22万亩、枸杞40万亩、柴胡15万亩，种植面积总体保持稳定。[10]2020年甘肃省建成中药材标准化生产示范基地共20万亩，辐射带动全省标准化种植面积200万亩以上，分别较2019年增加2万亩和20万亩，均增长11%。[11]

（三）中药产业与销售

中药产业链是指在中药产品（中药饮片、中成药、功能性食品、保健品等）的生产加工过程中，从中药材种植到中药产品到达消费者手中所包含的各个环节所构成的产业链条，包括中药材产业、中药饮片加工业、中成药制造业和中药流通业四个主体环节，其中中药材产业、中药饮片加工业和中成药制造业分别是产业链的上、中、下游，中药流通业作为非生产环节位于中药产业链的高端部位，贯穿整条产业链的始终。[6]

从2015年起，甘肃省委、省政府出台了一系列政策支持中医药发展，先后印发了《甘肃省中医药产业发展先行先试实施方案》《甘肃省中医药健康服务发展规划（2016—2020年）》《甘肃省“十三五”中医药发展规划》《甘肃省贯彻中医药发展战略规划纲要（2016—2030年）实施方案》《甘肃省中医中药产业发展专项行动计划》《关于促进中医药传承创新发展的若干措施》等政策性文件，为本省中医药的创新发展绘制了蓝图并提供了有力的政策支持。[11]2020年，全国中药相关的药品生产企业共计3 699家，甘肃省有167家，占比为4.5%。据2018年中国中药行业上市公司市值排行榜显示，2006年后全国新增中药行业上市公司35家，甘肃省新增2家，占比5.7%。[12]

自2014年以来，甘肃省在中药材产业方面有200多家药材加工企业，年加工量超过20万吨，约占省内药材总产量的23%，产值约30亿元。其中省级以上农业产业化重点龙头企业30家，有GMP认证药品生产企业139家，产值过亿元企业17家。[13]2010年以来，就中药饮片加工业、中成药制造业而言，甘肃省有各类中药饮片加工企业（点）1 000余家，140余家企业已取得生产许可证，从事道地药材饮片加工。当归、党参、黄芪、甘草、锁阳被加工成系列饮片，经过精美包装，提高了药材附加值，其产品远销欧美和东南亚市场。此外，省内的20余家医药企业、生物科技公司以资源为依托，采用现代技术分离制备中间体，生产黄芪、甘草、黄芩、当归、丹参、橄榄油、百里香油等40余种中药提取物。[14]100余家中药材饮片加工企业超过一半位于定西市，陇西“一方”“效灵”“伊真堂”“中天”和岷县“康达”等5家企业已涉足中药材浸膏提取和精深化加工领域。[13]

在中药流通业方面，甘肃现有6家中药材专业市场，包括陇西县文峰中药材市场、陇西县首阳中药材市场、岷县当归城、渭源县渭水源药材市场、宕昌县哈达铺中药材市场及兰州安宁黄河药材市场，年交易量100万吨，交易额90多亿元。陇西气候干燥凉爽，基础设施较好，仓储管理成本低，运销服务便利，因此成为我国南药北储、东药西储的天然仓库。在陇西、岷县、渭源市场，有惠森药业、中天药业、甘肃当归城等1000吨以上的现代仓储物流企业23家，静态仓储能力30万吨，仓储品种320多个，周转仓储能力100万吨以上，吸引了千金药业、广药集团、中国药材公司等众多国内知名企业建立了仓储中转基地，陇西已成为仅次于安徽亳州的全国第二大中药材专业批发交易市场，北方大宗中药材的价格形成中心，药材交易量占全国交易总量的20%以上，柴胡、大黄、板蓝根、甘草、当归等品种交易量占全国的50%以上。同时，陇西建成了中国药都·网上陇西、惠森药业、中国当归网、甘肃道地中药材信息网等中药专业网站13个、中药材专业协会和货运信息中介组织60多个，发展运输专线30多条，运销网络遍及全国各大药材市场。[15]

在中药销售方面，2020年甘肃省药品销售总额为156.7亿元，其中中成药类销售额为47.9亿元，占比30.57%；中药材类销售额为55亿元，占比35.09%。2020年全国药品零售企业销售总额前100位中，甘肃众友健康医药股份有限公司以66亿元的销售额位列第7名，甘肃德生堂医药科技集团有限公司以20.2亿元的销售额位列第16名。[16]据甘肃省统计局数据，2019年甘肃省规模以上医药行业生产企业90户，实现工业总产值122.9亿元，同比增长6.5%，实现工业增加值46.1亿元，同比增长1.7%。中医药生产企业68户，实现工业总产值75.6亿元，同比增长12.9%，实现工业增加值16.5亿元，同比增长10.8%。其中，中药饮片加工企业48户，实现工业总产值36.8亿元，同比增长1.5%，实现工业增加值6.8亿元，同比下降4.0%；中成药生产企业20户，实现工业总产值38.8亿元，同比增长26.5%，实现工业增加值9.7亿元，同比增长23.8%。2019年，甘肃中药材批发零售业销售企业100户，与上年同期持平。其中，批发业51户，比上年同期增加3户，销售额为21.9亿元，同比下降1.2%；零售业49户，比上年同期减少3户，销售额为4.4亿元，同比增长13.2%。中医药产业园区建设方面，兰州新区生物医药产业园、兰州高新技术开发区中医药产业创新研发孵化园、陇西中医药循环经济产业园、渭源中药材精致饮片加工园等6个产业园区初具规模，入驻加工制造企业170户，76户通过GMP认证，实现产值60多亿元。[10]

（四）中医药人员与设施

在中医药人才培养方面，甘肃省认真按照医疗卫生人才“引进一批、树立一批、培养一批”的行动计划，着力加强中医药人才培养。首先，支持甘肃中医药大学和甘肃省中医院联合争取到国家“中医药高层次人才培养基地建设项目”，重点强化中药、针灸推拿、中医骨伤3个专业领域的人才培养，建设岐黄学者传承工作室2个、全国名老中医药专家传承工作室4个、基层名老中医药专家传承工作室2个。其次，加强陇中正骨和郑氏针法两个学术流派传承工作室建设和学术思想传承，鼓励支持各级中医医疗机构引进国医大师、全国名中医等全国有重要影响力的中医药专家来甘肃省建立工作室。如临夏州中医医院建立国医大师唐祖宣工作站、兰州市中医院和灵台县皇甫谧中医院建立国医大师石学敏传承工作室、定西市中医院建立国医大师李佃贵传承工作室、泾川县中医院建立全国名中医陈宝贵传承工作室等。各传承工作室积极通过带教师承，加强中医药人才培养。各中医药专业委员会举办多层次学术会议，吸引200多名全国知名专家来甘肃省举办学术会议和讲座。再次，借助国家中医药人才培养项目，围绕临床、中药、护理、藏医等共选拔培养中医药优秀人才（含藏医）9名，中医药骨干人才（含中医护理）49名。举办省级3个月西学中培训班1期、5个月中医学经典培训班1期，培养中医药实用人才85名。甘肃省中医药管理局依托甘肃省人民医院、省中医院对县级中医医院的50名中西医结合重症监护骨干、麻醉骨干及医学影像骨干进行为期半年或1年的培训。2019年，甘肃省中医院王自立主任、甘肃中医药大学张士卿教授获得全国中医药杰出贡献奖，并在全国中医药大会上接受表彰奖励。此外，选派42名科主任赴广东省中医院进修培训，提升三级甲等中医医院科主任管理水平。[10]总体而言，甘肃省现已建立陇药产业科技创新团队8个，陇药产业发展关键技术规范化培训基地5个，传统中医药文化、技术传承人才团队5个，形成了“高校或科研院所技术指导或精准扶贫服务人才—地区、市（县）级技术宣讲、传承人员—药材种植、加工、销售以及基层技术人才—农户技术专员”的四级人才梯队。最后，本省还有中药产业链信息化服务平台人才团队2个，中医药品牌建设管理人才团队2个，中医药文化推广、服务贸易人才团队5个。[11]

甘肃省通过四个方面的工作进行中医药设施改善与服务能力提升。首先，支持甘肃中医药大学附属医院、兰州大学第一医院开展心脑血管病中西医协作攻关，支持临夏州中医医院实施中医药服务能力提升项目，并入选国家卫健委、国家中医药管理局重大疑难疾病中西协作攻关项目和服务能力提升项目。其次，开展脱贫县中医医院服务能力提升工程。对58个脱贫县中的54家中医医院重点加强中医特色优势专科建设、中医药人才培养、中医适宜技术推广和医院信息化建设。三级医院对口帮扶县级中医医院工作做到全覆盖，来自天津、厦门、青岛的28家三级中医医院和甘肃省的26家三级中医医院一对一帮扶县级中医医院，解决医疗急需、突破薄弱环节、带教技术团队、提升服务能力。并按照“以评促建、以评促改、重在建设、持续改进”的原则，组织开展全省二、三级中医医院等级评审和省级重点中医药专科建设工作，通过评审，6家达到三级甲等、4家达到三级乙等、64家达到二级甲等、7家达到二级乙等中医医院标准。确定11个省级中医药重点专科进行建设。支持7家县级中医医院实施中西医结合重症监护室建设项目，充分发挥中西医结合优势，提高急危重症患者救治水平。再次，启动甘肃省三级公立中医医院绩效考核工作。在国家《公立三级中医医院绩效考核指标》基础上，补充完善甘肃省附加指标，对各三级中医医院规范使用和及时上传病案首页、参与国家室间质量评价、电子病历应用功能水平、满意度调查等进行上报测评。最后，持续实施基层中医药服务能力提升工程，支持80个乡镇卫生院和社区卫生服务中心建成中医馆，配备中医诊疗设备，加大中医药适宜技术推广和应用力度，广泛宣传中医药养生保健知识。[10]

截至2019年末，甘肃省有中医类医疗卫生机构1 572个，中医类医疗机构共配置病床42 987张；全省建成国家中医药管理局重点专科29个，省级中医药重点专科216个；53.3%的市州级中医类医院达到三级乙等标准，87.2%的县级中医类医院达到二级甲等标准，97%的县级以上综合医院设置中医科、中药房，

80%的县级以上妇幼保健机构设置中医儿科、中医妇科，95.75%的乡镇（社区）以上医疗机构能够提供中医药服务，94.7%的乡镇卫生院具备中医药服务能力，97.4%的社区卫生服务机构具备中医药服务能力，81.9%的村卫生室具备中医药服务能力。全省共有49个中医药工作先进或示范县区，33个全国继承中医药工作先进单位，10个省级以上民族医药重点专科和6个名老藏医专家学术经验传承工作室。全省名中医共计1 327人，其中国家级师带徒指导老师27人，占2.03%；省级师带徒指导老师173人，占13.04%；省级名中医226人，占12.89%；市州级名中医171人，占12.89%；县区级名中医216名，占16.28%；基层名中医394人，占29.69%。[11]

（五）中药研发

在中药研发方面，主要包括三方面举措。第一，加强中医药循证能力建设，努力构建具有中医药循证临床研究能力的技术平台及人才梯队。依托甘肃省中医院带领甘南州藏医院、临夏州中医医院开展基本中医药循证能力建设，依托甘肃中医药大学附属医院带领广河县中医院开展专科专病（心血管病）循证能力提升。第二，对糖尿病、慢性心衰、肺癌等中医药防治重大疑难疾病的科研项目进行阶段性评估，督促进一步完善项目实施方案、细化项目管理、加快项目进度。第三，遴选100个中医药课题立项研究，评选出皇甫谧中医药科技奖32项，推荐4项参加省科技厅奖项评选。[10]

在中医药产业的科研机构方面，近年来围绕中药材产业，甘肃省成立了一批科研机构，如中国科学院兰州化物所“甘肃天然药物重点实验室”、兰州大学“甘肃新药临床前研究重点实验室”、甘肃省农业科学院“中药材研究所”“甘肃省中药材种质改良与质量控制工程实验室”。同时，甘肃农业大学、甘肃中医药大学、甘肃省药检所、兰州理工大学、兰州交通大学及产业内的龙头企业也都设立了相关的科研机构。截至目前（2022年），全省已建成国家级企业技术中心1个、省级企业技术中心11个、省部共建重点实验室2个、省级陇药工程技术中心1个。定西市与国内高等院校和科研单位建立了长期稳定的科技合作关系，联合组建成立了相关实验室和工程技术中心。全省拥有了一定数量的科技人员和相应的仪器设备，从野生资源保护驯化利用、种子种苗标准制定及生产、中药材品种纯化、中药材标准化生产、中药材复方制剂及新药开发、中成药质量鉴定、中药生产质量监控、中药临床应用、保健食品及化妆品开发等方面开展研究。目前已在种子种苗标准制定，育种，规范化种植技术研究、专用肥及生物肥料应用、低残留农药筛选、组织培养、新药研发、保健食品及化妆品开发等方面获得了突破性进展，在野生资源人工驯化、工厂化育苗技术上也取得了新的成就。[17]

此外，还包括在甘肃中医药大学成立陇药创新研究院，在兰州大学建立甘肃省党参产业技术创新战略联盟，联合省内药企成立黄芪产业创新战略联盟，确定全省医药工业省级企业技术中心29个，专精特新企业21户；建立“甘肃省骨关节退行性疾病临床医学研究中心”“甘肃省针灸临床医学研究中心”和“甘肃省中西医结合肿瘤临床医学研究中心”3个中医领域省级临床医学研究中心。[11]

在中药研发的产品方面，相关企业利用甘肃省特有的中草药，开发了一批新产品，主要有祖师麻膏药、竹叶椒片、陇马陆胃片、五加片、高乌甲素片及注射液、独一味片及胶囊、红芪口服液等。基于甘肃省的道地、大宗药材生产了一批名优中成药和藏成药，传统的有金匮肾气丸、板蓝根冲剂、当归腹宁滴丸、归脾丸等80余个品种，藏成药有洁白丸、奇正消痛贴、七十味珍珠丸等30余个品种。近年研制开发的金参润喉合剂、宣肺止咳露、黑红伤药、宫瘤宁片、前列泰片、盆腔炎康胶囊等产品也已生产上市。20世纪80年代以来，利用当归、党参、锁阳、黄芪、甘草、大枣、玫瑰花等在保健食品、饮料、佐料、化妆等领域开发的产品如雨后春笋般涌现，先后生产出党参露饮料、红枣汁饮料、当归保健醋、归芪参保健醋、苦荞麦酒、红枣酒、锁阳宝酒、苦水玫瑰精、兰州百合口服液、人参果酒、虫草黄酒、当归黄酒、三泡台系列浓缩胶囊等各类产品，这些极具本省特色的中药保健品进入千家万户，深受消费者喜爱。[13]

二、甘肃省中医药产业的优势和不足

（一）中医药产业的发展优势

甘肃省中医药产业的发展优势在于独特的地理与气候条件、丰富的中药材资源、悠久的中药材种植历史与中医药传统文化。首先，甘肃省的气候条件有利于中药材流通行业的发展。干燥凉爽的气候能够增加中药材的储存时间，加之甘肃省是全国主要的中药材产区之一，这为发展大型中药材仓储转运中心提供了便利。目前，在陇西已成为全国第二大中药材专业批发市场的基础上，利用好甘肃省的区位条件，加快区域性中药流通产业中心的建设，形成集中药材原材料生产、仓储、转运、价格形成于一体的产业链，有助于促进甘肃省在北方地区形成自己的中医药产业优势，从中医药大省向中医药强省转变。此外，甘肃省是古丝绸之路的必经之地。在国家大力建设“一带一路”丝绸之路经济带的同时，政府也出台了关于促进中医药产业发展的一系列文件，应当利用好当前的政策条件，不仅要使陇药走出甘肃，更要使陇药走出国门、走向世界。

其次，省内各地差异巨大的地形地貌为甘肃省提供了种类繁多、产量丰富的中药资源。甘肃省悠久的中药材种植历史与丰富的中药资源促进了中药人工种植产业的发展，目前甘肃省的中药材种植面积位居全国首位。在此前提下，甘肃省应进一步提高中药材种植的产量与质量，朝着国内首屈一指的中药材原产地的方向发展，以甘肃省的传统大宗道地药材为基础，培育优良的中药品种，形成陇药品牌。同时，还需加快形成品牌特色和品牌效应，以陇药名片带动中药种植业的发展。

再次，独具特色的传统中医文化是甘肃省中医药产业的一大优势。甘肃省素有“西北咽喉”的说法，是西北地区的交通枢纽，汇集了多个民族在此定居。因此，甘肃省的中医药文化中不仅包括传统中医，还包括藏医等民族医药与医学。传承创新中医文化，以兼具汉、藏中医文化为特点汇聚发力可以进一步推动中医药产业的发展。

（二）中医药产业的不足之处

从目前甘肃省中医药产业的发展情况来看，存在以下几个问题：

第一，中药材种植的质量及后续精细加工方面有待提升。当前甘肃省的中药材种植面积在国内名列前茅，但质量缺乏稳定保障，尤其中药精细化加工方面的匮乏导致甘肃省的中药材长期以来大多只能以原材料的形式输出，中药材种植产业的收益和增长空间受到限制。对此，应当对中药材种植进行优质药源基地建设，发展精品中药；促进省内中药材加工产业的发展，提高中药材相关的科研经费投入；对中药加工企业给予一定程度上的政策优惠，支持科研创新，以便提高中医药产业的竞争力。

第二，中医药研发力量薄弱，科研投入较少。中医药研究相较于其他学科的研究时间周期更长，成果见效较为缓慢，造成这一现象的原因一方面由于中药材的长生长周期，另一方面受限于中医药实验的过程与步骤相对更复杂。加之甘肃省的中医药研究起步较晚，在先天不足的情况下，后天投入也较少，所以相较于其他中医药科研大省，本省的中医药研究基础薄弱，后发力量严重不足。因此，发展中医药产业，需要加大科研经费投入、努力建设人才队伍、不断进行科研创新，以科研成果为依托助力甘肃省的中医药产业形成核心竞争力。

第三，尚未形成有力的中药品牌。甘肃省传统的大宗道地药材产量大、品质优，但是还没有形成独具特色的中药品牌。在这方面，可以借鉴“宁夏枸杞”“长白山人参”的品牌形成经验，加快陇药品牌发展，以品牌带动产业发展。

第四，中药物流网络缺乏完善。当下，虽然陇西已经发展成为全国第二大的中药材专业批发市场，但是全面的物流网络并未铺开。身处数字经济时代，应当利用好数字技术的力量，建立中药材信息网和物流网，在中药材原产地与中药材批发市场间搭建更为便捷的沟通桥梁。中药流通业贯穿整个中医药产业的全过程，因此，构建完善的物流网络，不仅能促进中医药流通业的发展，也能提高中医药产业的竞争力。此外，应当建立中医药产业监督机制，对中医药从种植到产品加工到售出都进行严密把关，既要发挥市场的作用，也要发挥政府的监管力量。

三、围绕“一带一路”倡议、结合新冠疫情防控政策，推进甘肃省中医药产业发展

2021年12月，国家中医药管理局、推进“一带一路”建设工作领导小组办公室联合印发《推进中医药高质量融入共建“一带一路”发展规划（2021—2025年）》，计划在“十四五”时期，与共建“一带一路”国家和地区合作建设30个高质量中医药海外中心，出台30项中医药国际标准，创立10个中医药文化海外传播品牌项目，建设50个中医药国际合作基地和一批国家中医药服务出口基地。此外，我国还要加强中药类产品海外注册服务平台建设，组派中医援外医疗队，推动社会力量采用市场化方式建设中外友好中医医院。[18]同时，世卫组织官网发布的《世界卫生组织中医药救治新冠肺炎专家评估会报告》认为中医药全面、深度地参与我国新型冠状病毒肺炎疫情防控救治，应用中医药防控疗效明显，充分肯定了中医药在新冠肺炎防控和医疗中的安全性和有效性。

以上规划和报告说明中医药已获得世界越来越多国家的认可，中医药国际化是大势所趋，在“一带一路”倡议大背景下，中医药成为国家层面交流合作的重要领域，中医药国际化进程将进一步得到加速。甘肃作为亚欧大陆桥的必经之路，应当充分利用先天的区位优势，围绕国家“一带一路”战略规划，依托我省现有资源优势和产业基础条件，推进中药材标准化种植、高水平加工和品牌化经

营。通过体制机制创新，积极探索有利于中医药产业做大做强的新途径。同时，要在本地新冠肺炎流行期间，加强中医药领域的药物开发和治疗流程的探索，做好针对性的标准制定工作。通过体制机制创新，积极探索有利于中医药产业做大做强的新途径，把中医药产业真正培育为甘肃省富民强省的战略性产业和帮助欠发达地区民众致富的具备长效发展潜力的系统性支柱产业。

参考文献

[1] 国务院办公厅.中共中央　国务院关于促进中医药传承创新发展的意见［J］.中华人民共和国国务院公报，2019（31）：6-10.

［2］郦芳.基于产业链视角的甘肃省中药材产业运营模式及稳定性研究［D］.兰州：甘肃农业大学，2017.

［3］何霖，李福兵，杨晓东.地理、人文与甘肃道地药材［J］.中药与临床，2010（3）：46-50.

［4］辛辰.甘肃中药材的分布特点与蕴藏量［J］.西部论丛，2005（5）：41-43.

［5］李成义，张雅聪，杨扶德，等.甘肃省中药材资源及有效利用研究［J］.中药研究与信息，2005（11）：36-38.

［6］王国强.中国中药资源发展报告［M］.北京：中国医药科技出版社，2018.

［7］刘刚，曹方，方伟，等.甘肃中药材产业化发展存在的问题与对策［J］.开发研究，2002（1）：49-51.

［8］何晋武，祁永安，石利兵.甘肃省中药材产业发展现状及对策研究［J］.中国农业资源与区划，2011（5）：60-64.

［9］国家统计局农村社会经济调查司.2020中国农村统计年鉴［M］.北京：中国统计出版社，2020.

［10］中国中医药年鉴（行政卷）编委会.中国中医药年鉴（行政卷）［M］.北京：中国中医药出版社，2020.

［11］王娟，蒲永杰，罗娟，等.甘肃中医药产业发展现状分析［J］.甘肃科技，2021（10）：4-7.

［12］邓晓欣，庞震苗，饶远立，等.广东中药产业发展状况研究［J］.卫生软科学，2021（4）：3-6.

[13] 王倩，郭海霞.甘肃中药材核心产区加工群形成［J］.中医药管理杂志，2014（12）：2012.

[14] 宋平顺，赵建邦，丁永辉.甘肃省中药资源开发利用状况与发展对策［J］.甘肃科技，2010（7）：1-4.

[15] 程浩明，武延安.甘肃省中药材产业现状与发展建议［J］.甘肃农业科技，2013（10）：50-52.

[16] 商务部市场秩序司.2020年药品流通行业运行统计分析报告［R/OL］.（2021-07-30）［2021-12-06］.https://yplt.mofcom.gov.cn/stat/page/auth/DrugWall.html.

[17] 龚成文，米永伟，谢志军，等.甘肃中药材产业发展现状、问题及对策［J］.甘肃科技，2017（22）：1-4.

[18] 国家中医药管理局.推进中医药高质量融入共建“一带一路”发展规划（2021—2022年）［EB/OL］.（2021-12-31）［2022-01-15］.http：//ghs.satcm.gov.cn/zhengcewenjian/2022-01-15/24182.html.

甘肃中医药产业发展的法律框架

柴裕红[①] 瞿子超[②]

医药产业是甘肃省在新时代中国特色社会主义建设过程中重点发展的一个领域，也是一个能够充分发挥自身优势、全面推动产业转型升级，从而实现对经济发达地区弯道超车的领域。甘肃省的医药产业主要以中医药产业为主，在历史发展与保护传承方面具有天然的优势。党的十八大以来，以习近平同志为核心的党中央高度重视中医药工作，通过一次次决策部署与实地考察为中医药传承创新发展指明方向。近年来，中央还出台了《关于促进中医药传承创新发展的意见》等重要文件，为甘肃在中医药产业重点投入打下了坚实的政策基础。此外，在抗击新冠肺炎期间习近平总书记还特别指出："在没有特效药的情况下，实行中西医结合，先后推出八版全国新冠肺炎诊疗方案，筛选出'三药三方'等临床有效的中药西药和治疗办法，被多个国家借鉴和使用。"[1]通过此次疫情的考验，人民群众对于中药的实际疗效有了一个全新的认识，越来越多的人重新开始重视传统医学的宝贵价值，这为当前大力发展包括中医药在内的医药产业奠定了群众基础。在这样的时代背景下，甘肃从自身发展实际出发，充分发挥后发优势、另辟赛道，在中医药产业领域内做起了领头羊、排头兵。

然而，中医药产业归根结底仍然是中国特色社会主义市场经济的一个组成部分，若对其放任自流、放松监管，不仅难以取得预期的成效，相反还会给全省形

①柴裕红，兰州大学法学院副教授，法学博士，甘肃省侨联特聘专家，甘肃省侨联"一带一路"法律研究与服务中心主任。

②瞿子超，兰州大学法学院硕士研究生。

象造成负面影响。但与此同时，若不对其进行相应扶持，则其在激烈的市场竞争中可能出现难以参与市场竞争、无法立足于市场的风险。因此，通过制定法律法规助推其发展质量、实现其发展目标，同时规范其发展方向显得尤为重要。下文将主要从甘肃省中医药产业实际运行的不同阶段出发，就相关法律框架的搭建和完善展开论述。

一、甘肃中医药产业制定法律法规的必要性

（一）甘肃发展中医药产业的独有优势与发展前景

甘肃是我国中医药产业的重要支柱省份之一。在浩瀚的历史长河中，许多知名的中医名家从这里走出。根据《帝王世纪》记载：伏羲“味百药而制九针”，成为中医药学与针灸文化之祖，而武威汉墓出土的武威汉代医简等文物也昭示着甘肃在中医发展史上不可磨灭的贡献。鉴于此，甘肃在历史文化传承这一点上对于发展中医药产业具有得天独厚的优势。同时，历史的传承让甘肃人民对中医药有着更深的感情。

古往今来，以定西为代表的甘肃各地是我国中药材主产区和黄芪、当归、党参等道地药材主产地，素有“千年药乡”“天然药库”之美誉。[2]近年来，在当地政府的大力扶持和推动下，甘肃全省中药材种植面积达350万亩，居全国第一。甘肃地产当归、党参、黄芪、大黄、甘草等五大类药材均占全国同类品种产量的半数以上，出口量占全国90%以上。[3]可以说，甘肃的中医药产业成了新时代甘肃的一张崭新名片。甘肃人民对中医药的这份热忱最终也得到了回报，积极参与中药药材种植给当地人民脱贫攻坚和经济发展提供了新的机遇。有报道显示，当地部分农民60%的收入来自中药材种植。因此，中国的中医药产业离不开甘肃，甘肃同样也离不开中医药产业，两者相互交融、相互促进，共同谱写了可持续发展的新曲。

展望未来，甘肃发展以中医药为主的医药产业具有广阔的前景。过去，中医由于我国受到列强压迫积贫积弱、民族自信心薄弱等原因被广泛地认为比不上西医西药，濒临消亡。但随着中国特色社会主义建设迈入新时代，人民群众普遍树立起了中国特色社会主义道路自信、理论自信、制度自信和文化自信，中医中药的价值逐步为人所熟知，并在此次新冠疫情中得到了充分的检验。在老龄化不断加深的当代中国，医药产业作为一个与每一个人都息息相关的产业，市场前景难

以估量。因此，甘肃发展中医药产业具有天时、地利与人和的优势，应当作为一项重点工程来对待。

（二）甘肃中医药产业的法律框架定位

甘肃中医药产业的法律框架指的是在发展中医药产业时法律所发挥的促进、保障和监管作用。在这一点上虽然中医药产业和现代医学产业存在一定的差异和区别，但两者具有极强的相似性和共通性，因此，为了方便起见，可以进行统一论述。甘肃中医药产业的法律框架的根本目标在于运用法律手段支持甘肃中医药产业发展得更快更好。具体区分不同法律法规的立法目的与宗旨可以将其划分为三大类，即通过法律与政策工具对整体行业发展方向进行把控与调节、向部分企业的实际运营和长远发展提供帮助，以及尽早扼杀一些市场经济所导致的弊病并确保其发展始终不背离初心。甘肃中医药产业的法律框架应定位为甘肃发展中医药产业的基本法，所有参与该产业的个人、企业、社会团体、政府各行政部门都不能与其相违背，并应积极践行和实施法律框架中所规定的内容。唯有这样，才能使得中医药产业的发展走上法治化的道路，并在与其他省份竞争时占据优势地位。

二、甘肃中医药产业发展之法律框架概述

（一）法律框架的内部性与外部性之辨

法律框架就规范对象而言可以划分为内部规范与外部规范。其中，外部规范即一般意义上的法律法规，而内部规范则针对的是企业运行过程中的内部环节。一般而言，对企业运行的内部环节施加过多干涉的话，会影响到企业的运行效率，对于企业创新能力和扩张发展也有一定程度的影响。

改革开放的历史经验已经表明，改革开放的过程就是一段减少国家干预、增强市场活力的历史。在过去计划水平不高的年代，盲目通过指标、摊派等方式强迫企业完成生产任务的做法并不能解放和发展生产力，只有将本应由市场调节的经济规律交还给市场才能更好地激发企业活力，更有利于实现创造价值这一根本目标。因此，现阶段推动甘肃发展中医药产业时虽然有必要在大的方向上保持把控，同时对涉及病人人身财产安全的风险进行重点防范，但行政机关对于除此以外的内部规范均不应过多干涉。具体细则和实施方案应交由行业协会、自律性民间组织以及企业自行制定并运行。行业协会等应当发挥民间监督作用，对于可能

存在的经营风险和违规经营情况应当做好充足的预防、巡查和处理预案，防止少数企业通过私下勾兑的方式垄断市场；并要建立起一个清朗公正的竞争环境。

（二）全局性法律框架

当前大力推进中医药产业发展建设是甘肃省委、省政府重点投入和实施的工程之一。如果没有省上领导的关心与支持，地方在具体探索过程中显然无法获得足够的政策与资金支持。我们可以看到，甘肃近期频频通过地方立法的方式表现出对于中医药产业的重点关注，例如，甘肃省委、省政府于2020年印发的《关于促进中医药传承创新发展的若干措施》、甘肃省人民代表大会常务委员会通过并于2021年7月1日起施行的《甘肃省中医药条例》，以及2021年12月5日发布并实施的《甘肃省人民政府办公厅关于印发全面加强药品监管能力建设促进医药产业高质量发展若干措施的通知》（以下简称《通知》）等。这几部法规和文件从全省高度上对甘肃发展医药产业，尤其是对中医药产业作出了高屋建瓴式的规划与安排。其内容也十分翔实，照顾到了中医药产业上下游各环节各方主体的共同利益关切，回应了人民群众对于新时代全省中医药产业前途发展的殷切期盼，体现了法治建设立法先行的宗旨与目标。

但是，上述三部法规和文件也并未完美无缺，仍然存在一些细小的漏洞尚待填补。突出问题即在于截至目前，尚无一部以整体医药产业作为发展对象的地方性立法。虽然甘肃省的中医药产业在整体医药产业中占比相对较大，但甘肃也存在相当规模的现代医学产业，因此，对于此类关系紧密的行业宜规定于同一部立法中，以获得立法上的规模和集聚效益。具体而言，现行三部法规中的“措施”对于当前给予中医药产业的优惠政策等内容作了规定，主要聚焦于中医药传承创新发展，并未涉及产业发展方向和目标等具体的内容。《甘肃省中医药条例》由省人大常委会制定，法律层级较高，但其内容仅限定于中医药领域，缺乏从更宽广视角鸟瞰整体医疗产业的高度。而另一部《通知》则仅由省政府办公厅印发，本身在效力层级上就相对较低，虽然其内容较为全面地覆盖了中医药产业全局，但也存在仅从加强药品监管能力出发使得调整范围较小的问题，难以将药品监管与中医药产业发展的其他环节相串联起来，不利于对中医药产业发展作出“一站式”规定。因此，建议省人大常委会或省政府新制定一部以中医药产业为主并兼顾现代医学产业的法规或文件，其制定宗旨应涵盖医药产业发展全过程、各环节、多主体，内容可以按下文所述的分类划分为不同阶段，也可按其他分类，例如立法目的和发展现状等进行科学的区分。将所有与医药产业发展相关的内容汇总至一部法规或规章中对于宏观把握该行业整体发展的目标、现状、方向、动力、不足等具有显著价值。此举非但不会弱化中医药产业在整体医药产业中的突出地位，相反还能实现以强带弱、重点帮扶，在甘肃医药产业内部也能形成良性竞争。

此外，还有必要通过在省上设立新的行政机构或建立多部门领导小组的方式对于全省发展中医药产业进行统筹管理。目前来看，定西市作为省内中医药产业发展最早、规模最大的地区，已经率先成立了定西市中医药产业发展局，该机构作为市政府直属机构通过与其他部门合作的形式专门解决与中医药产业发展相关的问题。据介绍，该部门的职责包括拟定全市中医药产业发展规划及相关政策、负责全市中医药产业统筹协调指导和综合服务、建立完善中医药产业项目储备库并开展对外合作与交流等。[4]定西市的中医药产业能够发展得如此蓬勃，定西市中医药产业发展局就是其中一个关键因素。这样的一个专门机构能在日常工作中减少本应由不同部门所处理的业务之间产生的低效与损耗，能高效对接行业上下游各个主体，彻底发挥扁平式管理的精髓。因此，要想实现在甘肃全省大力发展中医药产业，有必要考虑在省政府内新设一个内设机构，并命名为甘肃省中医药产业发展局。目前现存的甘肃省药品监督管理局、甘肃省中医药管理局等机构在推动产业发展方面并非业务专长，不宜让其承担更多与市场相关的工作内容，因此，最优方案为直接设立一个新的机构作为统领全局的组织核心。

若增设机构在编制等问题上难以实行的话，替代方案为建立一个分管负责该领域的跨部门领导小组。中医药产业发展就涉及的政府部门而言包括与生产相关的农业农村厅、科技厅等，与制造相关的省卫健委、省药监局等，与销售相关的省发改委、市场监督管理局等，以及与招商引资相关的省商务厅等。牵扯如此多的部门，若不进行协调统筹安排，则过程中的损耗将消磨甘肃在发展中医药产业中的比较优势。对此的回应为建立一个磋商协调机构，并邀请相关企业、行业组织和个人在该机构的例行会议上进行研讨和商谈，对市场发展和竞争中新出现的问题进行有针对性的解决。此举将能够更好地保护并便利市场主体发挥经济活力，同时还能有助于全省营商环境的改善，可谓具有多重效果。

（三）不同环节中的法律框架

1.命名与分类

在漫长的历史发展中，随着中医学的演进，中医药的种类不断丰富。据统计，现存中药材的种类已经有一万余种。在此背景下，中医药过去常常为人所诟病的一个重要原因即在于市场上的中医药产品鱼龙混杂。虽然其原因主要为一些不法商家以次充好、滥竽充数，但同时也存在由于一些中药原材料相似导致难以分辨的情况。历史上中医药的传承大多靠的是一代代师徒的口耳相传，[5]对中医药的辨别主要依靠个人的经验。虽然有许多传世的医书药书可供参考，但考虑到当时的科技水平和社会发展阶段，其内容注定无法高度还原药材的原本特征，并且在千百年的流传过程中难免因各种原因遭受冲击。因此，当下发展中医药产业必须效仿现代医学产业，对药物、药材等进行科学命名和规范分类，通过制定一套统一的标准体系从而规范中医药市场使其适应现代社会的发展。

2020年9月27日，国家药监局发布了《中药注册分类及申报资料要求》的通告。该通告是对《中华人民共和国药品管理法》《中华人民共和国中医药法》等法律法规的补充细化，其将中药分为中药创新药、中药改良型新药、古代经典名方中药复方制剂、同名同方药等，并规定了不同类型中药的药品批准文号的命名规则和上市许可申请的操作流程。上述法律法规作为国家统一制定并实施的重要文件，对于全国的中药生产与制造都起到了规范作用。在国家出台的文件以外，地方也可以根据自身实际，对一些国家未作出具体规定的内容进行相应的补充规定。

在命名与分类方向上首先可以看到，无论是现行有效的法律还是国家药监局出台的相应法规，都是以中药制成品作为规范对象的，而并非以中药药材作为调整对象。甘肃省工业和信息化厅发布的《陇药大品种大品牌培育目录（2021版）》等文件即如此。这一点的理由也是显而易见的，即中药与中药药材之间并非简单的等同关系，而需要将中药药材进行复杂的加工、制造才能够成为具有药效的药品。因此，甘肃可以通过行使地方立法权限，对中药药材，即中药原材料的命名与分类作出规定，并建立具有甘肃特色的中药材资源种质基因库，为今后我省对中药材更好地开发及保护留出空间。现实中存在许多名称相似但其实并无关系的中药，例如白附片与白附子、山茱萸与吴茱萸等，若不对其命名进行规范化分类和登记很容易引起对该领域不熟悉的人的误会。此外，还有一些中医药的标示名称与通用名称并不相符，个别生产厂家没有严格按照《中国药典》的规定命名，而使用了药品的简称。例如，河北部分厂家生产了名为“枣仁”的药品，而通用名称中并没有枣仁这一名称，只有酸枣仁或炒酸枣仁。另外，还有其他生产厂家也使用炒枣仁来代替上述法定的通用名称。药品名称不规范容易导致出现同物异名、异物同名或一药多名的问题，对监管人员的抽样、检验单位的收样及检验工作都造成了不同程度的困扰，而且存在假药漏网的风险。[6]

因此，对药材的命名与分类进行规范对于中医药产业的整体发展具有显著的前瞻性意义。由于甘肃还是众多药材的主要产地，由甘肃对此作出规范将在全国范围内产生示范作用，并扩大甘肃在中医药产业行业内的话语权。具体实施步骤建议由省中医药管理局牵头，根据现已获得审批的中药为基础倒推到其生产环节。对于少数命名存在争议的药材可由多家省内从事该种药材种植、加工、制造的企业协商确定。

2.种植与加工

甘肃省中药材人工种植面积已经多年位居全国第一，在规模化种植方面优势明显。对于种植环节，法律应当从安全、环保等途径对种植活动作出规范。首先在安全方面，省食药监局、省市场监督管理局等机构需制定并完善中药材农药残留、重金属限量标准等安全标准。甘肃作为中药生产和出口大省，在国家规定的相关标准的基础上还可以制定更高要求的标准。这样一方面可以使甘肃生产的中药材相比兄弟省份生产的同类产品具有更高的品质，在市场竞争和出口到其他国家时保持自身优势，还能够间接地通过甘肃制药企业在市场上的占有率和地位使我省制定的标准成为今后的行业通行标准，乃至于最终被国家标准采纳。因此，建议在合理地分析与评估我省中药材种植现状的基础上制定一项合理、科学的标准，这不仅能够放大我省在中医药行业的竞争优势，更能推动全国中医药产品的质量不断提升。

除了应考虑安全因素外，种植过程也需要一并纳入观察。在中医药产业内构建资源节约型和环境友好型社会的目标自提出之日起就发挥着其应有的作用。在中药材种植过程中，过度用水会给当地的水资源生态带来巨大的影响。因此，仅以节水这一点为例，在中药材种植领域内推行更加环保和节约的做法不仅符合社会主义生态文明的建设目标，同样也是对当地人民群众负责的体现。中药材每个时期的需水量都是不同的，浇水多了，则浪费成本，并增加空气湿度提高病虫害发生的几率；浇水少了，则影响产量和品质。针对这一现实难题，河北一家企业就开发出了能够在中药材生产过程中精确节水灌溉的技术。[7]基于以上考虑，建议省环保部门加强对中药材种植的环境执法检查，防止无序的市场扩张所造成的对环境的危害；省科技部门强化种植过程中对高科技技术及产品的利用，通过广泛采用高新技术提高生产效率、减少生产成本和损耗。

此外，省发改委等部门还应完善对中药材最低收购价格的规定。中药材种植与农产品种植类似，都是属于看天吃饭的风险行业，易受各类极端气象灾害的影响。同时又因为市场竞争的加剧，难免出现个别地区、个别企业为了打击我省中药材种植行业，通过补贴、倾销等方式恶意拉低市场价格。对于上述现实问题若不采取相应措施将可能导致我省种植户遭受巨大经济损失，并打击其生产积极性，更不利于未来扩大生产。因此，政府相关部门有义务为种植户提供相应生活保障措施，制定最低收购价格便是其中一个关键且必要的措施。长期以来，农产品和粮食行业就实行最低收购价政策，此举对于保障农民权益和维持基本生活起到了不可替代的作用。当前我省中药材种植已经基本实现规模化、标准化、集约化，在此基础上建立最低收购价政策、完善药材生产方与购买方之间的价格谈判平台建设具有先天的优势，且势在必行。四川天府健康产业研究院首席专家孟立联对这一问题即认为：不少饮片企业、中成药企业与中药材生产基地建立伙伴关系、合作关系，都有相应的价格约定。可以探讨像其他农产品一样，建立最低收购价制度，以保护中药材种植的积极性，稳定市场供应和市场预期。[8]事实上，对于中药材制定最低收购价制度并非仅停留在理论层面上，一些地区已经开始了尝试。举例而言，河北省武安市农业农村局协调制药企业与农场签订最低保护收购价协议，河北省南和县三思乡成立了东明中药材种植专业合作社，在市场行情较差时按照最低保护价收购，在行情较好时以低于市场价5%的价格收购。[9]可以看出，目前国内一些地区，尤其是河北省在这一问题上已经迈出了尝试的步伐。甘肃作为中药种植面积最大的省份应当时刻关注其他省份的最新动态，以谦虚、包容的态度对待其他地区的先进经验。在学习掌握后还需使其与甘肃省的实际情况相适应，从而保持长期且实质的竞争优势。

在中药材加工领域，做精做优非常重要。这一问题在人民群众间也具有较高的呼声。[10]因此，建议甘肃在发展中医药产业时坚持高质量发展，通过生产一些高品质的产品创造更多经济价值与社会价值。为了更好地实现这一目标，在国家药监局的支持下，2021年甘肃启动实施全国首批、第一个全省域道地中药材产地加工试点政策，大宗药材产地鲜切加工政策得以突破落地，为补全中药材产地加工、企地一体化生产加工营销等链环，提升产地种植加工收益提供了解决方案。[11]在该政策的重点扶持下，中药材的产地加工成为可能。在省上有关部门的指导和监督下，各相关企业通过采取“龙头企业+种植基地+加工车间+合作社+种植户”等模式建立起了完善的“一站式”种植加工机制，并凭借规模化、集群化的优势取得了跨越式发展。值得注意的是，在上述成就之外，当前在种植环节还存在一些微小问题，如中药材种子、种苗质量得不到保证、野生种保护机制不健全等等。[12]对于这一问题的解决方案即为上文所提到的制定相较于国家标准更高要求的标准。同时政府可以通过扶持一些精品企业打造精品药品，打响甘肃陇药新品牌，从以量取胜向以质取胜转变，这对于今后提高甘肃中药产品的市场定位和提升大众认知都十分重要。

3.推广与销售

下面的这一部分为发展中医药产业时最具挑战性也最为重要的部分。生产出来的产品若没有销路，则之前的一切都是白费。因此，政府必须保障企业将生产好的药品能够顺利地销售出去。在讨论这一问题时首先需要反思一个深刻的教训。牛肉面是兰州的象征，也是甘肃的骄傲，但是在将兰州牛肉面作为商标保护时却出现了意外。2007年9月，兰州商业联合会向国家商标局提起了“兰州牛肉拉面”商标注册申请并获得通过。但2016年10月突然有人对此提出异议，其认为该商标违反了《中华人民共和国商标法》相关规定，因此向商标局提请撤销该商标。该异议的法律基础在于《中华人民共和国商标法》第十条规定：“县级以上行政区划的地名或者公众知晓的外国地名，不得作为商标。”但该条例中也提到“地名具有其他含义或者作为集体商标、证明商标组成部分的除外；已经注册的使用地名的商标继续有效。”[13]所幸最后经过兰州商业联合会的努力，在经历了一审和二审后，最终该商标被保住了，但是过程中的风险难免不让人捏了一把冷汗。在经历了这番教训后，今后对于甘肃的各行各业来说，在发展之初提前在商标注册环节规避法律风险成了不得不重点考虑的问题。2018年，甘肃省人民政府办公厅印发了《关于支持陇药大品种大品牌推动龙头企业发展政策措施的通知》，特别提出由省质监局、省工商局、省工信委等部门负责，支持陇药大品种申报中国地理标志商标、推荐认定中国驰名商标，积极开展品牌价值评价和发布工作。[14]可以说省政府的此番举措高瞻远瞩，具有相当强的预见性，未来的发展将注定从中受益良多。但目前的做法并不能够高枕无忧，仍需继续保持对这一目标的关注，对假冒、山寨、反向混淆我省中医药产业商标的行为应运用法律手段坚决予以回击，必要时可以由上文所提到的拟设立的省中医药产业发展局或跨部门领导小组联合省市场监督管理局、省公安厅等部门共同协作，通过发起打击非法行为的专项行动以维护我省中医药产品的品牌和信誉。

此外，相较于继续深入挖掘省内市场，当务之急在于打响并维护“陇药”品牌在国内和国际上的名声。近年来，“陇药”在全国药交会广受欢迎，“甘肃陇药馆”受到了各地专业采购商的青睐，咨询和对接洽谈的客商络绎不绝。展会期间有1 800多家外地客商与各参展企业签订购销订单及达成意向性购销协议，共计金额8.76亿元。[15]在此背景下，甘肃应当积极加强市场监管，对部分夸大疗效、以次充好、虚假宣传的企业进行严厉处理，并对各类药品违法违规广告采取零容忍的态度，防止出现影响甘肃中医药产业整体形象的害群之马。

在拓宽市场途径与保证人民群众生命财产安全方面，还应尽快将部分优质中药产品纳入基本医疗保险报销名录。甘肃省《关于促进中医药传承创新发展的若干措施》中提到积极将适宜的中医医疗服务项目、中药及医疗机构治疗性中药制剂按规定纳入医保范围，应适时对该条款的执行情况作出回顾。对该条款中所述的“适宜”内容建议参考其他省份的类似文件进行更为具体和细化的规定，如《重庆市中医药条例》中仅将具有中医疗效和成本优势的中医医疗服务项目纳入基本医疗保险支付范围。在考虑发展中医药产业的同时也不应忽视疗效与成本因素，若在某些疾病的诊疗过程中西医结合或者单纯使用西药相比采用中医中药明显更适合的，则不能强制医疗机构和医生在诊疗时选用中医中药。此外需要注意的是，甘肃省不同文件之间对于中医药在基本医疗保险中的地位也存在不相匹配的问题。《甘肃省中医药条例》提出要将适宜的中医药服务项目纳入基本公共卫生服务项目，逐步扩大中医药在基本公共卫生服务中的服务范围，但是根据《中华人民共和国基本医疗卫生与健康促进法》第十五条的规定，基本医疗卫生服务包括基本公共卫生服务和基本医疗服务。从这一点可以看出基本公共卫生服务项目的范围明显小于基本医疗卫生服务，而基本医疗保险制度则属于基本医疗服务的范畴，因此，有必要统一不同文件中的用词，使用基本医疗卫生服务一词替代所有不规范的表述。

更进一步说，对中药产品的宣传离不开对中医药本身的宣传和传播。要想让更多的人购买中医药产品，必须让其深入体会到中医药的独特价值和深度魅力，这要求政府采取措施扩大中医中药的影响力。例如，2021年9月30日通过的《浙江省中医药条例》就针对中医药传承与文化传播规定了支持建设中医药博物馆、中医药文化馆等中医药文化宣传教育基地，支持开发、创作具有浙江特色的中医药文化科普创意产品和文艺作品，推动中医药文化和知识进社区、进学校、进家庭，提高公众的中医药健康文化素养。甘肃在这一方面同样不能屈居人后，作为中医文化的发源之地，也作为中国中医产业的支柱省份，甘肃在宣传和弘扬中医文化领域应当敢为人先。甘肃省定西市陇西县在全省范围内率先建立"'丝绸之路'中国（甘肃）中医药博览园"用于宣扬中医文化，甘肃应当继续支持此类行为，例如，通过制定法规或规章将中药教育纳入义务教育环节，在学校开展中医药基础知识讲授、中医药知识竞赛等活动促使少年儿童对中医的历史和发展产生兴趣，为今后甘肃中医药大健康产业的高质量发展打下基础。此外省内文旅部门还应大力拓宽中医药主题旅游与文化传播的深度和广度。

4.运营与财务

这一部分的内容属于企业内部事务，属于上文所述的内部性规范，在法律法规层面上不宜进行过多的干预。但不过多干预不意味着不干预，若对其放任自流将很可能使其内部滋生腐败等负面因素，并最终形成"独立王国"。因此，为了能够长久发展必须对其内部运行环节进行有效监管。具体而言，可以从以下几个方面进行规制。

首先，对人力资源领域的监管，监管的对象是企业是否严格执行劳动法规、是否依法保障劳动者权益。对于中医药产业这一甘肃省的代表产业，可以将共同富裕的理念和宗旨融入产业发展的全过程中。对于小型的加工生产企业而言，可以通过推行员工持股、分红派息等手段让全体企业员工享受到时代发展的红利，避免在当地出现贫富分化的情况。同时还应鼓励企业树立并增强社会责任感，积极服务当地社会。在全面建成小康社会，全体人民向着全面建成社会主义现代化强国的"第二个百年奋斗目标"迈进的时代浪尖，加强劳动者和企业之间的联系，让中医药企业成为让人民满意的企业。

其次，为防止国有资产流失，建议省国资委、省纪委监委等机构部门认真核实在企业发展过程中的股权架构，防止国有资产流失。在发展中医药产业时务必对国有资产的统计和督察做到事先预防、事中巡查、事后回访。对于任何违法违规行为都应依法处理，严肃国法、党规的纪律性，明令各级政府依法行政、依法审批，广泛接受人民群众提出的举报和检举意见，做到公平、公开、公正。

再次，需完善对中医药行业企业的奖励和财政扶持的监察制度，防止部分企业骗取国家和省上的补贴、出口退税等财政优惠政策。甘肃省人民政府印发的

《关于支持陇药产业发展政策措施的通知》、甘肃省商务厅印发的《2022年促进中药材产业发展项目实施方案》等文件中均提及了对特定项目提供财政补贴的支持政策。在实践中对于此类获得扶持的企业应重点做好日常监督工作，发挥政府制定具体扶持政策时的目的和预期，确保补贴资金起到效果、落在实处，真正为产业繁荣贡献力量。

上述三点仅仅是取几个具有代表性的环节进行举例，在企业运行过程中还有许多没有涉及的部分也亟待监管和规制，这些都需要在今后发展中针对现实发生的问题再处理。总而言之，对于这方面的监管应当是严密且细致的，虽然短时间内无法在数据上直观地看出对此投入的价值和回报，但这对于产业的长期健康发展具有重要意义，不能因为无法直接获得经济利益而对其轻视。

三、对甘肃中医药产业发展的法律框架建议

（一）助推其发展质量的促进性法律法规

甘肃发展医疗行业首先离不开保障其顺利发展的法律法规支持。在我国，一个行业能否得到政策和法律法规的充分支持是该行业最终能否走向辉煌的一个重要参考指标。究其原因，法律法规通常能够起到助推该产业发展的重要作用。在市场纷繁变化的当下，只有与历史同步伐、与时代共命运的人或企业才能敏锐捕捉到时代的脉搏，顺应新时代的要求。而党的政策和政府的施政代表了正确的前进方向和发展目标，顺应政策和法律法规的动向就是顺应时代发展的方向。因此，对于甘肃省中医药产业发展的法律框架来说，法律法规的首要任务在于清晰地划分市场边界，明确行业发展的范围和纵深。

为了能够科学地指导行业发展的实践，此类法律法规应重点关注对该产业的发展方向和发展目标的预测与展望，并基于此在政策面上加强对于中医药产业的支持。政策具有指向性，如同指挥棒一样能够在极短的时间内吸引到足够多优秀的人才、充沛的资金和稳定的市场。政策还应具有连贯性，向社会公众传达稳定、持续的支持信号，保障各行政相对人的信赖利益，不能朝令夕改、变化无常。甘肃发展中医药产业应当作为一项必须长期坚持的政策不动摇，方能更好地增强市场信心，尽可能多发挥助推其发展质量的促进作用。

（二）实现其发展目标的保障性法律法规

在我国正进一步推进国家治理体系和治理能力现代化的大背景下，政府不再仅是一个高高在上的管理者，而更多以一个服务者的姿态出现。通过深化行政体制改革，优化政府职能配置，政府与市场的关系进一步被理顺，政府的任务逐步转变为改善和优化营商环境，激发市场主体活力，使市场在资源配置中起决定性作用才能更好发挥政府作用。将这一转变投射到中医药产业的发展上时我们可以看到政府的各种举措，无论是对良种生产基地提供财政补助，还是建设产学研协同创新平台，都是对于产业发展提供各种形式的保障。而这些保障恰恰又是企业和行业发展所迫切需要的。在这样的互相促进中，政府与民间劲往一处使，心往一处想，共同凝聚合力，并最终为产业的发展提供助力。

因此，在甘肃发展中医药产业这一问题上，政策和法律工具应充分考虑企业发展中所面临的困难并为企业的发展保驾护航。一个行业的活跃度取决于其中每一个成员，因而保障每一家企业的发展就是在促进全行业的发展。对于企业在实际生产经营中所提出的一切合法、合理且对于产业发展有益的意见和建议，各级政府都应尽全力满足，从而让企业能够在免除后顾之忧的情况下锐意创新、积极进取。政府提供此类保障的目的在于实现其发展目标而非其他，政府与企业对这一问题有着共同的利益追求，本应同舟共济，相互扶持，只有这样才能实现甘肃中医药产业的整体发展目标。

（三）规范其发展方向的监管性法律法规

不以规矩，不能成方圆。在一个不存在监管的市场中，其发展注定是无序且混乱的。社会主义市场经济的长期平稳有序运行离不开政府的管控，宏观调控和加强监管作为克服市场弊端的重要举措近年来越来越多地发挥了这两者的作用。根据前文的论述，中医药产业内按照流程顺序在命名与分类、种植与加工、推广与销售以及运营与财务等方面都有必要通过制定并完善相关法规和规章的方式，对中医药产业这一事关广大人民群众生命和财产安全的关键领域进行切实有效的监管。

2021年，国务院办公厅印发的《关于全面加强药品监管能力建设的实施意见》（以下简称《实施意见》），对于这一问题作出了严格且详细的规定。国家药监局药品监督管理司司长袁林表示：要以《实施意见》的颁布为契机，不断完善监管制度和监管体系，探索创新监管方式和手段，切实强化技术支撑能力，着力推动落实企业主体责任和属地监管责任，为实现监管事业和医药产业高质量发展夯实基础。[16]甘肃省也已经贯彻上述文件的精神出台了《甘肃省人民政府办公厅关于印发全面加强药品监管能力建设促进医药产业高质量发展若干措施的通知》等文件，将国家的规定和要求进一步精细化、本地化，这些举措对于甘肃省中医药产业的健康发展同样具有重要作用。在中医药行业的法治建设领域，监管应领先于社会发展实际，在习近平法治思想的指导下通过运用法治的手段依法实施相应措施，为甘肃中医药产业发展做好法治保障。

结 语

甘肃位于祖国西北部，与各兄弟省份相较地理条件艰苦，经济发展难度大。但即使是在众多恶劣因素的影响下，甘肃的中医药产业却也走上了一条具有西部特色的快车道。作为甘肃未来重要的经济增长点以及一张对外交往中闪亮的名片，甘肃的中医药产业发展过去靠的是省委省政府的关心呵护、科技人员的奋勇拼搏以及一线劳动者的辛勤付出，未来也必将在各方支撑下越走越好。甘肃中医药产业发展的法律框架就是其中的一项重要支撑，其起到的作用就像是防止扣子扣歪一样，让整个行业的发展进入法治的轨道，使其成为法治中国建设在中医药领域的一个投影。

甘肃省卫生健康委等部门联合印发的《甘肃省“十四五”中医药发展规划》提出了力争全省中医药及相关产业全产业链达到千亿元产业规模的宏伟目标，为这一产业的未来前景构建了一幅美好的蓝图。展望未来，若能建立文中提到的各项法律框架，甘肃中医药产业的前景必将更加广阔。

参考文献

[1] 汪晓东，张炜，赵梦阳.为中华民族伟大复兴打下坚实健康基础——习近平总书记关于健康中国重要论述综述［N］.人民日报，2021-08-08（01）.

[2] 中国新闻网.甘肃挖掘传统医学特色优势：讲中医故事 传国之文化［EB/OL］.（2020-08-29）［2021-12-15］.http://www.gs.chinanews.com.cn/news/2020/08-29/333177.shtml.

[3] 刘维忠.甘肃中医药发展概况［C］//中国生产力学会第十七届年会专辑.北京：中国生产力学会秘书处，2013：59-61.

[4] 定西市中医药产业发展局.部门职责［EB/OL］.（2019-04-19）［2021-12-16］.http://zyy.dingxi.gov.cn/art/2019/4/19/art_11954_1182901.html.

[5] 李经纬.中医史（三）|中医之师徒传承［N］.中国中医药报，2016-02-17（08）.

[6] 李亚男.中药标示名称与通用名称不符对检验工作的影响［J］.中国药事，2017，31（01）：49-52.

[7] 农业部市场与经济信息司."互联网+"优秀案例：推行"互联网+"中药材种植、营销模式典型案例——秦皇岛满药本草药业股份有限公司［EB/OL］.（2016-09-05）［2021-12-16］. http://www. moa. gov. cn/ztzl/scdh/sbal/201609/t20160905_5264952.htm.

[8] 李乔宇，张晓玉，贺王娟.中药材大规模涨价 提升预测能力成中药企业共同对策［N］.证券日报，2021-09-07（03）.

[9] 新华网.河北："苦药材"正在种出"甜生活"［EB/OL］.（2020-03-22）［2021-12-16］.http://www.xinhuanet.com/local/2020-03/22/c_1125750851.htm.

[10] 人民网领导留言板.甘肃的中医药产业太粗糙了，要精加工［EB/OL］.（2020-10-25）［2021-12-16］. http: //liuyan. people. com. cn/threads/content? tid=8461965.

[11] 人民网.甘肃省政协委员董洪亮：发挥甘肃道地中药材优势 打造重量级医药健康产业集群［EB/OL］.（2022-01-16）［2022-03-04］.http://gs.people.com.cn/n2/2022/0116/c183348-35097670.html.

[12] 文建强.甘肃中药材种植产业高质量发展刍议［J］.甘肃政协，2021，（05）：66-70.

[13] 北京青年报.兰州牛肉拉面商标注册风波始末［EB/OL］.（2018-10-04）［2021-12-16］.http://www.xinhuanet.com/fortune/2018-10/04/c_1123518066.htm.

[14] 陈玉秀.甘肃道地药材的地理标志法律保护研究［D］.兰州：西北师范大学，2021.

[15] 杜雪琴."陇药"在全国药交会广受欢迎［N］.甘肃日报，2021-05-19（07）.

[16] 中国食品药品网.《关于全面加强药品监管能力建设的实施意见》发布 听听他们怎么说［EB/OL］.（2021-05-17）［2022-03-04］.http://www.cnpharm.com/c/2021-05-17/789517.shtml.

纳米高效农业在甘肃中草药种植上的应用

闫鹏勋[①] 吴志国[②] 杨 涛[③] 祝 英[④] 赵 毅[⑤]

一、前言

甘肃省独特的地理位置、复杂多样的地形地貌和生态气候条件，孕育了丰富的中药材资源，是全国中药材优势主产区之一。虽然甘肃中药材种植面积稳居全国前列，但只是种植大省不是强省。甘肃中药材种植集约化低，多以农户或小型合作社采用传统种植模式为主，其为保证收益过度依赖农药化肥，造成中药材农残、重金属超标严重，传统种植模式增产提质已经到达瓶颈，亟需改进生产方式，引入新科技种植，强化规范种植，保障中药材的药效品质，以达到培养陇药精品，实现农民收入连续较快增长。

2017年，甘肃省科学院纳米应用技术研究室首席专家闫鹏勋教授首次提出将高质量单质纳米粉体材料用于农作物大田种植上，并提出了“纳米高效农业”新理念。6年来，分别在甘肃、新疆、河南、宁夏、内蒙古、湖南、黑龙江、吉林、辽宁、四川、海南、天津等28个省、自治区、直辖市开展了主粮、中草药、

①闫鹏勋，理学博士、教授、博导，国务院政府特殊津贴专家，国际知名纳米材料专家。

②吴志国，理学博士，兰州大学物理科学与技术学院副教授、硕导，甘肃省科学院纳米应用技术研究室主任、特聘研究员。

③杨涛，甘肃省科学院生物研究所副研究员。

④祝英，理学博士，甘肃省科学院生物研究所研究员、副所长。

⑤赵毅，甘肃省科学院纳米应用技术研究室办公室主任。

牧草、果蔬和园林花卉等60余种农作物试验示范推广，总面积超过3.5万亩，均取得了显著的增产增效、提升品质、抗病虫害和自然灾害、有效降低化肥和农药使用量、改良土壤等作用。通过纳米粉体拌种或浸种处理，结合2～4次叶面喷施，可使农作物普遍增产24%～42%。纳米粉体每亩使用量仅为1克，成本不到百元，每亩增收可达到几百元甚至几千元。按相关农业领域专家的评价来说，纳米高效农业是一个革命性技术，是未来农业的发展方向。

“纳米高效农业”项目具有以下意义：

（1）助力国家乡村振兴战略，保障国家粮食安全

“纳米高效农业”能够大幅提升粮食产量，帮助农民增产增收，能成为国家乡村振兴战略的有效抓手。在当前“新常态”的国际国内环境下，为保障国家粮食安全起到关键作用，为有效落实习近平总书记关于“饭碗要端在自己手里”和“农业现代化，关键是农业科技现代化”的指示奠定了一定基础。

（2）助力国家“双碳”目标

“纳米高效农业”技术的广泛实施，能够从两个方面助力国家“双碳”目标：一是纳米材料能够显著提升作物的叶绿素水平，促进光合作用，从而增加对二氧化碳的吸收转化利用；二是纳米材料能够提升作物对于农药、化肥的吸收和利用效率，从而减少农药、化肥使用量，促使肥料生产企业减产能，从而达到减碳目的。

（3）助力“十四五”“农药化肥减量化”战略

一方面，纳米材料能够使作物根系更加发达，提升对化肥的吸收和利用效率，从而减少化肥使用量；另一方面，纳米材料能够使农作物的抗逆性（抗病虫害、抗寒、抗旱、抗倒伏等）大幅提升，尤其是对病虫害能够起到很好的预防作用，在病虫害发生时，能够降低病虫害等级和危害，起到少用或不用农药的作用。

（4）助力生态保护和修复

“纳米高效农业”的主要材料“零价纳米铁”具有较高吸附能力和反应活性，可通过吸附、共沉淀及氧化还原等方式快速去除土壤及水环境中多种有机污染物及重金属污染，被公认为是具有巨大潜力的环境修复材料。

纳米高效农业团队与兰州大学、甘肃省农科院、甘肃农业大学、宁夏大学、湖南袁隆平杂交水稻团队、中国热带农业科学院、中国农业科学院、南京农业大学等知名高校院所共同开展了试验示范工作。在国际上也逐渐获得认可和重视，

并正式开始了国际合作推广。如联合国肥料协会、俄罗斯远东农业科学院、巴基斯坦费萨拉巴德大学等科研单位，以及印尼、马来西亚、伊朗、约旦、肯尼亚、美国等国家的农业生产单位。

近年来，闫鹏勋纳米研究团队将纳米高效农业技术运用在甘肃贝母、当归、党参、重楼和独活等中草药的种植上，获得了良好效果！通过金属纳米粉体材料对中草药种子/种苗处理和叶面喷施处理，使得产量和中药有效成分均显著增加。纳米技术种植的中药材更健康、品质更优良。

二、纳米高效农业技术介绍

（一）MPNP金属纳米粉体宏量制备技术介绍

21世纪是高新技术的世纪，高新技术离不开纳米技术，其可以说是“小技术、大变革”，发展速度之快，对未来社会和经济发展影响的潜力之大都超过了人们的预期。在纳米科技领域，知识创新、技术创新和产品创新都出现了新的发展势头，在未来的国际竞争中，占领纳米科技制高点的国家，必将在未来竞争中具有绝对优势。

金属纳米粉体材料在国民经济众多领域及国防军工领域均有广泛用途，它涉及化工、冶金、机械、轻纺、军工、电子、航天航空、农业、食品、医药、染料、涂料等诸多行业。金属纳米粉体因为生产难度最大、应用领域最广、应用效果最佳而成为纳米新材料中的“王冠”，是目前国际上最急需量产且攻克难度最大的纳米材料，价格昂贵也限制了它在各个领域的广泛使用。

闫鹏勋教授带领纳米团队历经二十余年，完全自主发明的“MPNP金属纳米粉体宏量制备技术”，攻克数十项关键核心技术，属于国际领先水平，其产能是欧美技术的几十倍，是世界上唯一能够工业化大批量生产各类高质量金属纳米粉体的技术，为全球各行业以较低成本广泛使用高质量金属纳米粉体提供了充分保障。

MPNP纳米金属粉体制备技术已经完全实现了产业化，目前正在全球进行商业化推广。MPNP金属纳米材料生产线自动化、集成化程度高，产量高，原材料利用率高，能够连续生产，生产过程绿色环保，所生产的金属纳米粉体纯度高、粒度小，呈单一球形、形状规则、粒度较为均匀，表面光洁、综合性能较优，可以用于几乎所有金属及其化合物纳米粉体的生产。该技术有效解决了纳米粉体产能低、均一化差、易团聚和安全系数低等瓶颈问题。

目前已开发出高质量纳米铁粉、钴粉、镍粉、铜粉、铝粉、硅粉、锌粉、氧化铝粉、氧化铜粉、氧化亚铜粉、铁镍合金粉等系列纳米粉体产品。

MPNP技术制备的金属纳米粉体是100%完全纯净的纳米颗粒，颗粒粒径分布在10～100 nm尺寸之间，形状呈标准球形，表面光洁，无团聚，分散好，具有核壳结构。在纳米高效农业研究中，我们主要选取铁、锌、铜和硅纳米粉体材料进行应用。

（二）金属纳米粉体在农作物种植中的试验方法

纳米高效农业团队自2017年以来，首次提出“纳米高效农业”的新理念，将金属纳米粉体大规模应用于农业生产，取得了良好的应用试验示范效果，已成功实现了3.5万余亩的示范推广，具备绝对的技术和产品优势。在试验示范中，我们利用自主开发的“MPNP金属纳米粉体宏量制备技术”生产的高质量金属纳米粉体，以单质形式对农作物种子进行拌种/浸种和叶面喷施处理，按照不同的比例形成对比试验田，分别对单独纳米浸种、单独纳米拌种、单独叶面喷施和综合纳米处理进行研究比对，并同时采用盆栽实验进行基础理论研究。金属纳米粉体应用于农作物的生产过程中，主要采用拌种/浸种和叶面喷施的处理方法。

1.金属纳米粉体种子处理

农作物在播种之前一般会对种子进行处理，常规的种子处理采用拌种或浸种。农作物要越冬，抗寒、抗冻能力非常重要。研究发现，采用金属纳米粉体对种子进行处理，可以加强作物的各种抗性，而且可以极大促进生根能力，使农作物生长得更茁壮、更旺盛。农作物经过金属纳米粉体拌种/浸种之后可以达到如下效果：第一、促进作物发芽、刺激作物根系生长，使得作物根系更庞大、主根更壮、侧须根更发达，从而更加充分吸收土壤中的营养元素；第二、在拌种/浸种处理中发现，种子处理能够有效预防病虫害，减少病虫害发生或者降低病虫害等级；第三、金属纳米粉体拌种后对环境安全，纳米铁是非常好的土壤修复剂。此外，对于已经包衣的种子，建议用小水量拌种，杜绝浸种。

有些农作物，比如棉花，棉籽种皮坚韧，而且表面有一层短绒，如果干燥种子直接播种，比较干燥的土壤墒情会影响萌动。势必造成部分种子出芽较晚，那样就会造成种苗生长速度不同，影响将来的统一开花结铃和成熟收摘，采用浸种催芽有利于一播全苗，而且早出苗早发育。浸种的目的是使种子较快地吸水，同时也吸收金属纳米粉体，达到能正常发芽的含水量。干燥的种子含水率通常在15%以下，生理活动非常微弱，处于休眠状态。种子吸收水分后，种皮膨胀软化，溶解在水中的氧气与金属纳米粉体材料随着水分进入细胞，种子中的酶也开始活化。由于酶的作用，胚的呼吸作用增强，胚乳贮藏的不溶性物质也逐渐转变为可溶性物质，并随着水分输送到胚部。种胚获得了水分、能量和营养物质，在适宜的温度和氧气条件下，细胞才开始分裂、伸长，发芽，同时采用金属纳米粉体浸种也可起到灭菌防病、增强种子抗性的作用。因此，浸种效果要优于拌种效果。

a.金属纳米粉体拌种方法

在小麦、玉米等农作物种植前，一般会选择给农作物种子拌种。所谓拌种就是使用一些药剂，来有效提高农作物的一些抗病虫害的能力。而大部分的农作物拌种剂都只是一些防治地下的害虫，比如蛴螬、蝼蛄、地老虎等会对农作物种子产生威胁的害虫，这些害虫会在农作物播种之后啃食农作物种子，造成一部分的苗缺失，在农作物出苗之后还会继续威胁农作物的根系，然后造成农作物的营养缺失，轻则叶片发黄，重则整株直接死亡。地下害虫危害较大，靠后期防治有些难度，只能在前期提高预防，并且常规的拌种剂是不提高小麦的抗逆性的。

金属纳米粉体拌种方法操作简单，一般建议金属纳米粉体在农作物上拌种用量为0.5克/亩。主要分两个步骤：首先是配置纳米拌种处理液，以一亩地为例，将0.5克的金属纳米粉体，倒进500毫升左右的容器中，加入200～300毫升的清水进行一次稀释，使劲摇匀使得金属纳米粉体充分分散，然后将摇匀的溶液加入喷壶（或喷雾器等现场拌种方便的其他容器）中进行二次稀释，注意容器中的水量为刚好可以拌匀种子，不产生流液，再次搅拌使金属纳米粉体充分分散，配好的溶液就即为拌种处理液；第二步是拌种：将一亩地所需要的种子倒在地上均匀铺开（根据现场情况，也可采用操作更加简便的拌种机、搅拌机等机械设备），然后用配好的金属纳米粉体处理液反复均匀喷施种子，同时用木头铲子拌匀。注意用水量的控制，使得用水量刚好可以拌湿种子，不能使水产生流液。建议拌种后阴晾24～48小时后播种。图1为金属纳米粉体进行拌种处理的实例展示。

图1　金属纳米粉体拌种处理示例

b.金属纳米粉体浸种方法

浸种是农业种植的一项流程，是指对于发芽较慢的种子，在播种之前需要对种子进行浸种，浸种的目的是促进种子较早发芽，还可以杀死一些虫卵和病毒。使用单质金属纳米粉体浸种，不仅能补偿土壤养分的不均衡，而且使用方法简单。

我们在农作物种子浸种之前，先对土壤成分进行检测，针对土壤中缺失的微量元素，针对性地进行单质金属纳米粉体浸种处理，浸种建议用量仍为0.5克/亩。第一步是金属纳米粉体处理液的配制，配置方法同拌种所需金属纳米粉体溶液一致；第二步是将二次稀释好的纳米处理液均匀倒入一亩地需要的种子中，液面没过种子即可，浸泡时间根据种子而不同，耐泡的种子建议浸泡6～12小时，一般种子建议浸泡2～4小时即可，建议浸种后阴晾24～48小时后播种。图2为金属纳米粉体进行浸种处理的实例展示。

2.金属纳米粉体叶面喷施

叶面喷施是目前广泛采用的补充营养、杀灭病虫害的一种方法。我们使用金属纳米粉体进行叶面喷施可以同时达到以上效果。纳米粉体可以与传统的杀虫剂、除草剂等混合使用，共同喷施，不增加额外人工和机械成本。

目前针对农作物叶面喷施金属纳米粉体建议用量为0.2克/亩，一般在农作物生长周期中喷施两次，共计0.5克。例如：小麦在分蘖期（冬小麦为返青期）与抽穗初期各喷施一次，大豆在盛花期和鼓粒期各喷施一次，其他作物根据生长情况喷施2～4次。在喷施之前首先是金属纳米粉体处理液配置，具体过程与拌种液配制过程相同，水量为喷施一亩地水量即可，最后将叶面肥、杀虫剂、除草剂等加入纳米处理液共同喷施。如果是大面积的种植，根据现场情况以及无人机的装载量，配置金属纳米粉体溶液喷施。图3是纳米团队使用金属纳米粉体叶面喷施农作物的实例。

图2 金属纳米粉体浸种处理示例

图3 金属纳米粉体叶面喷施处理示例

（三）纳米高效农业应用效果

6年来，纳米团队分别在甘肃、新疆、河南、宁夏、内蒙古、四川、海南等全国28个省、自治区、直辖市对60余种作物进行了示范推广，面积超过3.5万亩，将单质纳米金属粉体（铁、锌、铜、硅等）纳米材料用于冬小麦、春小麦、旱区小麦、黄豆、玉米、青稞、水稻、棉花、苜蓿草、燕麦草、甘蓝菜、辣椒、苹果、黄冠梨、枸杞、当归、贝母、党参、重楼、独活等种植上，均取得了农作物全生物量增产、品质提升、抗逆性强等综合效果。

研究总结出了最佳的纳米处理农作物处理工艺：纳米铁种子处理（拌种或浸种）+两次纳米叶面喷施，可普遍达到24%～42%的增产效果，也有部分农作物达到更高的产量增加。

同时，我们也发现，单独纳米种子处理或单独纳米溶液叶面喷施均可使农作物的产量增加。单独纳米种子处理可提高产量14%～24%，其中浸种处理优于拌种。两次纳米叶面喷施可提高产量14%～18.5%。纳米种子处理+喷施处理，可叠加其单独的增产效果。

在整个试验试种研究中，我们筛选出最佳的金属纳米粉体使用量是1克/亩：其中拌种或浸种每亩用量0.5克，两次叶面喷施每亩用量分别是0.2克和0.3克。用通俗的话讲，就是一亩地使用1克金属纳米粉体可以增加几百斤到上千斤的亩产量。几十元的成本，可以产生几百元甚至几千元的经济效益。表1展示了2021年纳米处理农作物的实收实测增产情况。

表1　2021年纳米高效农业示范效果（纳米铁，种子处理+叶面喷施，用量1克/亩）

作物	处理方式	产量（千克/亩）	对照产量（千克/亩）	增产量（千克/亩）	增产率（%）
河南襄城冬小麦2021	浸种+2次叶喷	615	475	140	29.47
河南襄城冬小麦2021	拌种+2次叶喷	580	475	105	22.1
甘肃春小麦2021（旱沙地和尚头）	拌种+2次叶喷	91.4	71.3	20.1	28.2
宁夏永宁春小麦2021	拌种+2次叶喷	632.3	521.8	119.5	23.3
黑龙江五常水稻2021（稻花香2号）	拌种+2次叶喷	742.7	608.1	134.6	22.14

续表1

作物	处理方式	产量（千克/亩）	对照产量（千克/亩）	增产量（千克/亩）	增产率（%）
吉林长春水稻2021（长粒香）	拌种+2次叶喷	526.44	336.9（倒伏）	189.54	56.26
宁夏灵武水稻2021	拌种+2次叶喷	886	707	179	25.3
甘肃临夏马铃薯（农科院）2021	铁+锌拌种+2次叶喷	3987.57	3501.75	485.82	13.9
海南水稻2021	拌种+2次叶喷	512	410	102	24.9
宁夏西吉马铃薯2021（大棚红美人）	拌种+2次叶喷	323.2	256.5	66.7	26
宁夏西吉马铃薯2021（大棚黑美人）	拌种+2次叶喷	147.2	111.1	36.1	32.5
甘肃和政油菜2021	拌种+2次叶喷	419	310	109	35
宁夏灵武苜蓿青贮2021（头茬）	拌种+1次叶喷	587.9	404.6	183.3	45.3
宁夏灵武苜蓿青贮2021（二茬）	1次叶喷（0.3g）	232.9	190.1	42.8	22.5
宁夏灵武玉米青贮2021	拌种+2次叶喷	3960	3340	620	18.6
宁夏吴忠小黑麦2021	拌种+2次叶喷	485	380	105	27.6
宁夏吴忠小黑麦2021	拌种+1次叶喷	462.5	380	82.5	21.7
新疆伊宁市棉花2021	拌种+2次叶喷	468	420	48	11.4
内蒙古呼和浩特玉米2021	拌种+2次叶喷	1181.25	897.37	283.88	31.63
内蒙古呼和浩特玉米2021	拌种+2次叶喷	905	688.43	216.57	31.47
甘肃景泰小杂粮2021	拌种+2次叶喷	190	143	47	30.7
甘肃景泰马铃薯2021	拌种+2次叶喷	2635	1973	662	33.6

续表1

作物	处理方式	产量（千克/亩）	对照产量（千克/亩）	增产量（千克/亩）	增产率（%）
甘肃景泰和尚头小麦 2021	拌种+2次叶喷	140	110	30	27.3
甘肃条山集团藜麦 2021	拌种+2次叶喷	113.14	101.78	11.36	11.51

（四）纳米高效农业基本原理

通过纳米铁在小麦、玉米等农作物上应用的系统研究，发现纳米处理的农作物具有根系发达、叶面积大、气孔大、叶绿素含量高、植物高度高等共同特征，最终提高了农作物的全生物量，特别在干旱情况下效果更显著。纳米铁具有很强的化学和物理活性，并拥有超强的磁性，同时又是农植物生长所必需的微量元素，加之本身的强杀菌能力，使其成为最佳的处理农作物的纳米粉体材料。纳米铁粒子首先改善了根系—微生物的相互作用关系，提高了菌根侵染率，增强了菌根共生关系，提高了植物生长素和抗氧化酶含量，进而促进了毛细根的生长。

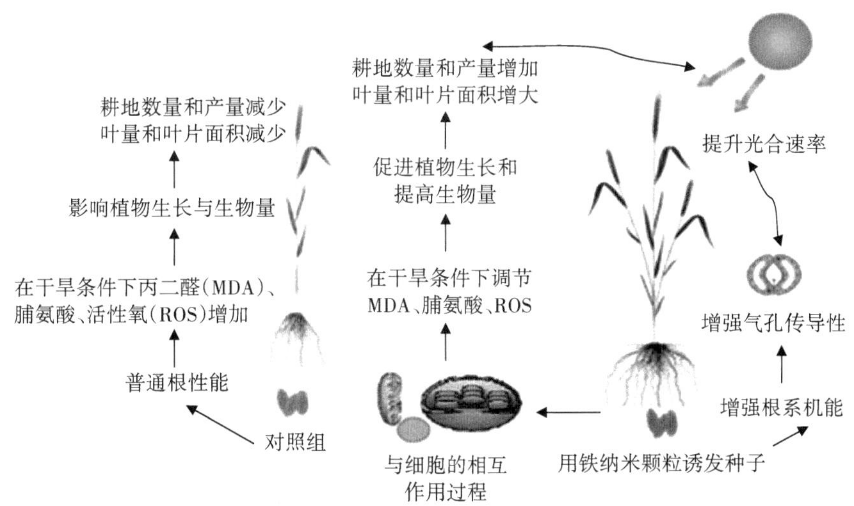

图4 金属纳米粉体促进农作物增产的原理示意图

图4显示了金属纳米粉体材料促进农作物增产的简单原理。纳米作物的根须多而长，可以更充分地吸收土壤养分，农作物叶面积大、叶量多、叶绿素含量

高，导致光合作用增强，有更多的太阳光转化为生物质，综合作用效果促使农作物的全生物量增长和品质提升。这种作用在极端天气，比如干旱条件下，增产效果更明显。

金属纳米材料针对不同地域、不同农作物品种具有普适性，可广泛推广且具有“七大功效”，即：壮苗、促进根系生长；提高叶绿素含量；提高有效分蘖、穗粒数和籽粒干粒重；增加抗逆性；促进农作物对土壤中微量元素的有效吸收；提高植物及果实中微量元素含量；丰产（增加全作物生物量）、提升品质。金属纳米种植农作物效果如下：

（1）金属纳米粉体种植农作物可普遍增产24%～42%；

（2）每茬作物用1克金属纳米材料，亩增产可达几百到上千斤；

（3）每克不到几十元成本，增收几百到上千元；

（4）金属纳米粉体材料为99%纯金属，不是激素类，非转基因；

（5）金属纳米粉体可与任何农药化肥混合使用，不增加额外成本；

（6）金属纳米种植农作物的品质有很大提升，可称为健康农作物。

三、纳米高效农业技术在中草药种植上的应用研究

甘肃省独特的地理位置，复杂多样的地形地貌和生态气候条件，孕育了丰富的中药材资源。当归是常用中药材大宗品种，生长期为2～3年，主要产区位于甘肃、青海、云南。甘肃产区是当归的第一大产区，当归主要分布于定西市岷县、漳县、渭源县，近几年当归除原有甘肃主产区外，青海、甘肃临夏等新产区也逐步扩大。甘肃贝母，别名秦贝、岷县贝母（岷贝），属于被子植物门、单子叶植物纲、百合亚纲、百合目、百合科的一种植物。

虽然甘肃中药材种植面积稳居全国前列，但只是种植大省不是强省。甘肃中药材种植集约化低，多以农户或小型合作社采用传统种植模式为主，其为保证收益过度依赖农药化肥，造成中药材农残、重金属超标严重，传统种植模式增产提质已经到达瓶颈，亟需改进生产方式，引入最新科技，强化规范种植，保障中药材的药效品质，已达到培养陇药精品，实现农民收入连续较快增长。

我们连续多年利用铁和硅纳米粉体材料对甘肃平凉、岷县、榆中、宕昌等地的中药材叶面喷施处理，可使中药材产量提升，品质提高。使纳米中药材成为“健康生长”的药材，其品质优良、有效成分增加。

（一）纳米粉体材料在当归种植上的应用

当归（*Angelica sinensis*），伞形科草本植物，通常分布于海拔2000～3000米的高寒多雨二阴山区，其根入药，具有补血活血、调经止痛、润肠通便等作用。甘肃省当归产量约占全国产量的80%以上，位列甘肃省“四大道地药材”之首，但抽薹、根腐病、亩产低是主要的问题。

近年来我们在甘肃岷县、宕昌和榆中开展了铁和硅纳米对当归种植生产提质增产实验研究，取得良好结果。

1.纳米铁在甘肃宕昌当归上的试验示范

2021年，纳米团队利用自主研发的“MPNP宏量制备技术”生产的纳米铁，对甘肃宕昌当归进行种苗拌种+两次叶面喷施，用量为拌种0.5克/亩，第一次叶喷0.3克/亩，第二次叶喷0.2克/亩。研究考察了纳米铁对当归的产量和品质的影响。

图5　甘肃宕昌当归纳米铁喷施处理

图6　甘肃宕昌当归示范田土样及植株样品取样

图7 甘肃宕昌纳米铁处理当归整株对比

从图7可以看出，铁纳米处理的当归长势明显优于普通对照组，纳米处理的当归块茎更大、枝茎更粗、发叶数多且叶片明显更绿，根系更加发达，株高更高。

2021年11月4日，对宕昌当归进行了实收测产。纳米处理4.9亩，收获3800斤，亩产为775.51斤/亩；对照田3.5亩，收获2500斤，亩产为714.29斤/亩，每亩增产61.22斤，增产率为8.57%，增收245.4元/亩。

2.纳米硅甘肃平凉当归上的试验示范

2019年，在平凉进行当归纳米硅叶面喷施处理试验。纳米硅处理液浓度为30毫克/升，5月初开始，10天1次，共4次，着重考察了纳米硅对当归品质的影响（见表2所示）。

表2 纳米硅处理当归品质对照

处理	洋川芎内酯I含量平均值(毫克/克)	洋川芎内酯H含量平均值(毫克/克)	阿魏酸松柏酯含量平均值(毫克/克)
纳米硅喷施	0.024	0.135	0.994
对照	0.020	0.105	0.395

品质测试结果表明，纳米硅能够显著提升当归品质，其中，有效成分阿魏酸松柏酯含量增加最为显著，提升了150%，洋川芎内酯I含量增加20%，洋川芎内

酯H含量增加30%。

3.纳米铁甘肃平凉当归上的试验示范

2020年在甘肃平凉用纳米铁对当归实行4次叶面喷施，纳米铁处理液浓度为10毫克/升，5月初开始，10天1次，共4次，纳米铁总用量约为1克/亩。考察了纳米当归的产量，实测结果表明：纳米铁处理当归产量提高10%，直接使农民每亩增收600元以上。

（二）纳米铁对野生药材甘肃贝母驯化栽培

甘肃贝母是珍稀中药材川贝母的基原植物之一，国家三级保护植物，野生资源主要分布于陇南、岷县、榆中海拔2800米以上的林缘或灌丛中，性喜湿润冷凉的环境。甘肃省中药材产区的耕地主要集中在海拔1800～2500米，甘肃贝母人工拟境栽培和驯化栽培技术尚未成熟，主要原因是：野生资源集中在开花期采挖，采收种子困难；栽培周期长，一般需要4年，年生长期短，一般3个月，对高温非常敏感；降低海拔种植，腐烂病严重，品质有所下降。因此，价格维持在2800～3000元/公斤，甘肃省相关部门也提出了实现甘肃贝母人工种植的产业需求和目标。

我们连续两年（2019，2020）用纳米铁叶面喷施方法对甘肃华亭市贝母驯化处理。平凉市华亭市，川地，海拔1800米，搭设遮阳网。5月份开始纳米铁叶面喷施，共4次，每14天1次，纳米粉体材料用量为1克/亩；7月份开始收割及测量产量和品质。

图8是华亭贝母驯化生长情况和纳米铁处理贝母和普通贝母的对比情况。表3是贝母百株重和实际增产情况。

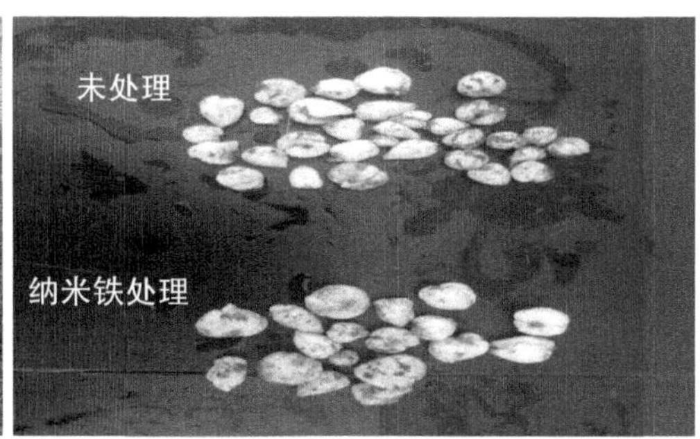

图8 甘肃华亭贝母纳米铁人工驯化种植

表3　甘肃华亭纳米处理贝母实收实测数据

2019年华亭基地数据	纳米铁处理	对照
平均百粒重(鲜重)(克)	193	148
增产率(%)	30.4	-
2020年华亭基地数据	290	215
增产率(%)	34.8	-
受低海拔条件下栽培技术不成熟、病虫害、出苗率等问题的影响,实际中收获株数只有种植株数的50%左右		

连续两年试验发现，纳米处理的贝母比普通贝母生长期延长15天左右，平均百株重增加30.4%～34.8%，纳米处理贝母经第三方专业机构检测，纳米贝母第三年总生物碱含量即可达到0.051%，比正常人工种植的贝母早一年达到国家药典0.05%的质量要求。在大幅增产的同时提前一年达标上市，极大增加药农收益。

（三）单质纳米铁对其他中药材上的试验示范

除了甘肃贝母与当归之外，纳米团队还将纳米处理技术应用于甘肃党参、重楼、独活等中药材中，均取得了显著的效果，提升了中药材的品质及其主要的中药成分，一些结果还正在进一步测试和分析。

图9　纳米技术用于甘肃党参、重楼和独活等中药材

图10 党参对比：左边为纳米铁处理党参，右边为对照党参

四、纳米高效农业技术在中草药种植上的社会经济效益

目前甘肃省中药材种植最大的问题是散而小、不精不专，药材品质参差不齐，药农为保证收益不惜大量使用农药化肥，又变相降低品质，进入越用农药品质越低、越低越用的死循环，从而衍生出后期生产加工中的一系列违规问题，严重影响甘肃省中草材行业的可持续性发展。为此，省内出台多项政策和措施治理中药材乱象，但收效甚微。而好的治理要“堵”“疏”结合，纳米微肥必将导致一场新的农业革命，从根本上解决了上述问题。中药材种植过程中使用纳米微肥，长势好、抗病强、产量高、品质优。药农自发减少农药化肥用量，节约成本。纳米药材品质好，生产企业不需要硫黄等熏煮，会将重心放到品牌建立和技术研发上，从而有利于我省中药材行业发生质的变化。

铁纳米微肥作为“普众型”高科技技术，广大普通农户都能用得起，都享受科技带来的红利，能有效落实习近平总书记关于“农业现代化，关键是农业科技现代化”的指示。

截至2020年底，甘肃省中药种植面积465万亩，产量130万吨。全产业链产值440亿元，如果全部使用纳米技术种植，亩增产可达20%左右，可新增中草药产量26万吨，全产业链产值增加88亿元。

为此，我们倡议有关部门开展纳米高效农业在中草药领域的推广示范工作，由省市县各级相关部门牵头建立综合性示范园区，积极开展技术宣讲工作。让中草药种植插上纳米的翅膀，迎接新的农业变革时代的到来。

甘肃中医药产业发展的技术环境

逯　迈①

中医药学是我国人民数千年来与疾病斗争实践经验的总结，中医药学是中华民族的伟大创造，是中国古代科学的瑰宝，也是打开中华文明宝库的钥匙，为中华民族繁衍生息作出了巨大贡献，对世界文明进步产生了积极影响。[1]

甘肃省气候类型多样，季节性变化明显，区域海拔差异大，因而蕴藏着丰富的天然药材资源，也适合多种药材生长栽培及贮藏。甘肃省共有中草药资源1 527种，其中植物类1 270种，家种药材350余种。全省中药材种植面积一直保持在465万亩左右，中药材产量占全国的24%，交易量占全国的1/3。全省276种中药材资源被列入全国重点品种，占全国363个重点品种的76%。当归产量约占全国产量的95%，板蓝根占全国产量的65%，大黄和党参约占全国产量的60%，黄芪约占全国产量的50%，并有18个道地中药材品种获得国家原产地标志认证。[2]传统大宗道地药材有当归、党参、黄（红）芪、大黄、甘草等，因品质优良，享誉海内外。此外，甘南的秦艽，河西的板蓝根、麻黄、肉苁蓉，定西的柴胡，平凉的独活、川芎，陇南的半夏已逐渐成为甘肃省的优势品种。岷县、陇西县、渭源县分别被中国农学会命名为“中国当归之乡”“中国黄芪之乡”和“中国党参之乡”。[3][4]图1所示为甘肃省部分中药材产量占全国产量百分比。

①逯迈，兰州交通大学教授，博导，甘肃省侨联特聘专家。

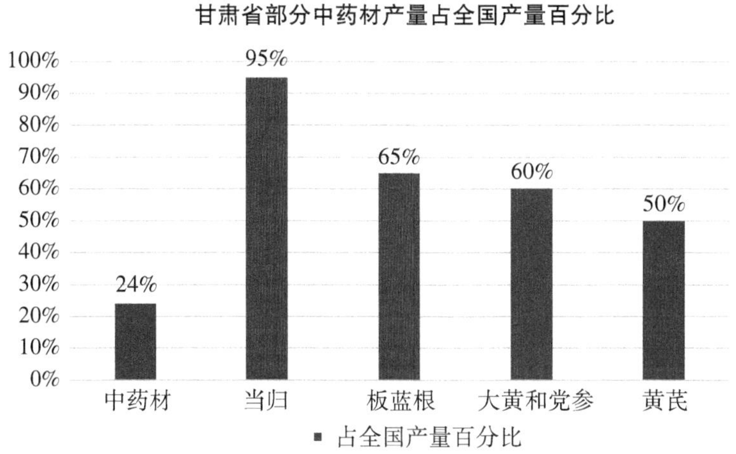

甘肃省部分中药材产量占全国产量百分比

100%
90%
80%
70%
60%
50%
40%
30%
20%
10%
0%

24% 95% 65% 60% 50%

中药材 当归 板蓝根 大黄和党参 黄芪

■ 占全国产量百分比

图1 甘肃省部分中药材产量占全国产量百分比

数据来源：人民政协网，兴中医药正逢其时，http://www.rmzxb.com.cn/c/2021-09-10/2952161.shtml。

2017年全国中医药大健康产业的市场规模已经达到17 500亿元，2018年达到20 780亿元，2022年将达到37 680亿元。[5]甘肃是中药材资源大省，也是国家重要的中药原料种植和生产基地，而且具有深厚的中医药文化底蕴。在国家对中医药高度重视的背景下，甘肃中医药产业具有十分广阔的发展前景。图2所示为最近几年全国中医药大健康产业市场规模。

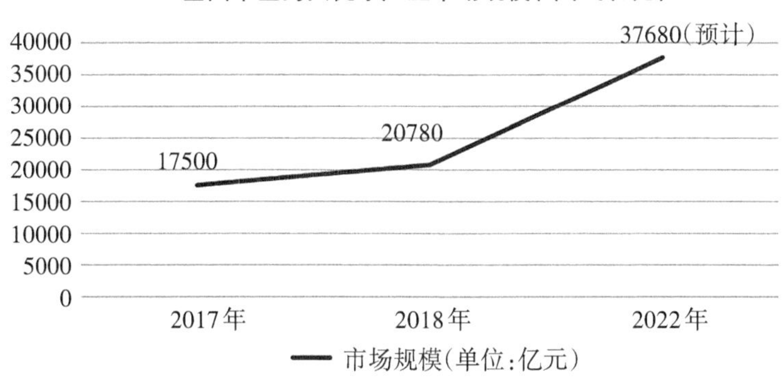

图2 全国中医药大健康产业市场规模（单位：亿元）

数据来源：中投顾问，2018—2022年中国中医药产业的预测分析，http://www.ocn.com.cn/us/company/ zgzyyy181029110026575.shtml。

一、国家高度重视中医药传承与发展

2016年12月，《中华人民共和国中医药法》审议通过，第一次从法律层面明确了中医药的重要地位、发展方针和扶持措施，为中医药事业发展提供了法律保障。[6]

2019年7月，习近平总书记主持召开中央全面深化改革委员会第九次会议，会议审议通过了《关于促进中医药传承创新发展的意见》。会议指出：坚持中西医并重，推动中医药和西医药相互补充、协调发展，是我国卫生与健康事业的显著优势。[7]

2019年10月，中共中央、国务院印发《关于促进中医药传承创新发展的意见》。提出“传承创新发展中医药，是新时代中国特色社会主义事业的重要内容，是中华民族伟大复兴的大事”[7]。

2021年2月，国务院办公厅印发《关于加快中医药特色发展的若干政策措施》，从人才、产业、资金、发展环境等七大方向提出了28条措施，保障中医药高质量特色发展。[8]

根据国家“十四五”规划和2035远景目标的重大战略部署，未来中医药发展将围绕“七个聚焦”，推动“七大领域”的建设，满足人民群众对中医药的需求。[9][10]“七个聚焦”包括：聚焦疫病防治能力建设，发挥好中医药疫情防控独特优势和作用；聚焦特色人才培养，加强人才队伍建设；聚焦医疗资源提质扩容，推进优质高效服务体系建设；聚焦高质量发展，促进传承创新和中药质量提升；聚焦遵循中医药规律和特点，建立完善评价和标准体系；聚焦开放发展，加强中医药国际交流与合作；聚焦体制机制改革，营造良好政策环境。七大领域建设包括：加强覆盖全生命周期的中医药服务，建立优质高效的中医药服务体系；推动中医药教育改革和特色人才队伍建设，健全人才评价激励机制；促进中医药传承创新发展，加强中医药传承保护和科技创新的支撑力度；健全中药质量保障体系，促进中药产业和中医药健康产业发展；弘扬中医药文化，加快中医药博物馆建设；加强中医药国际交流与合作，让中医药“走出去”；深化中医药综合改革，加强中医药信息化和监测统计能力建设，推动中医药融入国家发展战略。

二、甘肃拟将中医药产业打造成全省的战略性新兴产业

2015年以来，甘肃省就中医药发展出台了一系列的政策措施。比如《甘肃省中医药产业发展先行先试实施方案》[11]、《甘肃省中医药健康服务发展规划（2016—2020年）》[12]、《甘肃省贯彻中医药发展战略规划纲要（2016—2030年）实施方案》[13]、《甘肃省中医中药产业发展专项行动计划》[14]和《关于促进中医药传承创新发展的若干措施》[15]等政策性文件。在政策层面为甘肃中医药创新发展绘制了蓝图，为中医药产业高质量发展提供了有力的政策支持。

2018年，甘肃省委、省政府制定的《甘肃省中医中药产业发展专项行动计划》，以求将中医药产业打造成我省的战略性新兴产业、精准脱贫的主导产业和促进绿色发展的重要动力。[14]

2020年，甘肃省委、省政府印发《关于促进中医药传承创新发展的若干措施》（以下简称《措施》），从着力推动中医药产业高质量发展、全力提升中医药事业发展水平、大力加强中医药人才队伍建设、加快促进中医药传承创新发展和全面落实扶持政策等多个方面，对加快推动甘肃省中医药传承创新发展作出安排部署。[15]《措施》明确，甘肃省将打造中药加工产业集群，到2025年培育2至3家年销售额10亿元以上的中药加工企业；培育陇药大品种大品牌，到2025年打造20个年销售额1亿元以上的中成药大品种、15个年销售额5000万元以上的中成药特色品种；推动中药产业集聚发展，持续提升6大中医药产业园区的承载力和吸引力，辐射带动全省中药加工集约化发展，到2025年，全省中药工业生产总值达到200亿元，中医药产业全链条发展的要素基本完备，全产业链总产值达到1 000亿元以上。

三、甘肃中医药产业发展的技术支撑——科技平台优势

为了大力实施创新驱动发展战略，加快科技创新突破，推动科技创新成果不断涌现并转化为现实生产力，甘肃省充分发挥科教资源优势，聚焦中医药产业发展需求和关键技术研发，设立了一批重点实验室、工程中心、研究院等科技研发平台。在中医药基础研究、人才培养、产业技术支撑等领域为甘肃中医药产业高质量发展提供了全方位支撑。重点科技平台见表1所示。

表1 甘肃省中医药产业科技平台及其依托单位

实验室名称	依托单位
甘肃省中药药理与毒理学重点实验室	甘肃中医药大学
甘肃省特种药源植物种质创新与安全利用重点实验室	甘肃省农业工程技术研究院
甘肃省中药质量与标准研究重点实验室	甘肃中医药大学
甘肃省中药防止慢性疾病重点实验室	甘肃中医药大学附属医院
重大疾病分子医学与中医药防治研究重点实验室	甘肃中医药大学
甘肃省中医方药挖掘与创新转化重点实验室	甘肃中医药大学
甘肃省高校中(藏)药化学与质量研究省级重点实验室	甘肃中医药大学
中藏药质量控制与安全评价联合实验室	甘肃省药检院 与中检院中药民族药检定研究所
甘肃省中药现代化工程技术研究中心	甘肃省扶正药业有限公司
甘肃省中药炮制及质控工程技术研究中心	甘肃中医药大学附属医院
甘肃省中药现代制药工程研究院	甘肃奇正藏药有限公司
甘肃省中药新产品创制工程实验室	甘肃中医药大学
中药研究发展联合实验室	中国科学院兰州化物所 西北天然药物研发中心
甘肃省中医研究院	甘肃省中医院
甘肃省道地药材研究所	甘肃省药品检验研究院

甘肃省中药药理与毒理学重点实验室是依托甘肃中医药大学建立的省级重点实验室。[16]实验室建有SPF级实验动物中心、药理实验室、病理实验室、生化实验室、免疫与分子生物学实验室、中药化学实验室、药物制剂实验室及相关功能检测单元实验室，拥有各类大中型分析仪器设备，总值3000余万元。实验室现有固定研究人员30余人，设有中药学、中医学和中西医结合三个一级学科硕士授权点，构建了多学科交叉与协作的中医药基础研究和应用基础研究技术平台。目前实验室可开展中药提取、分离、纯化研究，中药制剂工艺、质量标准、稳定性研究，中药及有效成分生物活性评价研究，中药新药临床前药效与安全性评价研究，中药药理作用的分子机制研究及相关技术服务工作。

甘肃省中医方药挖掘与创新转化重点实验室围绕甘肃大宗药材资源，针对心脑血管系统、消化系统、恶性肿瘤等常见重大疾病，应用现代计算机、生物统计、循证医学等方法，开展中医传统名方、经验方的数据挖掘与数据库处理集成，定性的知识推理与组方配伍原理分析，方剂信息的全面分析和综合处理，方剂关联规律与知识发现，挖掘、优化方剂组方配伍，以确立优效组方。针对心脑血管系统、消化系统、恶性肿瘤等常见重大疾病，充分应用现代化学、药理学技术与方法，针对有效方药开展其效应成分（组分）的分离、分析与鉴定，明确药效物质基础及谱效关系，阐明作用机理。研究注重采用多成分（组分）、多靶点开展活性评估，综合、全面地反映方药药效物质基础。创制“有效组分（成分）配伍”形式的创新中药。坚持中医特色的同时，发挥中西医结合优势，针对心脑血管疾病、消化系统疾病、恶性肿瘤等重大疾病，病症结合，开展有效方药的临床应用研究。

中药研究发展联合实验室依托中国科学院兰州化物所西北天然药物研发中心，[17]利用中国科学院兰州化物所西北天然药物研发中心的学科优势，解决定西地区中药材发展中的化学技术问题。针对定西地区地道药材种植、生产、加工、制药中的化学基础问题，开展分离分析、提取分离、结果鉴定、化学修饰、质控方法、指纹图谱等研究工作。

甘肃省中药炮制及质控工程技术研究中心依托甘肃中医药大学附属医院的医疗、教学、科研条件，并横向联合了我省三家制药企业作为协作研究单位，[18]设有炒煅烫实验室、蒸煮燀实验室、理化实验室、精密仪器室、中药标本室等设施。针对甘肃省的地产中药材进行炮制方法及炮制原理的研究；中药饮片质量标准及中药饮片生产工艺规范的研究。

甘肃省中药现代化工程技术研究中心依托甘肃省扶正药业有限公司，该工程技术中心由甘肃中医药大学和中医药行业的龙头企业扶正药业合作建设。为甘肃省中医药产业发展提供了科学技术支持和开放的中药研发平台。甘肃中药现代化工程研究中心依托现代科技进行药材加工、产业化发展，针对市场搞研发，将加快中药资源优势向经济优势转化的速度。

甘肃省中药现代制药工程研究院依托甘肃奇正藏药有限公司，[19]以新产品研究为目的，重点进行以甘肃省优势品种为主的新技术、新工艺、新产品的研究开发、中药大品种的二次开发，搭建了具有明显优势的口服制剂和外用制剂的制剂研究平台。该研究室在新药研发和应用基础研究方面的部分工作达到国内领先水平，剂型涉及气雾剂、喷雾剂、口服液、颗粒剂、片剂、丸剂、贴膏剂、浸膏、水凝胶膏剂、软膏剂等。

甘肃省道地药材研究所依托甘肃省药品检验研究院，[20]重点在甘肃道地中药材规范化种植技术、外源性有害物质残留等方面开展研究，建立甘肃道地中药材质量标准体系，制定甘肃道地药材商品规格等级标准，开展以甘肃道地中药材为主要原料的各类产品开发等工作，旨在进一步引导甘肃道地药材规范化种植、生产及全产业链发展，为药品监管提供更加有力的技术支撑。

中藏药质量控制与安全评价联合实验室，依托省药检院与中检院中药民族药检定研究所。针对中藏药生产、流通、使用各环节的质量风险及市场监管发现的质量问题，开展检验检测新技术、新方法研究，为提升甘肃中藏药质量控制提供更加有力的技术支撑。

四、甘肃中医药产业发展的技术支撑——标准化生产基地

“十三五”以来，甘肃重点建设了十个道地药材标准化生产基地。[21]

（1）当归标准化生产基地：在定西市、陇南市、甘南州、临夏州等海拔2000米以上优势区域，建设当归标准化生产基地；

（2）党参标准化生产基地：在定西市、陇南市等海拔1800米以上优势区域，建设白条党参、纹党标准化示范基地；

（3）黄芪标准化生产基地：以定西市为主的优势区域建设黄芪标准化示范基地；

（4）大黄标准化生产基地：在陇南市、定西市、平凉市等海拔1800米以上优势区域，建设大黄标准化示范基地；

（5）甘草标准化生产基地：在河西地区、白银市、兰州市优势区域，建设甘草标准化示范基地；

（6）枸杞标准化生产基地：以白银市、酒泉市优势区域为主，建设枸杞标准化核心示范基地；

（7）板蓝根标准化生产基地：以民乐县等传统优势产区为主，建设板蓝根标准化示范基地；

（8）柴胡标准化生产基地：在定西市、陇南市建设柴胡标准化示范基地；

（9）红芪标准化生产基地：以陇南市、定西市为主的优势区域，建设红芪标准化示范基地；

（10）半夏标准化生产基地：以西和县、清水县等传统优势产区为主，建设

半夏标准化示范基地。

五、甘肃中医药产业发展的技术支撑——孵化园与产业园[21]

兰州新区生物医药产业园依托区域内高等院校、科研院所及兰州生物制品研究所等重点企业，建成集研究开发、中试实验、孵化培育为一体的陇药综合产业园。其功能是搭建承接产业转移平台，发展现代中药、生物制药、化学制药、生物医学工程，配套建设现代配送中心等。

陇西中医药循环经济产业园依托现有产业基础，加快公共服务平台建设，发展中药提取物、中药配方颗粒、养生保健产品、中药饮片等。

岷县中医药循环经济产业园主要布局中成药、中药提取物、中药饮片、中药化妆品等中药加工业，鼓励发展中药膳食饮片和中药保健产品。

渭源工业园区中药产业园重点发展超微饮片、小包装饮片、精制饮片等优质中药饮片。以中药保健产品例如当归、枸杞、党参、红芪等为主要原料，根据功效、主治及生物活性，研究开发普通食品、保健食品、药膳、食品添加剂等系列产品。

天水生物医药产业园以天水市二十里铺工业示范区为主，依托天水岐黄、甘肃成纪等企业，重点发展中成药、生化药品、化学药品等产业。实现了心脑血管疾病、免疫性疾病、代谢性疾病等重大疾病的新药创建和重点产品的二次开发。

酒泉生物医药产业园依托祁连山药业、酒泉大得利、甘肃巨龙等企业，重点发展化学药品、中成药和中药提取物等产业。

重离子医学产业园依托中国科学院近物所、兰州重离子医学产业投资有限责任公司和武威荣华重离子医院股份有限公司，在兰州市和武威市建立医学产业园，形成了集专科医院、医用重离子加速器装备制造等为一体的重离子医学产业园。

陇东南中医药养生保健旅游创新区以天水、陇南、甘南、平凉、庆阳为主要区域，建设集中药材种植、加工、中医旅游保健产品开发、中医文化普及等为一体的中医药旅游生态园，开展中（藏）医特色治疗、康复理疗、针灸推拿、人工按摩等项目。

六、甘肃中医药产业发展的技术支撑——重大科研项目驱动

2018年以来，甘肃省立项实施了中医药领域重大创新类项目、重点研发计

划、民生科技专项支持等省级科技重大专项，共支持科研经费几千万元，代表性重大项目见表2所示[22]。

表2 甘肃省中医药领域重大科研项目

重大科研项目名称	项目类型
甘肃省地方药材质量标准提升及产业化应用	重大创新类项目
基于传统藏药十五味乳鹏丸的创制新药痛风片的新药开发	重大创新类项目
甘肃省特色中药祖师麻膏药质量标准提升及多中心临床研究	重大创新类项目
创新中药“甘草护肝降糖分散片”产业化研究	重点研发计划
异甘草素对脑胶质瘤的抑制作用及其机制探讨	重点研发计划
黄芪优质高效栽培及现代化加工技术示范与推广	民生科技专项
道地药材大黄规范化生态种植及绿色加工技术示范	民生科技专项

通过项目的实施，整合社会科技资源，对中药药性和药理进行深度研究和评价，重点开展与我省大宗中药资源结合紧密的新产品和藏药新产品的研发，开发具有市场前景、拥有自主知识产权、安全高效、质量可控的中药材产品，开展甘肃道地药材的深度系统研究，进行原药材、饮片、提取物、中成药、保健食品、生物农药等综合开发，形成了具有甘肃特色的中药产品。

七、甘肃中医药产业发展的技术支撑——全产业链模式创新

从原料基地建设、二次开发、市场营销点支持，甘肃已培育了一批对产业具有带动和支撑作用的核心企业和拳头产品，延伸和壮大产业链，推进“互联网+”产业链管理，加快物联网技术在种植、储运、销售、使用等环节的应用，逐步实现了对大宗道地药材全产业链管理和监控以及关键信息采集使用，打造了从原料药材到药品、保健品的示范产业链。

建立了“政府+高校+企业+技术推广部门+农户”五位一体的产学研合作新模式。在当地开展示范基地，带动周边开展标准化生产，发展中药材种植示范户，制订中药材相关企业技术标准，完成产品流通追溯体系建设，完善电商销售信息平台，研究开发了中药材新品种。通过从育种育苗、大田种植、饮片加工、电商营销等全产业链进行技术创新和模式创新，将资源优势和品牌优势转化为产

业优势，有效解决中药材生产中品种混杂、麻口病、土地荒芜、硫黄熏蒸、技术落后、产业链条短、产品单一、商品效益差、产品销售困难等问题，提高了中药材产业的科技含量，提升了产业化和商品化程度，构建了现代中药材产业化经济格局，进一步推动了科技支撑中药产业高质量发展。[22]

同时积极探索“物联网+”时代中医药互联网服务贸易的创新模式，建设由政府、企业、高校及科研院所共建共享的中医药在线科技服务与商品交易平台，充分运用信息、网络等现代技术，对甘肃中医药资源进行有效配置、优化，加速科技资源的聚集和成果的转化应用，提升科技服务能力。比如：陇西县与“安国数字中药都”有限公司合作，建立了“数字本草甘肃陇西道地中药材服务平台”。这一服务平台，可以为药农、制药企业提供信息、追溯、标准化、质检、仓储物流、金融、电商在线交易等服务，从而搭建起便捷的线上线下结合的交易平台，有效解决中药材交易过程中信息不对称的问题，实现道地中药材交易便利化和优质优价。同时，借助国家和省市扶持电子商务发展，阿里巴巴集团推出“千县万村”网购工程等有利机遇，陇西大力培育和发展中药材电子商务经营主体。电子商务成为助推中医药产业快速发展和市场转型升级的新“引擎”。[23]

参考文献

［1］中共中央、国务院关于促进中医药传承创新发展的意见［J］.中华人民共和国国务院公报，2019（31）：6-10.

［2］陈晶.振兴中医药正逢其时［N/OL］.人民政协报，(2021-09-01)［2022-08-09］.http://www.rmzxb.com.cn/c/2021-09-10/2952161.shtml.

［3］马潇，杨锡.甘肃省民族药质量标准调研报告［J］.中国药事，2015，29（12）：1263-1266.

［4］李利，王秀兰，陈健.甘肃省中药材特色经济的培育与产业化发展研究［J］.甘肃中医学院学报，2010，27（02）：76-79.

［5］王芳.中医药产业：向“高严帅”转变［J］.经济，2018（15）：32-35.

［6］中华人民共和国中医药法［J］.中华人民共和国全国人民代表大会常务委员会公报，2017（01）：5-11.

［7］国家发展改革委.国家发展改革委、国家中医药管理局负责同志就《关于加快中医药特色发展的若干政策措施》答记者问［EB/OL］.(2021-02-10)［2022-08-09］.https://www.ndrc.gov.cn/xwdt/xwfb/202102/t20210210_1267269.html.

[8] 国务院办公厅.印发关于加快中医药特色发展若干政策措施的通知[EB/OL].(2021-02-09)[2022-08-09].http://www.gov.cn/zhengce/content/2021-02/09/content_ 5586278.htm.

[9] 中华人民共和国国民经济和社会发展第十四个五年规划和2035年远景目标纲要[N].人民日报,2021-03-13(001).

[10] 甘肃省卫生健康委员会.甘肃省"十四五"中医药发展规划[Z].2021-12-22.

[11] 甘肃省人民政府办公厅.关于转发省卫生计生委等部门《甘肃省中医药产业发展先行先试实施方案》的通知[EB/OL].(2015-03-16)[2022-08-09].http://www.gansu.gov.cn/ art/c103795/ c103920/c103941/201503/211506.shtml.

[12] 甘肃省人民政府办公厅.关于印发《甘肃省中医药健康服务发展规划(2016—2020年)》的通知[EB/OL].(2016-06-08)[2022-08-09].http://www.gansu.gov.cn/gsszf/ c100055/ 201606/100161.shtml.

[13] 甘肃省人民政府.关于印发甘肃省贯彻中医药发展战略规划纲要(2016—2030年)实施方案的通知[EB/OL].http://www.gansu.gov.cn/art/c103795/c103869/c103880/ 201708/212621.shtml.

[14] 甘肃省人民政府办公厅.关于印发《甘肃省中医中药产业发展专项行动计划》的通知[J].甘肃省人民政府公报,2018(01):131-147.

[15] 中共甘肃省委,甘肃省人民政府.关于促进中医药传承创新发展的若干措施[EB/OL].(2022-06-09)[2022-08-09].http://wsjk.gansu.gov.cn/wsjk/c113472/202006/1265731.shtml.

[16] 李欣瑶.甘肃省中药药理与毒理学重点实验室揭牌[N].甘肃日报,2013-01-30(004).

[17] 中国科学院兰州分院.中药研究发展联合实验室[EB/OL].(2009-06-26)[2022-08-09].http://www.lzb.cas.cn/ydhz/gjjg/ 200906/t20090626_18547 50.html.

[18] 甘肃中医药大学附属医院.甘肃省中药炮制及质控工程技术研究中心[EB/OL].(2022-07-07)[2022-08-09].http://www. zyxyfy.com/Category_530/Index.aspx.

[19] 王倩,郭海霞.甘肃省中药现代化制药工程研究院成立[J].中医药管理杂志,2014,22(03):438.

[20] 甘肃省药品检验研究院.省药检院举行“甘肃省道地药材研究所”和“中藏药质量控制与安全评价联合实验室”成立揭牌仪式［EB/OL］.（2019-04-01）［2022-08-09］. http://www.gsyjs.org/html/News/news/news/375.htm.

[21] 甘肃省人民政府办公厅.《甘肃省“十三五”陇药产业发展规划》的通知.2016-10-05.

[22] 孙理.我省强化科技支撑促进中药产业发展［N/OL］.兰州日报，（2019-05-14）［2022-08-09］. http://www.lzbs.com.cn/szyw/2019-05-14/content_4489092.htm.

[23] 殷月琴，田永衍.甘肃省陇西县中医药产业发展特点探析［J］.河西学院学报，2018，34（05）：71-74.

甘肃省中医药产业发展的优势条件

张胜祥[①] 黄 炜[②]

中医药是中华民族的瑰宝，也是全球医药产业最具发展前景的领域之一。2022年发布的《世界卫生组织中医药救治新冠肺炎专家评估会报告》肯定了中医药救治新冠肺炎的安全性和有效性，中医药在医疗健康领域的贡献得到了世界学者的认同，其特色和优势越来越受到国际社会的认可和关注。中医药在抗疫领域的临床应用和独特疗效不仅为中医药国际化带来了良好契机，也为传统医学的传承创新以及中医药产业的发展提供了难得的机遇。尤为重要的是，我国已经把中医药发展上升为国家战略，陆续发布了相关政策以推进中医药创新发展和产业振兴，中医药产业发展成果喜人，民众对中医药的接受程度有所提高，中医药的文化自信也得到了很大提升。另外，为了保证中医药产业的健康发展，实现中药材药品可追溯性，近年来国家对中药材质量监管提出了严格的要求。甘肃生产的中药材道地性明显，药效卓越，中医药产业在我省发展迅速，是全省经济支柱产业和重点发展方向之一，并逐步形成了“中药陇储，陇药中用”的局面，这些都与甘肃省中医药产业发展本身具有的优势条件密不可分。本文主要从地理和资源优势、政策优势、成本优势和产业优势几个方面论述甘肃省中医药产业发展的优势条件，并讨论了目前存在的问题及发展思路。

---

①张胜祥，兰州大学生命科学学院教授，甘肃省侨联特聘专家。

②黄炜，西北民族大学音乐学院教授，甘肃省侨联特聘专家。

一、地理和资源优势

（一）地理优势

甘肃，简称“甘”或“陇”，位于中国西北地区，地理位置为东经92°13′～108°46′，北纬32°11′～42°57′。甘肃地处青藏高原、黄土高原和内蒙古高原的交汇地带，省内地形狭长，地质地貌复杂，主要以高原、山地为主，西北部地区有大面积的戈壁和沙漠，其他地区还包含有河谷、丘陵、平川等几乎所有的地质地貌特征。[1][2]省内部分地区形成了典型的地形区域，其中陇南地区的地貌以山地为主，甘南高原地貌以高山峻岭和高原阔地为主，陇东和陇中以黄土高原地貌为主。此外，河西走廊、祁连山地和北山山地也是较为典型的地形区域。

甘肃省复杂的地理条件造成了不同地区气候差异较大，陇南地区主要是亚热带季风气候，陇东地区是温带季风气候，中部地区以温带大陆性气候为主，而南部甘南地区是典型的高原山地气候。[3][4]河东地区受季风影响，不同地区降水量差别大，季节性明显。由于地理纬度偏北，省内大部分地区属于干旱半干旱气候，以陇中地区（包括兰州、定西等）为例，年降水量较少，蒸发量大，是典型的干旱少雨地区。[5]高原地区山地垂直气候差异显著，部分地区温度偏低，但省内大部分区域光能资源丰富。省内土壤地带谱主要包括森林土壤、草原土壤和荒漠土壤三大系列，其分布具有明显的水平地带性和垂直地带性。

甘肃省复杂的地形和多样的气候造就了得天独厚的中药材生物多样性，孕育了包括当归、黄芪、党参、大黄，甘草、半夏、独一味、秦艽、红景天等多种特色、道地中药材品种。[6]此外，甘肃特殊的交通和地理位置也为中医药的发展和产业的振兴提供了良好的机遇。从地理位置上看，甘肃不仅是我国西北部的重要生态屏障，也是通往欧洲和中西亚的要道，自古以来就是丝绸之路的必经之地，也是“一带一路”的关键节点。这些地理优势对甘肃道地中医药的发展、流通以及中医药文化的传播起到了巨大的促进作用。

（二）资源优势

甘肃省中药材资源丰富，据统计，全省有2 540种中药资源，其中276种中药材属于国家重点品种，其中的大宗中药材当归、党参、黄芪、大黄和甘草被誉为“五朵金花”[7][8][9]，“十大陇药”当归、黄芪、党参、大黄、甘草、枸杞、板蓝根、柴胡、红芪、半夏在甘肃省种植面积较大，特色优势明显，畅销国内外[10][11]。根据中国中药协会中药区划与生产统计专业委员会对2020年全国中药材种植面积的统计分析，甘肃与广西、云南、四川等中药材资源大省皆位于前列，尤其是药食同源类中药材种植面积大，资源优势强。[12]全省已经形成了特色明显的四大中药材主产区，[13]其中温带半干旱药区是位于黄土高原的陇中、陇东的中药材主产区。该地区药用植物资源有200多种，包括黄芪、党参、大黄、板蓝根、柴胡、枸杞、独活、防风等品种，中药材资源极为丰富。产区内定西市素以“千年药乡”著称，是全国“道地”中药材黄芪、当归等的主要产地之一。[14][15]据统计，全国统一普查的道地中药材主要品种有363个，其中定西市的品种就超过三分之一（135种）；另外，定西市种植的中药材有130多种，而其中大部分都是大面积种植的品种（97种）。定西所辖的岷县盛产当归、党参、黄芪、丹参等多种名贵道地中药材，其中以当归最为闻名。岷县当归在中外医学界又称“岷归”，其入药已有千年历史，是中外医学界公认的道地中药材，具有“岷归甲中华”“中国妇科人参”的称号，也为岷县赢得了“中国当归之乡”的称号。[16][17][18]当归生长倾向于凉爽、湿润和长日照的环境。岷县地处青藏高原东部边缘与秦岭山脉的过渡区，其海拔2 000～2 400米的山区为当归的适宜生长区。[19]岷县境内的生态环境为道地中药材的生长和种植提供了良好的条件，在三国时期就开始种植，由野生逐步发展到人工种植，明清以来已开始了大规模的种植。[19]定西市所辖的陇西县以盛产黄芪等中药材品种而闻名。陇西县地处渭河上游，海拔1 612～2 778米，气候温和，属温带大陆性季风气候，日照充足，山地高寒阴湿，为黄芪种植的道地产区之一。[20]黄芪具有补气、利水消肿、生津养血等功效，在增强免疫力、抗病毒和防辐射方面有良好的药效和保健功能。陇西县黄芪根条粗大、质坚而绵、药用价值高，其主要成分黄芪甲苷、毛蕊异黄酮等均高于药典标准2倍多[21]。陇西黄芪自古以来是公认的芪中精品，梁代大药学家陶弘景编著的《本草经集注》曾有“黄芪第一出陇西”的记载，其作为药食同源药材品种，是陇西县著名特产之一。[20]除此以外，定西市还有多种有名的药材品种，例如渭源县的党参以其色泽光白、味甘而甜、品质上乘而享誉国内外，渭源县也因此被誉为“党参故里”。

陇南山地亚热带、暖温带秦药区是甘肃另外一个重要的中药材主产区。陇南地区因其独特的气候条件（甘肃省唯一拥有亚热带气候的地区）和复杂的地形地貌特征（秦岭山脉和岷山山脉，以及长江水系和黄河水系在此交汇），是中医药材生长和种植的优良产地。因该地区所产的中药材种类诸多，品质卓越，被誉为

“天然药库”。[22]陇南地区药用植物资源丰富，其中主要的品种有黄芪、红芪、大黄、纹党、半夏、五味子、葛根等；其中礼县铨水生产的大黄（铨黄）块大饱满、颜色鲜艳、气味清香、药效上乘，尤为著名。

甘肃还有另外两个中药材主产区，分别是河西走廊温带荒漠干旱西药区和青藏高原东部高寒阴湿西药藏药区。河西走廊一带主要为大陆性荒漠气候，年均气温5～10 ℃，很多地方年降水量不足200毫米。该地区有包括甘草、麻黄、锁阳等药用植物资源200多种。青藏高原东部海拔2000米以上地区，气候寒冷阴湿，年平均气温仅2～7 ℃。该地区有括冬虫夏草、雪莲、川芎等280多种植物资源。

甘肃省中药材种植历史悠久，距今至少有1500年历史。目前，甘肃省中药材的产地全省超过了70个县区，并且形成了以定西市的岷县、渭源县、陇西县和陇南市部分地区为首的大规模种植区。这些地区种植的当归、黄芪等道地中药材产量大、特色优势明显、原料保障充分，产量在全国处于优势地位，尤其是当归产量达到全国产量的90%、党参达到85%，而黄芪、大黄和甘草的产量也分别达到了全国产量的80%、60%和40%。定西已经成为多种道地中药材的主要种植区域，当地在开展多元化、专业化种植的同时，也形成了“一县一品”的特色，而其中岷县当归、渭源白条党参、陇西黄芪及临洮秦艽等尤为突出。目前，这些地区在道地中药材建设和发展生产基地等方面达到了一定的高度。省内部分地区逐步形成了特有的地域优势资源品种，并逐步将生态优势资源转化为产业和品牌优势。比如，定西地区的黄芪、党参、黄芩、大黄、板蓝根，陇南山地的女贞子、杜仲、五味子、葛根、猪苓和连翘，陇东的党参、黄芪、远志、苦参、杏仁、冬花，甘南草原、祁连山地区的虫草、秦艽、羌活、麝香等资源品种具有较大优势，而河西走廊以及荒漠戈壁地区的地域优势资源品种有甘草、麻黄、锁阳、肉苁蓉、小茴香、红花等。此外，甘肃省是多民族的聚居地，各民族拥有的传统药材是中医药宝贵资源，很多少数民族积累了特色丰富的民族药材资源——例如藏红花、红景天、宽筋藤等藏药品种。[23]

近年来，甘肃中药材产品不仅在港澳台地区市场成功推行，而且远销东南亚各国和北美各国。甘肃特色中药材质量好、品质佳，得到了各类中药配方的青睐。以当归为例，甘肃省是种植当归的最优产区，与四川、云南、湖北、河北、陕西等产区相比较，甘肃所产当归的多种功效成分明显优于其他产区。[24]鉴于甘肃多个地区中药材的资源优势，中国农学会特产之乡委员会将甘肃多个地区定为道地药材主产区，除了前面提及的甘肃省岷县被命名为“中国当归之乡”，渭源县被命名为“中国党参之乡”外，还有陇西县、西和、礼县和民乐县分别被命名为“中国黄芪之乡”“中国半夏之乡”“中国大黄之乡”和“中国板蓝根之乡”。[25]同时，陇西黄芪、岷县当归、渭源白条党参、靖远枸杞和瓜州锁阳等多个中药材品种以其优良的品质，获得了地理标志认证、国家产地证明商标认证或农产品地理标志登记。[26]除此之外，甘肃省在藏药资源方面也具有独特的优势，例如麝香、熊胆、牛黄、冬虫夏草、雪莲等资源品种是青藏高原地区所产的道地药材。

二、政策优势

甘肃省中医药产业的发展离不开一系列政策的有效支持与有力推动。近年来，国家和甘肃省发布实施了许多政策，包括调整中医药企业布局、合理规划企业产能、金融政策倾斜扶持中医药材产业发展等一系列政策，大力促进中药材及中医事业的健康有序发展。我国先后出台了《中医药发展战略规划纲要》和《关于促进中医药传承创新发展的意见》，对我国未来中医药发展的方向和工作重点做了部署，并对中医药的传承与创新提出了新的意见。2022年，国务院印发了《关于“十四五”中医药发展规划的通知》，对中医药的传承和发展提出了明确的目标。在国家政策的指示引导、支持与帮助下，海内外对中药材产业的认可程度越来越高，中医药在全国乃至全球的发展和需求不断扩大，甘肃省中药材产业也迎来了新的挑战与机遇。

2017—2018年，甘肃省政府协同各方力量，建成了中国首个国家中医药产业发展综合试验区，并确定中医药产业为甘肃省的十大经济生态产业，将中医药事业的发展推上新的高峰。《关于促进中医药传承创新发展的若干措施》和《甘肃省中医药条例》等一系列利好政策的出台，夯实了我省中医药发展的政策保障。[27]甘肃省2022年《政府工作报告》中，明确提出要深化国家中医药产业发展综合试验区建设，启动陇粤共建“大湾区·兰白自创区中医药创新发展示范区”。《甘肃省“十四五”中医药发展规划》中，对全省中医药发展目标和任务进行了规划部署，提出了加快中药资源保护发掘等11项重点任务。在《甘肃省中医中药产业发展专项行动计划》中指出要设立中医现代中药产业开发基金，使得全省的财政资金和专项扶持基金大力向中药材产业倾斜，加大和保障对省内中药材产业的资金投入，推动标准化道地药材、产业园区、中药材加工和药材交易市场示范基地的建设。为了鼓励中小企业投资，灵活变通的政策措施也将陆续推出，政府部门积极协助招商，帮助民营企业投资，促进社会各界资本流入中医药产业。

金融机构加大对中药材产业支持力度，用足用活用好政府精准的帮扶贷款优惠政策，积极支持全省中医药产业健康持续发展。[28]

近年来，中药材物流体系的建立，极大程度上促进了中药材产业化的发展。[29]甘肃省《关于推动农村邮政物流发展意见》《甘肃省物流业发展规划》《关于加快陇药产业发展的意见》等指导性文件的出台，极大程度上改善了省内中药材物流体系的运转效率，促进了中药材产业物流的高速发展。

在省市相关政策的支持下，以定西地区及其他甘肃四大中药材产区为代表的甘肃中药材核心产区配套出台了符合当地实际的发展中医药战略布局。以甘肃省定西市陇西县为例，陇西县是我国工信部指定的中医药原料供给的重要产业基地，2016年颁布了《关于加快全县中医药产业转型升级暨打造中国药都的实施意见》，为打造“中国药都”的名片，对种植、加工、仓储等中医药产业链的发展起到了积极的推进作用；[30]2018年，制定了《陇西县中药材产业发展三年规划（2018—2020）》和《关于陇西县抢抓政策机遇全力促进中医药产业快速发展的意见》，对中药材的发展的目标做了明确的规划。

中医药产业已经成为甘肃省经济支柱产业之一，各级政府紧紧围绕国家战略布局、牢牢把握中医药发展的潮流与趋势，从优化中药材产业和种植结构、营造良好的中药材营商环境、引导中药材市场规范化经营等方面制定了一系列政策，着力完善中药材种植、购销、加工等产业环节，促进中医药产业持续健康发展。总的来说，近几年的省市政府的政策有明显的导向性，促使中药材产业由单一的种植环节转向多元化布局（种植、仓储、加工、运输、销售等）延伸，及时发现中药材产业链中的问题并统筹解决，从财政奖励、税收优惠、土地支持、优化服务等方面入手，助力中医药产业的发展。[31]

三、成本优势

（一）制造加工成本低

中药材产业属于劳动密集型产业，制造加工成本包括原材料（种子、种苗、化肥等）成本、人力劳动成本和制造加工费用等。在甘肃，尤其是在不适于大规模种植的山区，农户自主种植中药材是主流模式，由于没有大量的人工、流通和土地成本，中药材每亩种植成本较低。甘肃作为劳动力输出型省份，劳动力成本显著低于经济大省，在源头上降低了产业链前端和中端投入。以甘肃省岷县生产的当归为例，农户个体户种植当归，需要购买种苗、农膜、肥料及农药，外加农机和产地初加工成本，每亩大概需要花费成本约1 300～2 500元，在目前的市场环境下，可以获得较高的收益。在岷县等道地药材种植区，越来越多的农民看到种植中药材的巨大商机，他们通过承包土地大规模种植当归，成为种植大户，他们的种植成本每亩约3 000～4 000元。[32]虽然按每亩种植当归的情况来看，种植大户获得的收益率可能少于农业个体户，但是由于种植大户种植当归的效率高、规模较大，也可以获得较为满意的收入。此外，规模化经营有利于中药材标准化、机械化种植，提高生产效率且大幅度降低劳动力成本。[33]不管是农业个体户，还是种植大户，作为道地产区的岷县其当归种植的成本价格相对都比较低，但是因为中药材各品种种植方式不一，也会导致农户种植中药材的成本差异较大。近年来，新型合作模式正逐步取代传统个体种植，在政府部门的帮助下，省内的中药材产区形成了“农业合作社+供应链金融+扶贫保险+扶贫车间”的中药材种植加工模式，实现了中药材企业在原产地对中药材进行统一加工、检测、包装、储运、销售，合理利用了国家和地区的扶贫政策支持，在提升中药材生产效率的同时，降低采购管理成本。[34]

（二）仓储管理成本低

甘肃中药材产业在仓储管理方面具有独特的天然优势，这得益于适宜的气候条件、较低的管理和租赁成本，以及强大的品牌市场影响力。以甘肃省定西市的陇西县为例，俗话说，“药到陇西最全，储在陇西才优”。陇西地区具有良好的仓储优势和条件，年平均气温8.1℃，年降雨量少，常年气候比较干燥，空气湿度小，夏季光照时间长。当地仓库一般只有顶棚和简单的围墙，通风良好，中药材长期贮存不易生长虫子和霉菌，使得中药材的品质得到了极大保证，是得天独厚的“天然药仓”。在仓储中药材的能力上，省内有很多中药材种植的农业个体户具有小规模仓库，而且一些中药材公司或者企业具有大规模中药材储备库，都可以用于中药材的优良储存。对于外地商人而言，在道地产区租赁仓库，不仅可以节省资金，而且有利于大规模采集和储存中药材。为了配合中医药产业的发展，中药材贮存业的发展显得尤为重要。甘肃省通过招商引资吸引了多家大中型医药企业到中药材道地产区投资建厂，广州医药集团有限公司、中国中药控股有限公司和千金药业等大批的上市公司也纷纷到陇西投资建厂。目前，已经投资建成了多个大型的中药材仓储物流基地，使得当地中药材仓储运行标准化，管理和租赁成本显著降低。[35]此外，甘肃作为多种大宗中药材的道地产区，产区效应、市场品牌效应和规模化效应明显，进一步降低了中药材仓储管理成本。

（三）终端销售成本低

在省内中药材销售方面，甘肃省已经建立了多个规范、标准的中药材贸易市场，不仅形成了成熟的中药材线下交易市场，而且利用线上交易的优势，逐步发展完善了中药材网络平台。为了进一步促进中药材线下的销售，多个地区已经建立了大型的中药材交易市场，其中比较有代表性的有兰州安宁黄河药材市场、陇西首阳中药材市场、会川中药材综合市场、岷县当归城交易中心等。此外，省内中药材交易网络逐渐建立，各级人民政府大力支持网络购物，充分利用电商平台交易的便捷高效和网购的优势，降低场地租赁和水电人工费用。目前，已至少有100多家企业开通了中药材线上交易平台，极大降低了终端销售成本。

四、产业优势

（一）中医药产业规模大

甘肃省是我国重要的中医药产业基地，而从全国范围来说，甘肃省的中药材种植面积和产量份额较大，尤其是药食同源类中药材（如党参、黄芪等）种植面积较大，处于领先地位。[36]总的来说，甘肃省的中医药发展近几年规模不断壮大，2019—2021年期间，全省中药材的种植面积均保持在30万公顷左右，产量可达130万吨左右。

为了使中药材的种植标准化，保护中药材资源，开发新的中医药材产品，提升道地中药材的质量和产量，甘肃省不断推进中药材产区道地药材规模化、集约化的生产。《甘肃省“十四五”中医药发展规划》提出，要在甘肃省中药材优势县进一步扩大中医药产业的规模，建设6万亩优质种子生产基地、17万亩优质种苗基地，建成当归等大宗道地药材绿色有机示范基地11个，建成大规模种植中药材的标准化基地30个。

（二）标准化中药材产业基地和种子种苗繁育基地发展迅速

中药材种子和种苗的品质与中药材的质量密切相关，是中医药有效性、安全性和稳定性最初的保障，中药材大规模种植依赖于甘肃省具有优质的种子资源。

甘肃省委、省政府要求，各个中医药产区在生产时，要按高标准建立一批标准化的种子和种苗繁育基地，并通过带头试验示范的模范作用，积极推广中药材种植过程中的新品种和新技术。[37]至2020年，甘肃省获得国家原产地标志认证的道地中药材18个，GAP认证中药材种植基地8个，农业农村部认证的无公害中药材基地7个。[8]甘肃省已经在药材主产区（如：陇西县、岷县、渭源县、武都区、文县）建成了400公顷的中药材产业良种育种基地和800公顷优质中药材种苗育种基地，着力提升黄芪、当归、党参、红芪、纹党等中药材种子种苗的产量和质量。甘肃赫博陇药科技有限责任公司等企业，利用产学研的优势，大力开展绿色设施工厂化种苗繁育和中药材种质资源库建设。中药材产业基地和种子种苗繁育基地的迅速发展，为甘肃省生产质量合格的中药材种子和种苗提供了平台和保障。另外，“十四五”时期我省中医药发展的一个重点任务之一是：建成11个大宗道地药材绿色有机示范基地，建成30个连片种植中药材基地。

（三）加工产业发展初具规模

近年来，甘肃省持续推进中医药产业链发展，立足于甘肃省各地区的资源优势。在政府政策支持与帮助下，不断加快标准化中医药产业示范基地的建设，中药材产业布局规模化基本建立。甘肃省还不断在中医药精深加工能力方面做文章，全省通过GMP认证的中药材加工企业达180多家，中医药材加工产业呈现出良好发展势头，省内各市中药材加工业发展快速，取得了显著的成绩。多家中医药企业如甘肃佛慈制药科技有限公司、甘肃陇神戎发药业股份有限公司、兰州和盛堂制药股份有限公司、甘肃天水岐黄药业有限责任公司、陇西一方制药有限公司和甘肃扶正药业科技股份有限公司的中药材加工或中成药制造规模不断壮大。过去，甘肃省中药材加工企业主要以加工中药材饮片为主，且主要以中药材统货输出。目前，中药材的加工方式正在逐步发生改变，从传统中药材加工模式向中药材高级化、精深化生产加工或中成药制造方向转变。根据目前的发展状况分析，甘肃省中药材加工能力表现出递增态势。《甘肃省“十四五”中医药发展规划》指出，要进一步推进中医药精深加工，打造优势中医药企业，推进中药生产等环节实施高端化、智能化、绿色化改造提升，培育特色中成药和藏药等品种，在兰州新区建设生物医药产业园和国家生物医药产业基地，在陇西和渭源两个地区建设中药产业园，在甘肃省培育多家大中型的中药材加工企业，打造特色品牌的中药材陇药大产品。甘肃省在2022年的《政府工作报告》中也明确提出，要建立现代化中医药生产和加工基地，扩大中医药产业在定西地区的加工规模。

（四）品牌影响力不断提升

由于特殊的地理环境和独特的气候，甘肃省的中药材道地性鲜明。目前，甘肃省获得国家原产地标志认证的道地中药材有包含当归（岷县）、黄芪（陇西）、大黄（礼县）等18个品种，其中岷县当归尤为著名，已被认定为中国驰名商标，远销海外。通过高品质的道地中药材，甘肃省已打造出一批具有特色的“甘味”中医药品牌，陇药在全国乃至东南亚、欧美等海外市场的知名度不断扩大。正是因为这些知名的中药材品牌，甘肃多个地方被农业农村部授予了荣誉称号（例如岷县为中国当归之乡等）。在省政府的大力支持下，已经有多家国内知名医药企业在甘肃省投资建厂或与本地企业合作，为中医药产业的发展注入了新概念、新动力及新活力，增加了中药材的知名程度。省委各级领导积极组织省内中医药企业参加国内和国际学术交流会议和会展，举办药博会，大力宣传弘扬甘肃陇药大品种大品牌，进一步扩大甘肃省道地药材的名片，使陇药产品品牌化。[38]此外，甘肃省还大力发展中药材电子商务，培育甘肃特色明确、道地鲜明的“甘味”中药材品牌，增强了甘肃中药材的影响力，开拓了新的市场。国家医保目录已将部分中成药和中药配方颗粒纳入其中，增加了中医药的社会影响力和效益，有利于中医药企业的可持续发展和产业水平的提升。

（五）产、学、研模式初步形成

中医药在新冠疫情防控中发挥了积极作用，甘肃省人民凭借自己的智慧，利用产学研优势，研制出了防治新冠肺炎的“甘肃方剂”（如岐黄避瘟颗粒剂等），并向“一带一路”沿线的国家捐赠，得到了国内外广大人民的一致好评，中医药在抗疫和患者康复的过程中起到了举足轻重的作用。[39][40]多年来，甘肃省中医药企业与科研机构加大中医药创新研发力度，成立专门的科研团队和研究机构，研发中药材生产加工的新工艺和技术，使得甘肃省中药材加工工艺有了大幅度的提升，提高了中药材制剂的质量和药效。科研院所与陇药企业的深度合作，已经成为中医药发展与创新的趋势和前沿阵地。中国科学院化物所和近物所、兰州大学、西北师范大学、甘肃农业大学以及甘肃中医药大学等与中医药企业建立科研合作关系，不断创新研发中医药新功能、新方法和新技术。兰州大学对促进中医药发展提出了明确的计划，在“八新工程”中提出了拓展生物医药的新蓝图，包括中药材新品种、新功能的探究，以及生物大健康产品的开发等。此外，甘肃省积极鼓励中药材企业与国内外的科研机构开展中药材精深化合作，发挥科研机构的优势，为我省中药材的发展提供强大的后盾和科技支撑。省内已经有众多的中医药公司和研究机构合作，签订协议，实现共赢。例如佛慈制药与上海中医药大学签订战略合作协议；陇神戎发药业股份有限公司与多家高校实验室开展技术合作，多方位探索技术创新交流，助力陇药发展；甘肃中天药业有限责任公司、甘肃赫博陇药科技有限责任公司、兰州大学和甘肃中医药大学等单位也在积极谋求合作，致力于大数据研究、中药材种质资源、储存技术、产品开发的产业化研究等；甘肃奇正与中国中医科学院、西藏藏医药大学、中南民族大学等单位合作，参与国家的重点研发计划，从藏医传统药物中筛选中药材，为治疗脑卒中和神经损伤疾病提供可行性治疗方案。2022年甘肃省《政府工作报告》中提出要实施高校院所创新能力提升工程，整合重构省级科技创新平台。科研院校与企业的合作，是建立健全中医药产学研协同创新机制的有效途径，有利于推动省内中医药产业向智能化、高端化和国际化发展。

（六）人才队伍不断壮大

甘肃省具有特色鲜明的中医药资源和文化传承，从人类文化开拓者伏羲，医学鼻祖岐伯，针灸创始人皇甫谧，到敦煌发现的医学书籍和武威出土的汉代医简，无一不彰显了甘肃丰厚的中医药文化底蕴。历史上，甘肃省涌现了大批优秀的中医药人才，如古代有名的中医有封衡、吴禔、张好问、刘一明、陈至义、杨维仁、石坚、张振濯，近代有名的中医有葛正儒、慕元春、秦霖熙、岳毓兰、杨建春、甘慧廷、丁彦龙、王继志、王仁山、张鼎成。中医及中医药文化在甘肃省传承历史悠久，底蕴深厚，中医药传承与创新发展需要高素质人才的引领与支撑。为壮大全省的中医药人才队伍，在政府的积极倡导下，甘肃省开展了“西医学中医、中医学经典”的中医传承活动和五级中医师承教学教育活动，缓解了甘肃省中医人才资源缺乏的局面，该活动培养了众多的中医药人才，保障了乡镇中医药人才队伍建设。[41]为了扩大中医的影响力，甘肃省采取了一系列措施，比如评选省级中医、乡镇名中医及中医世家等，切实鼓励中医人才的健康发展。目前，甘肃省多家大型三甲级综合医院、绝大多数普通医院、街道办卫生服务中心、乡镇卫生院，以及村卫生室都设立了中医科室或者中医就诊问询的窗口，为广大人民群众提供中医服务，使得中医的群众基础更加稳固。省内医学教育资源丰富，不仅有甘肃中医药大学等培养中医药专门人才的大学，还有兰州大学、西北师范大学、甘肃农业大学、兰州理工大学和中国科学院近代物理研究所等一大批高校和研究所，每年为中医药产业培养大量人才。《甘肃省“十四五”中医药发展规划》中对中医药人才的培养提出了新的要求，计划凝聚全省之力，将绝大部分中医药人才送到著名高校和医院的专业学科及著名医师处，进行教育培训，培养大批优秀的实用型中医药名医以及中药职业人才。中医药学科的发展和中医药人才队伍的壮大，不仅有利于提升中医药服务广大群众的能力，也将为中医药产业的发展提供生生不息的新生力量。

五、存在的问题及发展思路

（一）中药材精深加工程度不够

甘肃省中药材种植方面具有明显优势，但陇药精深加工产业相对比较滞后，很多企业还停留在传统、粗放的种植、切片制作及仓储等原材料的简单加工处理环节，高附加值产品开发还有很大的拓展空间。中医药产业涉及种植、加工和流通等诸多环节，产业链较长，尤其是加工环节急需高校研究所和企业的深度合作，要培养和吸引中医药高端人才，充分利用产学研合作的优势，加快陇药绿色道地生产体系研发与实践，推进中药材高附加值产品的深度精细化开发。

（二）中医药产业标准化水平有待提高

我省在中医药产业链的上游，尤其在中药材种植方面具有优势。中药材种植在我省部分地区已成为农民增收的主导产业，但受制于传统种植和经营模式的限制，陇药种植和加工标准化水平还不够，规模化、机械化程度有待进一步提升，产品质量也良莠不齐。要严把质量关，加快培育陇药大品种、大品牌，促进高校和企业合作，加大中医药领域研发投入和技术成果转化，利用绿色技术改造传统老产业，加快构建现代中医药产业体系，建立绿色陇药高新技术产业化示范区，推动陇药产品的外销出口，大力提升陇药核心竞争力。

（三）种质资源有待进一步挖掘和利用

种质资源是中药材产业的“芯片”，优质的中药材种子种苗是支撑中药材产业高质量可持续发展的基础。我省在中药材种质资源领域还有一定短板，多地区中药材种源较为混乱，部分区域种质退化，种子种苗繁育规模化、标准化程度不高。国家“十四五”规划和2035年远景目标明确提出要“加强种质资源保护利用和种子库建设，确保种源安全”。我省急需布局种质资源产业链，加大中药材种子种苗研发投入和技术成果转化，建立中药材种质资源保护与生物育种、现代设施农业工厂化种苗繁育体系，推广绿色育苗和种植，建立育苗、种植产业化示范区，在中药材生物育种关键核心技术领域取得突破，提升我省中药材种子种苗及其全产业链的行业竞争力。

甘肃省自然条件有利于多种道地中药材的生长，全省中药材资源丰富，中药材市场知名度高，形成了独特的“陇药”品牌效应。我省丰富的中药材资源不仅为我国的中医药发展作出了重要贡献，也为“一带一路”沿线国家中药材出口贸易提供了坚实的保障。甘肃中医药有着良好的文化底蕴和产业优势，政府已经出台很多政策大力支持中医药产业发展，产业链布局逐步完善，但在关键领域也存在一些短板。在现有产业的基础上，甘肃省可进一步加强种质资源保护和种子库建设，推进中药材精深加工和标准化程度，加大资金投入和技术创新，培养和吸引中医药高端人才，促进我省中医药产业健康、可持续发展。

参考文献

[1] 何霖，李福兵，杨晓东. 地理、人文与甘肃道地药材［J］. 中药与临床，2010，1（03）：46-50.

[2] 颉洁. 体验经济视角下基于IPA分析的旅游餐饮发展研究——以甘肃省为例［J］. 中国经贸导刊（中），2021，（05）：64-67.

[3] 冯绳武. 甘肃地理概论［M］. 兰州：甘肃教育出版社，1989.

[4] 甘肃省气象局. 甘肃气候志［M］. 兰州：甘肃人民出版社，1965.

[5] 孙旭映. 甘肃河东地区降水特征及天气系统分型［J］. 干旱区资源与环境，2006，（04）：35-39.

[6] 杨丽，刘洋，陈建波，等. 道地药材“陇药”的形成与发展［J］. 中国中药杂志，2019，44（24）：5513.

[7] 文建强. 甘肃中药材种植产业高质量发展刍议［J］. 甘肃政协，2021，（05）：66-70.

[8] 刘锦晖，陈文杰，王建连，等. 甘肃省中药材产业现状及发展对策［J］. 甘肃农业科技，2021，52（07）：81-85.

[9] 王娟，蒲永杰，罗娟，等. 甘肃中医药产业发展现状分析 [J]. 甘肃科技，2021，37 (10)：4-7.

[10] 陈亮. 十大陇药产销分析 [J]. 中国现代中药，2009，11 (08)：42-43.

[11] 王建忠. 十大陇药产销概况 [J]. 中药研究与信息，2005，(11)：45-48.

[12] 王慧，张小波，汪娟，等. 2020年全国中药材种植面积统计分析 [J]. 中国食品药品监管，2022，(01)：4-9.

[13] 张芳，康三江，颉敏华，等. 甘肃省中药材仓贮与加工现状及发展建议 [J]. 甘肃农业科技，2017，(06)：75-79.

[14] 王永生. 定西地区中药材生产现状及发展对策 [J]. 甘肃农业，2002，(09)：35-36.

[15] 魏玉琴. 做大做强中药材产业——定西地区中药材产业发展现状与对策 [J]. 甘肃农业，2003，(11)：53-54.

[16] 郎子龙. 岷县当归产业发展现状及对策 [J]. 乡村科技，2021，12 (14)：30-32.

[17] 孟万春. 大力宣传岷县 发展当归之乡 [J]. 对外大传播，2000，(02)：24-25.

[18] 包正科. 浅谈岷县当归产业现状及发展对策 [J]. 甘肃农业，2012，(07)：22-23.

[19] 路鹏南. 岷县当归的地理条件分析 [J]. 地理学与国土研究，1988，(04)：34-38.

[20] 许爱霞，李玲玲，毛正云. "陇西黄芪"地理标志和生产方式研究 [J]. 甘肃农业，2019，(03)：34-36.

[21] 陇西黄芪：黄芪第一 [J]. 甘肃农业，2021，(05)：122-123.

[22] 宋凤玲. 谈"陇南药库"的科技开展 [J]. 甘肃中医，1988，(02)：48-49.

[23] 辛辰. 甘肃中药材的分布特点与蕴藏量 [J]. 西部论丛，2005，(05)：41-43.

[24] 刘方舟，李园白，王静，等. 当归药材道地性系统评价与分析 [J]. 世界科学技术-中医药现代化，2018，20 (09)：1531-1539.

[25] 王富胜. 西部中药材主产区可持续发展途径探讨 [J]. 中药研究与信息，2005，(09)：37-38.

[26] 禹娟红，张尚智，高娜. 甘肃部分大宗道地中药材地方标准研制进展 [J]. 中兽医医药杂志，2020，39 (03)：43-47.

[27] 李治颖，黄俊，张雯，等. 甘肃省中医卫生资源配置效率分析——基于DEA-Malmquist指数的研究 [J]. 卫生软科学，2022，36 (03)：65-69.

[28] 何颖，裴文静．金融驱动甘肃中药材产业融合的发展模式分析［J］．农业开发与装备，2021，(12)：36-39.

[29] 李靖，罗中华，马爱萍，等．甘肃中药材现代物流政策体系的构建与完善［J］．物流科技，2015，38（05）：29-32.

[30] 赵芃．陇西县中药材产业链绩效评价与收益分配问题研究［D］．兰州；甘肃农业大学，2018.

[31] 李靖，杨敬宇．甘肃中药材物流模式优化问题研究［J］．中国药事，2013，27（10）：1050-1053.

[32] 张东伟，王建连．我国中药材市场与产业调查分析报告［J］．农产品市场-中国农村网，2022.

[33] 安宁，马小龙，张陆海，等．甘肃省中药材生产机械化调查分析［J］．农业机械，2022，(02)：69-71，4.

[34] 陈谷平．供给侧与需求侧改革视角下农产品产供销体系优化路径及对策［J］．当代农村财经，2021，(07)：25-29.

[35] 张世斌，李福祥．甘肃中医药产业发展研究——基于新结构经济学的视角［J］．中国经贸导刊（中），2020，(06)：27-30.

[36] 王倩，郭海霞．甘肃中药材人工种植面积居全国第一［J］．中医药管理杂志，2015，23（22）：77.

[37] 康天兰，刘学周．甘肃省中药材种子种苗产业现状及发展对策［J］．甘肃农业科技，2016，(04)：55-58.

[38] 王浩然．中药材产业链优化研究［D］．武汉；武汉轻工大学，2021.

[39] 王兰娣，杨志华，王建云，等．“甘肃方剂”救治新型冠状病毒肺炎患者临床疗效分析［J］．西部中医药，2021，34（12)：9-11.

[40] 王鑫，张志明，王功臣．“甘肃方剂”在新型冠状病毒肺炎防治中的应用策略分析［J］．中国实验方剂学杂志，2020，26（16）：21-25.

[41] 杨敬宇，王蓉娟，葛勇宏，等．甘肃省特色医疗改革下中医药人力资源存量分析［J］．中国中医药信息杂志，2017，24（03)：9-13.

致谢：

本文的撰写得到了兰州大学生命科学院博士研究生漆福建、刘欣和硕士研究生高星的大力帮助，特此致谢。

甘肃中医药产业发展的生态保护

柴裕红① 瞿子超② 段建玲③

一、问题的提出

中医药产业是甘肃当下重点发展的特色产业，也是甘肃省绿色发展崛起的十大支柱产业之一。作为一个市场广阔、潜力巨大的朝阳产业，其在过去的一段时间内的迅猛发展虽然一方面为甘肃的经济增长作出了突出贡献，但与之相伴的生态保护问题也愈发凸显。中医药产业根据其内容和形态可以大致划分为三个部分，即中医药生产繁育、中医药加工制造和中医药文旅康养，而其中任何一部分都具有潜在的造成生态环境损害的风险。中央生态环保督察组对甘肃整体生态环境状况下的总体判断是甘肃省生态环境总体脆弱、保护任务繁重，这一基本省情对于明确全省产业发展的生态红线，确保经济社会发展与生态环境保护之间和谐相处、良性互动具有重要价值。针对生态环境保护这一与广大人民群众利益切身相关的领域，习近平总书记曾指出："我们既要绿水青山，也要金山银山。宁要绿水青山，不要金山银山，而且绿水青山就是金山银山。"[1]因此，甘肃中医药产业在发展时必须时刻拉紧生态保护这根弦，不能以牺牲生态环境为代价。若只着眼于眼前的蝇头小利而忽视了子孙后代的长远发展利益，则可谓是舍本逐末，陷

①柴裕红，兰州大学法学院副教授，法学博士，甘肃省侨联特聘专家，甘肃省侨联"一带一路"法律研究与服务中心主任。

②瞿子超，兰州大学法学院硕士研究生。

③段建玲，甘肃前导圣迪文化发展有限公司执行董事，甘肃省侨联特聘专家。

入只关注数字增长的唯经济论的泥沼，最终将背离发展的目标和初心。

中央针对中医药产业的可持续发展问题早已对各省作出了要求。早在2015年，工业和信息化部、国家中医药管理局等部门就牵头编制了《中药材保护和发展规划（2015—2020年）》。起初参与编制的部门中并不包括生态环境部，但随着工作的不断深入，环境保护议题在文件中的地位不断凸显，因而后续增加了生态环境部参与编制。该规划提出要坚持以发展促保护、以保护谋发展，以期实现中药产业持续发展与生态环境保护相协调。[2]由于这一文件的核心着眼点为中药材的保护和发展，因此，主要内容放在了尝试调和中药材保护与发展之间的矛盾，即要求中医药产业中生产繁育环节的参与者避免为了短期利益而过度采集和利用野生资源，以免造成生物资源耗竭和自然环境破坏。珍贵中药材作为中医药产业的核心价值自然值得受到如此高规格的保护，而中药材自身即作为生态环境中的一个重要组成部分，可以说，保护中药材就是在保护生态环境。但正如上文所述，中医药产业并非仅局限于生产环节，即使在生产环节中对生态环境可能造成的破坏也不局限于滥采滥捕这一种情形，其他危害生态环境的现象同样应当得到重视。

目前我国尚没有一部专门保护与中医药产业相关的生态环境的法律。事实上，由于这一领域过于狭窄，单独为此制定法律法规也并不现实。直接调整相关领域法律关系的《中华人民共和国环境保护法》对于中医药产业这一具体问题没有单独作出细化的规定，《中华人民共和国中医药法》及相关配套法律法规则更侧重对中医药事业的健康发展进行规范，即使涉及保护的部分也是以药用野生动植物资源作为客体，对于其他生态保护问题也留有空白。因此，对于中医药产业发展的生态保护这一问题最终仍将由各省结合自身情况与实践经验单独制定适合本省实际的法律法规来解决。除采取法律法规途径以外，还有必要通过多种其他途径的结合以更好地实现生态保护这一宏大事业，例如政策与行政途径、市场与商业途径以及道德与宣教途径等。同时，运用多种手段将更有助于消除生态安全的系统性风险，加强对于脆弱生态环境的保护。具体到甘肃省大力发展中医药产业这一事业上，甘肃的生态环境基础在全国范围内都处于中下水平，如何能够在产业发展的同时解决好生态保护问题既是当下紧迫的现实问题，也是今后应当长远考虑的问题。遗憾的是，目前针对这一问题的相关研究并不充分，多个关键环节存在着缺失和不足，有必要进行全局性、系统性的研究与分析。本文将尝试通过分析中医药产业与生态环境的关系，整理归纳甘肃中医药产业带来的各类生态环境问题，并最终提出一些可行的改善措施。

二、中医药产业与生态环境的关系

（一）中医药产业与生态环境的整体关系

中医药产业与生态环境有着密不可分的关系。若不对市场化的中医药产业发展施加任何管控手段，则资本的逐利性以及无限扩张性与自然资源的有限性之间将产生激烈的冲突。短期来看资本一方可能看似有机会占得先机，但生态环境一旦遭到破坏，中医药产业发展所必需的各项资源都将受到影响。对作为资本一方的中医药产业内的企业而言，不断提高的原材料价格、逐渐降低的种植和生产效率以及可能劣化的品质都会反映到产品的成本和质量上，若无法再从中获取利润则该企业也将难以存续下去。此种做法对当地的生态环境和世代居住于此的人民群众来说影响将更为深远。财政收入的减少、就业岗位的丧失、生态环境的恶化等因素将逼迫当地的年轻人为了生计背井离乡，长此以往曾经繁荣的地区也终将成为“铁锈地带”，形成两败俱伤的局面。事实上，这种自由资本主义的弊端自从工业革命以来即不断地反复上演，短视地将自然视为无穷无尽的财富从而肆意掠夺并非一种人与自然之间关系的正确处理方式。

我国相比其他国家将生态环境看得更为重要。党的十八大以来，以习近平同志为核心的党中央以前所未有的力度抓生态文明建设，把其作为统筹推进“五位一体”总体布局和协调推进“四个全面”战略布局的重要内容，并提出了生态文明建设是关乎中华民族永续发展的根本大计的重要论断。[3]这一转变标志着我国经济由高速增长转变为高质量发展阶段，也反映了我国社会主要矛盾的转变。在这样的时代背景下，生态文明建设被提升到了与经济建设同等重要的水平上，过去长期实行的先污染后治理、边治理边污染的老路不能再走，人与自然和谐相处成为眼下最重要的主题。生态文明正是深刻反思工业文明的产物，力求把工业文明时代造成的人与自然的对立关系，调整为对立统一的关系，追求人与自然的相互依存、相互促进。[4]因此，中医药产业与生态环境的整体关系应从过去惯性、固化的零和博弈思维中解放出来，通过产业发展助力生态保护，再由生态环境反哺产业向更高层面发展，逐渐形成参与各方均能获益的正和博弈。中医药产业发展与生态保护两者应相互扶持、相互依托，形成产业命运共同体，成为新时代人与自然共生关系的范本。

（二）中医药产业不同部门与生态环境的个性关系

虽然中医药产业可以视为一个整体来进行讨论，但其内部也可以划分出不同的环节和部门。各个部分彼此之间及其与生态环境的关系并不完全相同，因而依各部分自身的性质和特点而具有不同的个性。一般来说，将中医药产业按照生产链的层级，即通过区分“第一产业”“第二产业”和“第三产业”的方式可以大致将其划分为中医药生产繁育、中医药加工制造以及中医药文旅康养这样三类。下面将分别讨论这三个不同的经济部门与生态环境的关系。

1.中医药生产繁育

中医药的生产繁育是中医药产业中最传统、同样也是最初级的部门，因其与自然界的直接相关性故而是最有可能对生态环境造成损害的部门。在这一环节中，容易对生态环境造成损害的主要原因包括以下两个。

其一为获取中药材这一行为本身极易导致中药材的危机。与现代医学可以直接通过生物和化学技术人工合成并批量生产药物不同，中医仍然需要直接获取药用动植物以制成药材。与大部分人所预想的不同，虽然人工种植的面积正逐步增大，并且人工种植和栽培中药材的供货量超过药材使用总量70%，但目前我国中药材人工栽培品种的比例并不高。据有关部门统计，目前我国常用中药材600多种，其中300多种已实现人工种养。[5]由此可见，虽然部分大量种植的热门中药材拉高了人工种植在整体供货量中的占比，但就数量而言，仍有超过半数的药材尚未实现人工种养。此外，民间流传着野生药材疗效更好的说法，[6]这导致了市场上对于野生中药材的需求远大于人工种植，对于野生的药用动植物来说，这都增大了滥采滥捕的风险。由于市场需求的不断增加与出口创汇的刺激，各地掀起了开发中医药用动物资源的狂潮，致使某些中医药用动物资源过度开发，某些种类出现了衰退甚至濒临灭绝的处境；有些中医药用动物资源的优良种质正面临消失与解体。药用动物如黑熊、马鹿、林麝等40个种类的资源显著减少。[7]由于许多野生药用动植物原本就是自然生态系统中不可缺少的一环，其种群构成了当地特色生物圈的一部分，若经营者不具备可持续发展的长远眼光和战略定力，盲目采用竭泽而渔的生产方式，则长期来看势必会导致当地生物多样性遭到破坏，并进一步造成物种灭绝、水土流失、土地荒漠化等严重后果。

其二为人工种养中药材的过程同样可能导致严重的生态环境问题。与农业类似，以中医药生产繁育为主要业务的经营者出于加快药材生长周期、减少虫害等原因往往会在种植过程中滥用化肥、农药、生产调节剂等化学品。而化肥被称为“土地鸦片”，极易引起土壤退化并最终导致土地撂荒和沙漠化，退化后的土壤净化土壤中重金属的能力也将降低，富集的重金属最终同样会导致土地难以种植中药材，并有可能进一步危害人体健康。

从上述两点原因可以看出，中医药生产繁育作为一个产业链底端的初级部门对于生态环境破坏的威胁是最大的，同时其也是经济附加值最低，最难以获取高额利润用以修复环境损害的。因此在这一部门内，中医药产业对于生态环境破坏的直接作用是单向且不可逆的，若不进行产业升级，积极引导低级部门向中高级部门跃迁，恐怕除了依靠当地政府的政策性支持外并没有解决生态环境问题的有效手段。只有当经营者亲自感受到良好生态环境对自身产业发展的促进作用，同时期依靠资本的原始积累具备一定的自我发展的“造血”能力时，才能实现经营者和生态保护的利益互通，为进一步深化双方利益绑定铺平道路。

2. 中医药加工制造

中医药加工制造与生产繁育部门相比，因其具有更高的现代化生产工艺和技术，从而对环境的影响相对而言更为隐蔽和间接。工业化生产所需的药材资源基本来源于上文所述的生产繁育环节，并不直接从自然界中重新获取，故在前置流程中不会产生新的生态损害风险，但在加工制造过程中及其后续环节内仍然存在造成生态损害的可能性，不能轻易忽视。

与传统加工制造业相比，中药产业是典型的绿色产业、生态产业、节约型产业，具备可再生资源、循环经济的特点。[8]但即使具有这些特征也并不意味着在加工制造过程中不会引发生态保护问题，只不过是产生的风险和造成的危害相对较小而已。在加工制造的过程中，对于水资源、能源资源、各类化学与生物资源的消耗是中医药产业损害生态环境的最直接途径。以能源资源为例，在加工环节往往需要将药材粉碎以作为制药的原料，故中药粉碎机作为一种高效便利的制药设备在实际生产中发挥着重要的作用。过去此类机器通常在高耗能的同时效率低下，对能源资源的消耗巨大，现在随着中医药产业及其上下游关联产业的协同发展，此类制药机器逐渐朝着智能化和环保化迭代，与过去相比已经有了长足的进步。[9]但生产设备作为一种固定资产无法短时间内全部更新换代，生产和制造工艺也存在先进与落后的区分，故今后很长一段时间内加工制造过程中仍将存在生态损害的风险。在加工制造完成后，生产过程中产生的废水、废气和废渣等生产废料也是生态安全的风险之一。在不对生产废料进行无害化处理的情况下直接排放进自然中将对生态环境造成无可估量的损害。为此，国家有关部门已经预防性地出台了专门针对中医药产业的污染物排放国家标准，从源头上遏制此类破坏生态环境的行为，[10]但只有政府部门长期坚持环境违法巡查，加强违法违规行为整治才能使经营者遵守国家标准成为常态。

总体来说，中医药加工制造部门对于生态环境的损害仍然具有紧迫性和现实可能性，需要时刻保持密切关注。但与生产繁育部门相比，加工制造部门的进步性在于其已经有能力和愿望通过设备革新、技术进步等途径提高自身的环保能力，这是由于破坏生态环境的很大一部分原因同样也是制约提升生产效率，导致生产过程中产生损耗的原因。两者的统一使经营者即使原本并无保护生态环境的想法，但其为优化生产效率和资源配给的行为客观上也有助于生态环境保护这一目标的实现。

3.中医药文旅康养

中医药文旅康养是中医药产业发展的最高水平，同样也是对环境最为友好的一个部门。该部门建立在生产繁育和加工制造形成产业化和规模化的基础上，通过发挥集聚优势也促进产业的转型升级。传统上对于中医药文旅康养可以依据是否具有中医药产业发展基础进行区分，若当地原本与中医药相关的第一产业、第二产业就十分发达，在此基础上建立以中医药为主题的文化旅游特色产业具有更强的专业基础和现实条件，否则若仅仅是将中医药概念作为噱头，则没有支撑的文旅康养将成为无根之木、无源之水，注定只能如空中楼阁一样无法长久。

中医药文旅康养完全依托自然环境而存在。在该领域的商业逻辑内，消费者或是追求内心的愉悦，或是为了躲避城市的嘈杂，想要体验的是优美的生态环境带给人的放松和惬意。当然，这里也并不是说文旅康养不会对生态环境造成任何损害，事实上这也是不可能实现的。经营者的掠夺式开发和旅客的不文明行为同样会造成一定的生态环境问题，但不管怎么说，此种风险并非结构性的，由行政机构对此施加严格的监管是可以在最大程度上进行规避的。

因此，对于这一部门来说，良好的生态环境是相比中医药这一概念更为重要和具有价值的资源。此时中医药产业与生态环境的关系成了反向促进，即只有优先确保妥善解决所有生态环境问题才能在此基础上实现产业发展，同时文旅产业的高附加值和高额利润亦能用来填补前两个部门对生态环境造成的损害，实现构成中医药产业组成部分的三个部门内部作为生态环境保护共同体的利益统一。也只有此时，人与生态的关系经过漫长的发展和演进才能达到和谐。

三、甘肃中医药产业带来的生态环境问题

上文围绕中医药产业整体及其不同部门与生态环境的共性和个性关系进行了讨论。甘肃省作为我国中医药传统资源丰富、产业发展迅速的中医药大省，覆盖了几乎所有与中医药相关的产业部门，这也提升了甘肃在处理中医药产业带来的生态环境问题时的复杂性。要想能够有针对性地提出解决方案首先必须明确问题之所在，下面将从几个主要方面展开，结合甘肃经济社会发展实际状况，对甘肃中医药产业带来的生态环境问题提出一些可能的方向。

（一）环境污染风险

环境污染风险是甘肃面临的直接挑战。当前，甘肃省大部分中药的种植生产环节仍采用传统手段，缺乏标准化和现代化的绿色种植技术，致使农药残留超标情况时有发生。[11]在种植过程中过量使用包括化肥、农药、生产调节剂等化学制剂不仅会造成生产出来的中药制品质量不达标，更会使得有害物质进入当地生态循环，进而危害当地的生态系统。甘肃省人大常委会于2021年3月31日通过并于2021年7月1日开始执行的《甘肃省中医药条例》在第21条对中医药种植过程中的禁用农药作出了规定，其要求中药材种植养殖过程中禁止使用剧毒、高毒、高残留农药（含除草剂、生长调节剂等），不得超范围、超剂量使用农药、化肥等农业投入品。然而，该份文件虽然针对的是中药材种植环节，但由于这一具体条文的实施主体为省人民政府农业农村主管部门即甘肃省农业农村厅，并非甘肃省生态环境厅，考虑到现实中农业农村厅对于检测环境指标、查处环境违法等工作内容并非本职业务，故该条文的实际作用更多地可能会被执行为对从种植环节转向流通环节的中药材进行相应检测。种植业者为了规避此类地方性法规的限制可能会采取非法手段试图隐瞒，例如，有一些技术可以实现虽然使用了相应的违规化学制品，但却能顺利地通过质检部门的检测。处理这一问题时应采用更为周密和系统的防范方法，仅针对生产成品进行检测可能无法起到预期的效果。

甘肃过去的做法为积极推进中药材流通追溯体系建设，通过将责任期拉长，即使当时通过了检测，只要事后发现存在问题仍然可以通过一查到底的方式增大违法成本，迫使经营者不敢实施违法行为。但此种做法更多是在心理层面形成威慑，由于难以确定究竟是否存在环境污染情况从而在检测时势必会因为没有具体的范围和方向导致效率低下和成本高昂。借鉴其他省份的经验同样能够为甘肃处

理这一问题提供思路，广东省药品监管局即通过开展中药材/中药饮片中多种禁用农药污染残留情况研究的方式提高监管的靶向性，解决中药监管“聚焦难”“广撒网”等老大难问题。[12]开展此类研究能够明确实践中较为广泛使用的生物化学试剂的品种、性质、危害等内容，从而有的放矢地为针对性解决方法提供可能。环保部门应根据研究得出的结论实施重点检测和巡查，确保企业对于遭受重金属污染的土壤等进行隔离和恢复，对于各类生产废料进行无害化处理，避免其直接接触外部环境造成环境污染。

（二）资源消耗风险

甘肃中医药产业发展的资源消耗风险指的是当前中医药行业内的企业对于甘肃本省的水资源、土地资源、生物资源和能源资源等珍贵自然资源存在不合理使用的现实处境。甘肃地处祖国西北边陲，生态环境恶劣与自然资源匮乏是其最为明显的特征，而各种资源的缺乏中尤以缺水最为严重，干旱是甘肃的基本省情。全省70%的耕地是山旱地，干旱少雨、水资源极度匮乏是甘肃的基本特征。[13]由于缺水，全省大量土地被迫陷入荒漠化和沙化，使得可供使用的耕地和土地极其有限。同时又因为缺水，难以通过兴建水力发电设施等获取绿色清洁能源，只能以化石燃料作为主要能源供应原料，无形中又生成了过量的温室气体进一步使环境恶化。深刻认识这一基本省情对于甘肃中医药产业发展的未来规划是极具战略意义的，如若不加规划地肆意消耗各种资源，将严重透支甘肃生态系统的自我恢复能力，造成既有资源的加速流失。水资源一旦低于警戒水平，则将迅速带动土地资源的同步流失，现有的生物循环也将受到影响，造成生物资源的减退。可以预见，这些自然资源相互之间一环扣一环，牵一发而动全身，稍有不慎都将造成不可估量的损失，处理时必须慎之又慎。

对于这一风险，有两种可以采纳的应对之策。第一种方法为主动适应环境，通过调整种植结构针对性地选择耐旱的中药材品种进行种植。但此种方法的缺点在于限制了产业发展的未来前景，将种植规模仅仅局限在某些特定品种上注定只能是一个无奈的选择。第二种方法为发挥主观能动性，通过开展科学研究提升科技水平，从而克服自然资源不足这一困难。以在水资源不足的地域开展中药材种植为例，现代科技的进步已经使得过去这一几乎不可逾越的难题逐渐成为可能。早先人们采用的方案是提高灌溉效率，通过采用滴灌、喷灌等形式节约灌溉中水资源的利用，进入信息时代后又有学者研发出了利用水分传感器自动识别、检测缺水状态并精准浇灌的技术，时至今日，中医药无土栽培技术也已越来越走向成熟。可以说，科技的进步使人类能够更好地处理自然资源过度消耗的问题，这也从一个侧面印证了邓小平同志所提出的“科技是第一生产力”这一论断。

（三）生物多样性损害风险

甘肃是我国生物多样性最丰富的省份之一，但大部分集中分布于陇南山地、甘南高原以及祁连山区等地，中医药产业相对发达和成熟的定西、张掖等地则并没有优势。甘肃中医药产业发展中所面临的生物多样性损害风险包含两类，即作为中药材的药用动植物受到损害的直接风险与因处于生物链上的药用动植物受到损害而导致的下游动植物受到损害的间接风险。我国于1983年起进行的第三次全国中药资源普查发现的中药材资源多达12 807种，其中包括11 146种药用植物，1 581种药用动物和80种药用矿物。于2011年开始的第四次全国中药资源普查也已结束，根据已公布的阶段性成果还有不少新发现的物种。据不完全统计，在我国处于濒危状态的近3 000种植物中，用于中药或具有药用价值的约占60%～70%。[14]在如此数量众多的药材中，我国已实现规模化人工种植的药用植物也仅有300余种，[15]人工种植养殖的药用动植物数量更少，人工种植养殖以外的剩余品种全部需要从自然界中直接获取，若采集或捕获的数量超过了野生药用动植物种群原本更新的速度则将使其难以自我恢复，并进一步导致种群数量减少乃至于陷入濒危状态。另外，还有部分中药材需要从濒危野生动物身上取得，此时便陷入了中医药药材、药方的发扬传承及产业发展与濒危野生动物保护之间的矛盾。在这一特定矛盾中，保护濒危野生动物的生存权利、维护生态环境的和谐稳定与生物多样性应被置于更高的价值位阶上。同时，科技的进步为这一问题的解决也照亮了前进的道路。人工麝香、人工熊胆粉等人工合成中药材的研制成功与临床应用实现了人类对中药材的需要与药用野生动物之间的和谐，未来还应继续通过科技创新等途径建立更多中药材的替代获取途径，从而减少直接干预野外自然环境对生态环境产生的生物多样性风险。

我国为最早签署联合国《生物多样性公约》的国家之一，缔约方大会第十五次会议也于2021年10月11—15日在我国云南昆明成功举办，这都体现出我国政府对于丰富生物多样性、维护国家生态安全、实现可持续发展的重大决心。在中医药领域，国务院先后多次出台文件规范珍贵野生动物资源的利用，通过将犀牛角、熊胆、穿山甲等中药材从药典中去除的方式减少此类药材在市场上流通的可能性，[16]为生物多样性的维持和加强作出了贡献。中共中央、国务院发布的《关于促进中医药传承创新发展的意见》以及国家药品监督管理局《关于促进中药传承创新发展的实施意见》等文件均提到今后将加强珍稀濒危野生药用动植物保护，严格限定使用濒危野生动、植物药材，保障中药材来源稳定和资源可持续利用。这些举措都能有效地预防并减轻生物多样性受损的风险，甘肃同样应深刻学习领会中央相关文件的精神，细致规划、严格落实有关规定，以实际行动践行生物多样性保护。

（四）系统性生态安全风险

甘肃除上述三项各省均面临的共性风险外，还面临着特殊的系统性生态安全风险，这一点也与甘肃的自然资源和生态环境现状密不可分。甘肃是全国重要的生态安全屏障和遏制风沙危害的战略前沿阵地，一旦甘肃生态安全出现漏洞将会给全国生态安全产生重大风险。甘肃当前面临的首要风险即在于土地荒漠化和沙化，一旦无法有效治理和防控，未来不适宜人类居住的地区范围将进一步扩张，严重影响全省乃至全国生态安全。国家林业和草原局办公室印发《林草中药材产业发展指南》（简称“指南”），根据该份指南的划分，甘肃河西走廊和河北坝上地区为三北防风固沙区林草中药材生产区，甘肃中东部为黄土高原水土保持区林草中药材生产区，甘肃西南部为青藏高原林草中药材生产区。这一划分科学地将甘肃各地的中医药产业形态按照自然条件的显著不同分为三个板块，其中前两个板块占了甘肃总体中医药产业的绝大部分，而这两者分别为防风固沙区和水土保持区，均为存在严重生态安全风险的地区，故而必须重点防控可能产生的各类生态问题。指南同时对各类特殊生产区适合生态种植的种类、适合野生抚育的种类，以及适合仿野生栽培药材和生产模式进行了明确，这些对于当地企业从事生产经营具有指导意义。

此外，甘肃长期以来坚持推进国家生态安全屏障综合试验区建设，在该建设的远景目标中明确指出要建立生态保护建设和补偿机制，今后很长一段时间内这一工程将继续推进。甘肃中医药产业与甘肃的生态安全休戚与共，离开了甘肃的土地，“陇药”这一品牌也将名不副实。因此，为了留住未来发展的机会，守好生态安全的前沿阵地，甘肃中医药产业也必须树立生态安全风险防范意识，事先做好预防工作，主动避免选择对生态环境负担重的生产方式，为美丽甘肃留下更多的绿水青山。

四、甘肃应对中医药产业所致生态环境问题的措施

针对以上所提到的四项现实问题，甘肃各级人民代表大会及其常委会、各级人民政府及其部门、高校与科研机构、企事业单位和社会团体等乃至于广大人民群众都有义务也有责任在各自的能力和职责范围内为解决可能出现的生态环境问题贡献力量。下面将按行为主体的不同分为四类，并依次讨论不同主体对此应采取的措施。

（一）法律法规途径

现已正式施行的《甘肃省中医药条例》第24条规定了省人民政府应当推动中医药产业高质量发展，坚持中医药产业发展与生态保护相协调。该条文为甘肃对于中医药产业开展生态环境保护治理提供了直接法律依据，但在一定程度上也存在概念宽泛、规定抽象的问题，在实践中可能难以获得有效执行。具体来说，该条文仅使用了生态保护一词用以代指包括产业链上下游在内的全部环节中的生态环境保护问题，并未区分上文已经讨论过的中医药产业不同部门对生态环境的个性化问题，而根据前文的论述，对其作出区分又是必要且有益的。现行立法的规定存在不够精确、模糊了保护重点的问题，未来修订时可以考虑进行补充或完善。部分省份已经意识到了这一点，例如在《贵州省中医药条例》中就存在对道地中药材进行品种选育和产地生态保护，以及鼓励发展中药材规范化、生态化种植养殖这样将产地的外部性生态保护与生产过程中的内部性生态问题进行拆分的表述。在《青海省中医药条例》中，这样的表述更为清晰明确，其第20条的内容为坚持中药产业持续发展与耕地保护、生态环境保护相协调，推动中药材规范化、标准化、生态化种植养殖，提高中药材资源综合利用水平。该条文直接将生态环境保护与耕地保护并列，意在指出中医药产业对外部具有损害生产地环境的污染风险，同时明确提及提高资源综合利用水平，旨在说明中医药产业在内部具有资源消耗风险。如此表述涵盖了中医药产业可能导致的各项生态环境问题，由外及内、由表及里，反映出较高的立法水平，一定程度上值得甘肃学习借鉴。今后修改或新制定相应的地方性法规时，建议参考文中所述的分类标准和逻辑内涵，更为全面和细致地对甘肃中医药产业发展过程中所遇到的生态保护问题进行规范，以便行政机关在执行时能够做到有法可依。

此外，除在中医药领域内进行立法外，还可以单独制定环境保护领域内的其

他法律法规。例如，《甘肃省“十四五”生态环境保护规划》（以下简称“规划”）作为“十四五”时期甘肃处理生态环境保护问题的行动指南，对与中医药产业相关的土壤生态环境保护、地下水生态环境保护、农业农村环境治理以及废物污染防治等都作出了工作安排。规划中虽然多次提到筑牢国家西部生态安全屏障，但具体实现方案仍不是很明确。为此，可以借鉴国内其他地区的先进经验，例如江苏率先实施的生态空间管控区域制度与生态安全缓冲区项目，首先确立有必要进行生态空间管控的重点区域，再通过对风险区域的水资源、土地资源、生物资源等开展保护性、恢复性生态治理，建立起能够抵御、缓解和降低生态影响的过渡地带，为整体生态安全建立健全保护网。对此甘肃省人大及其常委会可以考虑对环境保护领域进行单独立法，进而从根本上为包括中医药产业在内的省内各类产业制定一项合理、明晰、可供执行的生态环境保护行为规范。

（二）政策与行政途径

在政府框架内，甘肃各级行政机关应采取一系列强有力的措施以应对生态环境问题。具体内容包括事前预防保护、全程监测追踪、事后追责修复，并辅以对科研创新和科技进步的鼓励和支持。

尽早编制甘肃野生濒危药用动植物物种名册是进行事前预防保护的必要途径之一。过去一段时间甘肃曾组织开展过《甘肃省野生濒危药用植物物种红皮书》《甘肃省野生濒危药用动物物种红皮书》等文件的编制工作，但是与第四次全国中药资源普查一样仍处于进行过程中。随着普查结束，重新考虑对野生濒危药用动植物物种在经过细致的排查筛选后进行重点保护，并对其生存和繁衍的情况进行检测和预警应提上日程。目前采用的红皮书形式对于未来开展具体保护工作可能有所不利，红皮书似更通常用于指代研究报告，更强调其宣示性和庄严性，对于行政机关所应采取的具体实践可能无暇顾及。故而甘肃省政府应在《甘肃省野生濒危药用动植物物种红皮书》的基础上单独编制《甘肃省濒危中药资源保护名录》或类似文件，并完善其执行和监督机制。

对于具体生态问题的预防和处置，加强监管永远是避免风险发生的最有效的途径，对此省生态环境厅应当是核心主体和第一责任人。甘肃中医药产业领域内的企业是否严格执行现有环保标准，是否滥伐滥捕限制开发的保护性林区和草场，是否偷排工业废水、废气、废物，是否破坏当地生物多样性、改变当地基本生态特征、引发系统性生态安全风险等内容都是省环境保护部门日常巡查和监管的重点对象。为了激发企业保护生态环境的积极性，各级政府可以向为生态环境保护作出突出贡献的中医药企业提供精神和物质奖励，减免其部分税收，为更多企业积极践行绿色生产提供示范和引导。在生态损害发生后，省生态保护部门应第一时间查明原因，统计损失，采取一切可能的方法将损失降到最低，并计划安排恢复性生态养护，尽早使生态环境达到损害发生前的水平。对于造成损害的企业及责任人，行政机关应严肃处理，依法追究其民事责任、行政责任，涉及犯罪的有必要将其移送司法机关处理。

另外，政府部门还应与省内的高校、科研院所等进行合作，为绿色化产业发展提供必要的科技支撑。例如，可以与甘肃中医药大学等协作开展野生药材保护与繁育，与兰州理工大学等对于设计并制造具有更高生产效率的制药机器等展开研究，对于全省整体生态安全问题可以委托兰州大学西部地区生态安全建设协同创新中心进行长期跟踪监测。各级政府可以通过发布科研项目、招标项目的形式为科研机构从事中医药产业相关问题的研究提供资金支持，为形成良好的产学研互动和促进产业发展新格局提供动力。

（三）市场与商业途径

在社会层面上，民间性企事业单位和各类非政府组织同样可以发挥各自的行业优势和独特作用。在生产环节，银行业可以通过货币政策工具引导资金加大对于绿色产业的投资，并在审核贷款请求时着重考察申请人的环境资质和过往记录，对于存在生态损害风险的申请人实行一票否决制度，避免资金流向高污染、低产出的落后产能。[17]在市场流通环节，医院协会、连锁药店协会等处于终端零售环节的社会团体可以联合对造成生态环境损害的企业出品的中医药产品实行拒绝上架制度，堵住此类产品的销售渠道，避免消费者直接接触。有道是“没有买卖，就没有伤害”，这一观点在中医药领域同样适用，对于一些从国家保护动物获取的中医药材，例如，含有天然麝香、熊胆等的产品，即使符合现行国家法律法规的相关规定，销售者也可以基于自身道德规范和生态保护理念选择不予销售，此种为了生态环境保护宁可牺牲自身潜在利润的行为值得鼓励。若各类掌握销售渠道的行业组织均建立起对于损害生态环境企业产品的市场禁入制度，在丧失预期市场的前提下，此类企业也只能转变发展理念和发展方式，接受行业内通行的环境保护标准。这一过程并非依靠国家强制力实现，而完全交由社会团体自治性处理，充分发挥出了市场在资源配置中起到的决定性作用及其在市场经济中的核心地位。

除上述两个行业外，其他商业机构、社会组织也能发挥不可替代的作用。例如，中国生物多样性保护与绿色发展基金会等公益组织近年来就积极宣传传统医药与野生动物保护的双赢之策，[18]对中医药领域生态保护的重要性，以及可能造成的损害后果都进行了充分的宣传。此类宣扬能够唤起社会大众对于野生动物入药的反感和对生态遭受损害的疑虑，从而降低企业生产、销售利用濒危野生动物制成中药材所能获得的商业利润，迫使企业因不看好市场前景主动变更经营项目。

（四）道德与宣教途径

最后，在力所能及的范围内每一位公民都应作好义务宣传员，积极营造全民保护生态环境的氛围。宣传教化作为一种道德途径并不能产生法律那样立竿见影的效果，但其优势在于能够在潜移默化的过程中逐步改变社会整体的道德风尚和精神境界。将时间倒退回过去，生态环境保护在我国尚且是一个全新的名词，但时至今日环保理念已经渗透进了各行各业、千家万户。满足消费者的需求作为产业发展的终极目标能够指引企业制定未来合理的经营目标，也能为产业向正确方向发展开辟道路。

作为普通人，首先应当做到自行领会并宣传生态环境保护的重要价值，在生活中践行绿色生活方式，投身环保公益行动。其次，对于部分传统中医药中流传下来的错误或已被证实为不可靠的认识也应尽力去改变。例如，从现代医学眼光来看，穿山甲的鳞片只是角质化的皮肤附属物而已，它的成分和人类的指甲毛发没有本质区别，并且也没有直接证据可以证明穿山甲具有药用价值，[19]但是，一直以来对于穿山甲药用价值的过度夸大使得对其的捕杀已经将这一物种的延续逼入了绝境。穿山甲现已成为国家一级保护动物，但此时此刻还有许多其他濒危动植物仍然面临灭绝的风险，在宣传领域的努力还需加强。最后，还应通过舆论手段倒逼中医药企业增强社会责任感。环保是企业社会责任中的重要一项，绝不能容许中医药产业内的企业采用“利润拿走，污染留下”的经营策略，社会各界必须以最坚决的态度对待破坏生态环境的中医药企业，自发地通过抵制、宣教等方式提高行业整体的道德底线水平，使相关企业从不敢造成生态环境污染转变为不愿造成生态环境污染。如前所述，这一转变的内在逻辑需要经营者与生态环境形成命运共同体，甘肃陇东南地区早在2014年即经过国家旅游局、国家中医药管理局同意，开始布局并规划国家中医药养生保健旅游创新区，这一规划将中医药产业、文化产业、旅游业紧密结合，并为在经济不发达地区实现共同富裕提供了条件。如果可能的话，参与类似的中医药文旅康养活动，既能支持甘肃中医药产业发展，又能让经营者感受到生态保护的正向反馈从而对其愈发重视，可以说是一举多得。

结 语

产业发展与环境保护之间的矛盾由来已久，不同时代的人们都给出过不同的解答。社会主义生态文明是继工业文明之后的一个崭新的文明形态，我国在向“第二个百年奋斗目标”迈进时必须处理好生态文明建设问题以不负广大人民群众的期望。幸运的是，甘肃中医药产业发展面临的生态保护问题虽然艰巨、紧迫，但也并非没有解决之道。相反，与其他很多产业相比，解决的方案反而与产业发展本身同向同行，更易实现。相信在甘肃省委、省政府的关心和支持下，甘肃定能走出一条具有甘肃特色的中医药产业发展与生态保护的和谐互进之路。或许，这也是甘肃作为中医药学重要发源地的自信吧。

参考文献

［1］人民网．习近平擘画“绿水青山就是金山银山”：划定生态红线 推动绿色发展［EB/OL］．（2017-06-05）［2022-04-20］．http://cpc. people. com. cn/n1/2017/0605/c164113-29316687.html.

［2］国家中医药管理局．工业和信息化部和国家中医药管理局解读《中药材保护和发展规划（2015—2020年）》［EB/OL］．（2015-04-27）［2022-04-20］．http://bgs.satcm.gov.cn/gongzuodongtai/2018-03-25/5163.html.

［3］黄守宏．生态文明建设是关乎中华民族永续发展的根本大计（深入学习贯彻党的十九届六中全会精神）［N］．人民日报，2021-12-14（09）．

［4］李东阳．生态文明视域下的河南中药产业发展路径探索［J］．中医药管理杂志，2015，23（17）：163-165.

［5］农业农村部．农业农村部 国家药品监督管理局 国家中医药管理局关于印发《全国道地药材生产基地建设规划（2018—2025年）》的通知［EB/OL］．（2018-12-18）［2022-04-25］．http://www. moa. gov. cn/govpublic/ZZYGLS/201812/t20181219_6165190.htm.

[6] 中央政府网.专家解读我国首个中药材保护和发展国家级规划[EB/OL].(2015-04-28)[2022-04-25].http://www.gov.cn/zhengce/2015-04/28/content_2854389.htm.

[7] 周帅.中医药用动物资源物种灭绝生态风险的防范与法制完善——以黑熊活体取胆为例[C]//.生态安全与环境风险防范法治建设——2011年全国环境资源法学研讨会(年会)论文集(第二册)[M].武汉:中国法学会环境资源法学研究会,2011:454-458.

[8] 国家中医药管理局.《中医药发展战略规划纲要(2016—2030年)》问答1-10[EB/OL].(2017-06-01)[2022-04-26].http://fjs.satcm.gov.cn/zhengcewenjian/2018-03-24/2472.html.

[9] 中金普华产业研究院.中医药行业的兴起,带动中药粉碎机发展,智能和环保是趋势[EB/OL].(2018-11-13)[2022-04-26].http://www.chinazjph.com/dongcha/2815.html.

[10] 生态环境部.HJ1064-2019 排污许可证申请与核发技术规范制药工业——中成药生产[S/OL].北京:中国环境出版集团,(2019-12-10)[2022-04-26].https://www.mee.gov.cn/ywgz/fgbz/bz/bzwb/jcffbz/201912/W020200103324067434701.pdf.

[11] 朱仁愿,丁辉,杨志敏,等.当归、党参、黄芪和甘草中农药多组分残留检测技术的研究进展[J].中国现代应用药学,2021,38(03):371-376.

[12] 广东省药品监督管理局.省药品监管局开展中药材/中药饮片中33种禁用农药污染残留情况研究[EB/OL].(2022-04-25)[2022-04-26].http://mpa.gd.gov.cn/xwdt/sjdt/content/post_3918511.html.

[13] 吴晓燕,鲁明.甘肃:在干旱大地上书写农业传奇[N].农民日报,2019-08-12(01).

[14] 步雪琳,滕玥.中药,开发性保护带来双赢[J].环境经济,2021,308(20):40-43.

[15] 王君平.种植中药材品质咋保证[N].人民日报,2019-06-28(19).

[16] 世界动物保护协会.野生动物友好型医药[EB/OL].(2020-06-30)[2022-04-26].https://www.worldanimalprotection.org.cn/wildlife-friendly-medicine.

[17] 中国金融学会绿色金融专业委员会.甘肃省加强绿色金融能力建设 助力筑牢经济绿色发展底色[EB/OL].(2022-01-17)[2022-04-28].http://

www.greenfinance.org.cn/displaynews.php?id=3619.

［18］中国绿发会.传统医药与野生动物保护如何实现双赢?［EB/OL］.（2021-12-02）［2022-04-28］. https://news. cop15-china. com. cn/api-content/cms/channelsocialorgzh/4017.

［19］林风.喜讯：穿山甲被药典除名后，保护再升级［EB/OL］.（2020-06-11）［2022-04-28］. https://www. kepuchina. cn/tech/biology/202006/t20200611_1623360.shtml.

甘肃中医药产业发展的瓶颈

张伟杰① 李晓霞②

中医药学是中华民族的伟大创造，是中国古代科学的瑰宝，也是打开中华文明宝库的钥匙，为中华民族繁衍生息作出了巨大贡献，对世界文明进步产生了积极影响。习近平总书记强调，要遵循中医药发展规律，传承精华，守正创新，加快推进中医药现代化、产业化，推动中医药事业和产业高质量发展。中医药界必须学深悟透习近平总书记的重要论述，牢牢把握中医药产业化发展机遇，促进中医药传承创新发展。[1]

甘肃是全国中药材主产区之一，素有“千年药乡”“天然药库”之称，具有种植历史悠久、品种资源丰富、种植面积大等优势。独特的地理位置和气候条件使甘肃出产的药材品质优良，其中当归、黄芪、党参、大黄等常用药材全国驰名。近十几年来，甘肃中医药产业得到了长足发展，中药材种植面积不断扩大，已经形成了十大陇药品牌；中药加工企业不断壮大，专业市场、储藏流通、网络信息平台建设不断完善；中药材产业链不断延伸，对甘肃省农民增收、农村发展和农业经济的支撑力不断增强。[2]“十三五”期间，全省中医药全产业链产业规模达到525亿元，其中：中药材种植面积470万亩，标准化种植面积达200万亩，产量132万吨，产值157亿元；规模以上中医药（含相关产业）工业企业87户，完成营业收入118亿元；建成道地药材品种优势种植基地13个、产业园区4个、专业交易市场5个、健康旅游示范基地7个；中药材静态仓储能力100万吨，年

①张伟杰，兰州理工大学教授，药学博士，甘肃省侨联特聘专家。

②李晓霞，甘肃省侨联宣传维权处二级调研员。

交易量约150万吨，交易额250亿元。[3]

甘肃在政府层面极其重视中医药的发展。2021年初，甘肃省卫生健康委印发《2021年甘肃省中医药工作要点》（简称《要点》），提出11项重点工作任务，明确进一步健全中医药服务体系，提升中医药服务能力，充分发挥中医药在健康甘肃建设中的特色和优势，全力推动中医药事业和产业高质量发展。《要点》明确，发挥中医药在维护和促进人民健康中的独特作用，实施中医治未病健康工程、中西医协作攻关工程、中医药康复服务能力提升工程和中医优势专科建设工程，遴选建设省级中医康复中心、中医治未病中心、区域中医（专科）医疗中心和中医特色优势专科。强化中医应急队伍和能力建设，充分发挥中医药在新发突发传染病和公共卫生事件应急处置中的特色优势作用，加强中医医院传染病防控和急诊急救能力建设，提升突发公共事件应对水平，遴选10家中医医院开展中医应急救治能力建设项目。提升中医医院服务能力，大力促进基层中医药工作及中医药适宜技术推广，继续建设200个中医馆，乡镇卫生院推广使用不少于9项、村卫生室不少于6项中医药适宜技术。加大中医药人才培养，启动第五批甘肃省名中医评选工作，组织实施第四批五级中医药师承工作。推进中医药科研工作，开展中医药古籍保护和传统知识收集整理；继续推动中医临床研究基地建设，开展基于中医临床研究基地优势病种的中医临床疗效评价；开展优质道地药材产业关键技术研究、药食同源基础研究及大健康产品开发。同时明确，协调推进中医药产业发展，继续办好中国（甘肃）中医药产业博览会，实施道地药材生态种植及质量保障项目、中医药文化传播行动项目。开展公民中医药健康文化素养水平监测，支持中医药海外发展，提升海外岐黄中医中心（学院）服务水平。《要点》强调，要抓好中医药系统行业作风建设，加强中医医疗机构监管，落实中医医疗机构自我管理主体责任，持续推进公立中医医院绩效考核。推进中医药法治建设，加大宣传，贯彻落实《中华人民共和国中医药法》，配合省人大制定出台《甘肃省中医药条例》。制定出台《甘肃省中医药发展“十四五”规划》并组织实施，确保“十四五”全省中医药工作开好局、起好步，持续推进中医药事业和产业健康快速发展。[4]

中医药产业在甘肃发展历史悠久，内涵广泛，涵盖了农业、工业、卫生健康，甚至文化等多个领域，有其特殊性。但是，经过多年的发展，甘肃省依然没有摆脱“资源大省，产业小省”的困境。因此，剖析甘肃中医药发展特点，了解其发展中遇到的瓶颈，对推动中医药产业高质量发展，加快建设幸福美好新甘肃、不断开创富民兴陇新局面都具有重要的现实意义。主要瓶颈概括起来有如下几个方面。

一、中药种植与深加工产业链条有待优化

（一）中药种植业标准化、规范化程度不高

目前，甘肃省中药材种植的标准化、规范化程度还不够高，大部分中药材产区仍然以农户分散种植为主，生产方式较为落后。药农种植加工过程粗放，滥用化肥、农药和植物生长激素现象频发，有害残留物超标、土壤结构破坏、微生物和化学污染问题突出；药材储藏设施简陋，除小部分规模较大的中药材企业在中药材产地设有收购站等机构外，大部分贫困地区的药农将收获的药材码放在自家房内或房外屋檐下，为了防虫，使用硫黄熏蒸中药材，导致二氧化硫超标，造成药材二次污染。[5]中药材生产要经过多个环节，要保证中药材质量，就要完善中药材种子种苗生产标准，种植过程的施肥、施药技术标准或者是技术规程，以及加工贮藏技术标准等。而中药材生产标准体系建设是保证中药材质量的前提，应建立完善的中药材生产标准技术体系，对中药材实行从种植到加工的全过程标准化，以保证中药材质量，提高中药材及其产品的市场竞争力。全省能够实现规范化生产（GAP）的种植基地数量少、规模小，规模化种植程度低，药材品质无法得到保证，质量管理难以落地，使进入市场的尤其是进入国际市场的中药材，隐患突出。

2017年，甘肃省共有314家中药饮片加工企业，但生产出口中药材饮片的仅9家，占饮片加工企业的2.87%，主要原因在于大多数药材难以达到国际市场标准。药材的质量与要求难以匹配海外市场，成为制约省内药企外向化发展的关键因素。受相关国家技术性贸易措施的影响，仅2017年，我国出口中药材类产品被扣留或召回就达41批次，主要原因包括农药残留、重金属、生物毒素、添加剂超标、生产企业和产品未获国外注册、品质项目检测不合格等。甘肃省出口中药材被国外扣留或召回的原因主要是农药残留、二氧化硫超标和黄曲霉毒素污染。[6]

中药产品规范化程度不足，药材输入国对进口中药药材产品的监管越来越严，成为甘肃中药材出口的主要障碍。经过几年的发展，到“十三五”末，我省中药材种植面积470万亩，标准化种植只达到了200万亩，还不到总种植面积的

一半，可见我省在中药材种植规范化上还有很长的路要走。2020年版《中国药典》对中药材质量提出了更高的要求，新修订的《中华人民共和国药品管理法》对于假冒伪劣药材有了更为严厉的处罚措施，中药质量提升将成为行业共识。作为中药质量的源头，中药材的种植越来越受到重视，通过基地规范化管理来提升整体能力，通过规范化的种植流程来提供符合国际市场需要的中药原料，将成为甘肃中药材种植业发展的方向。[7]

（二）中药工业水平落后

改革开放的实践表明，发展工业是发展国民经济、改善人民生活水平的必由之路。虽然中药产业兼具农业、工业、文化、健康等特点，但是我们也应该看到，中药产业不仅仅是农业，而且还是工业，并且主要是工业，只有实现中药工业化的高度发展，才能进一步带动和规范中药种植业的发展。

1. 中药材精深加工力量薄弱

甘肃省有中药材加工企业200多家，规模以上中医药（含相关产业）工业企业87家，中药材浸膏提取企业5家，年销售收入过亿的仅有10家，上市公司只有奇正藏药、兰州佛慈、独一味、陇神戎发、扶正药业（兰药集团）5家，而大部分企业以切片等初加工为主。2020年，全省中药材种植面积470万亩，产量132万吨，中医药全产业链的产业规模达到525亿元，中药加工（含初加工）产值约118亿元，大部分药材均以原料药销售，用于精深加工的不足年总产量的1/3。甘肃省精深加工业发展完全不适应中药材产业的发展，中药材产业链没有得到较好的延伸，这极大地影响了中医药产业的效益和发展。[8]

但是，部分地方政府依然对中药材精深加工的重要意义认识不足，看不到中药深加工对整个产业链带动的关键作用，只注重对中药种植业的表面扶植，忽视对中药精深加工产业的深度扶植，使中医药产业一直处于低值化重复生产状态。以“中国黄芪之乡”陇西县为例，该县曾举办过3届中国（甘肃）中医药产业博览会，人民政府网站有专门的中医药产业板块，可见该县政府层面对中医药产业的重视；但板块内多为原料药材介绍及行情信息，关于中药精深加工的推广和介绍很少，即使有一些关于药材初加工（炮制）的方法介绍，也借鉴的是十几年前的药典标准［《中国药典（2005版）》］，而我国目前使用的药典为《中国药典（2020版）》，政府层面对中药材精深加工的重视程度不足可见一斑。客观地讲，陇西县中医药产业发展在我省县域经济中位居前列，其他地区政府层面对于中药精深加工的重视程度可想而知。[9]

2.中药科技创新发展缓慢

中医药具有贯通一、二、三产业形成“全产业链”的特性，已成为我国新的经济增长点。[10]要实现中医药事业和产业的高质量和现代化发展，必须依靠科技创新来驱动和支撑。近年来，在省政府的大力支持下，我省中药材产业科技创新取得了一定成绩，但远未达到中药材工业发展的需求，也未显示出对全产业链的带动作用。

采用先进的理论和技术，实现中医药现代化，是科技创新的主要途径。中药现代化的内涵主要包括中医药学理论现代化、中医诊疗技术现代化和中药的现代化三个方面。经过十几年的发展，前两个方面，我省中医药已经有了一定程度发展，但第三个方面，由于多种原因，一直发展缓慢。中药现代化应用可以从中药鉴定与成分研究的现代化应用、中药新剂型研发现代化应用和中药现代化新技术应用三方面体现出来。中药鉴定与成分研究的现代化应用是包括DNA条形码技术对中药材进行鉴定与质量控制，利用中药蛋白质图谱比较方剂中不同药物以及相互作用对蛋白质层面发生的改变从而阐明中药复方中功能蛋白的分子机制及作用靶点，利用代谢组学相关技术对中药毒性进行综合评价，利用某种代谢物的动态变化进行标志物的追踪研究，利用细胞及组织培养技术对中药材的进行快速繁殖及生产，等等；中药新剂型研发现代化应用包括利用促透剂、纳米粒、聚合物胶束、自微乳、原位凝胶、前体脂质体等多种新剂型改善传统中药制剂，利用酶解技术进行中药提取分离，利用现代分离纯化技术得到中药中的有效成分或单体用于各种疾病的治疗，等等；中药现代化新技术应用包括色谱-质谱联用技术、发酵技术、生物靶向技术等新技术在中药领域的应用，等等。[11]甘肃虽然是中医药大省，但是在上述科技创新领域依然较为落后，原因有如下几个方面。

（1）中医药相关科研资源少且不均衡

近年来，我省中医药科研能力有所提升，仅“十三五”期间，我省完成普查中药种类3135种，建立省级重点实验室10个、工程技术中心10个、国际科技合作基地3个，初步建成陇药产业创新研究院，新建或新认定中医药产业领域省级以上创新平台26个。但中药产业链较长，技术问题繁多，涉及中药种植、储存、深加工、创新制剂研发等多个领域，但大部分科研人员和经费都集中在少数几个科研方向和领域进行激烈的竞争，而其他方向和领域的很多问题依然不能及时得到解决。

以中药材种植研究为例，长期以来，中药材都是由农民根据市场需求采挖野生药材，随着市场需求量的增大，野生资源不能满足时，农民开始摸索人工种植，由此形成了目前的大宗家种药材。科研单位参与种植研究的相对较少，20世纪80年代开始有科研单位开展中药材种植研究，因受科研项目、经费限制，研究人员很少，研究步伐缓慢。直到2008年，甘肃省出台中药材发展扶持政策，对中药材研究支持力度增大，才有科研人员不断加入中药材研究的队伍中，但中药材种类多，研究面宽，和从事其他产业研究的人员相比，研究人员的数量差距较大。目前进行中药材种植研究的机构有中国科学院化学物理研究所、中国科学院近代物理研究所、甘肃省科学院、甘肃省农业科学院、兰州大学、甘肃农业大学、甘肃省中医药大学、兰州理工大学、西北师范大学、西北民族大学等等，但是研究方向集中在大宗药材的育苗、栽培方面，该方向的研究问题和研究项目竞争非常激烈，往往被分散成小课题，大家一起做，相互之间又没能很好地协调，导致大家都做了，却都没做好；而对于一些小众却非常重要的药材，如独一味、甘松、红景天、川贝母等，则根本无人问津，很多技术难题得不到及时解决，纯靠企业自己艰苦摸索。

再以中药新制剂和新工艺开发为例，在发达国家，各大制药公司的新产品研发人员多在5 000人以上，每名医药科研人员年平均科研经费为12.5万～22.6万美元。这些经费大多来自企业和政府，而甘肃从事中药科研的人员非常有限，直接从事中药新药研制的专业人员仅千余人，科研经费仅为发达国家的1/500。专业人才和科研经费的缺乏成为制约我省中药事业发展的瓶颈。2009年以来，甘肃省加大了对中医药产业的投入，但大部分资金用于支持农业、市场等链条发展，对中药材新制剂和新剂型、精深加工新工艺等中药现代化相关研究领域的支持经费还明显不足，不能完全满足中药材产业发展对科技创新的需求。由于经费的限制，不能使更多的科研人员和科研单位参与到中药材领域的研究中，即使参与的研发的项目，也仅仅是对传统制剂和工艺的简单优化，不能产生达到国际前沿的创新成果。同时，经费不足使很多新产品和新工艺停留在产业化开发的“最后一公里”，不能实现及时转化，是中药材科技创新步伐缓慢的主要原因。

（2）中药科研工作产业导向性不强

以产业为导向的科技创新是推动产业发展的直接动力。一段时间以来，受科研激励政策的引导，很多机构的科研工作以“发文章”为第一要务，而不是以解决生产实践中的关键问题为目标。由于中药成分的分离纯化和药效物质基础研究

"容易出文章"，一大部分科研机构依托化学相关专业在该方面对取得了长足的进展，"分离了很多化合物，发了很多文章"，但是大部分成果不能及时转化为实际的生产能力；而在一些技术难度大，资金消耗大，不好发文章的领域，如创新制剂研究和中药精深加工新工艺研究方面，大多无人问津，致使很多企业和医院依然采用传统剂型和生产工艺，不能避免中药的缺点，导致患者难以接受，影响中药产业的快速发展。

再以陇药的品牌打造为例，要想打造良好的产业品牌，需要政府组织相关科研机构围绕该品牌进行系列的产品开发，使该品牌具有较强的市场影响力，才能在市场竞争中立于不败之地。吉林省为了打造"长白山人参"品牌，成立了"长白山人参"品牌管理委员会，围绕品牌不断拓宽研发领域，开发系列新产品，使"长白山人参"人参品牌妇孺皆知，从而有力地带动了地方经济的发展，也实实在在地增加了农民收入。虽然甘肃省号称拥有"十大陇药"品牌，一些企业也研发出了一些好的产品，在业内也有了一定的影响力，但由于产业导向性不强，围绕品牌的研发意识不强，致使"十大陇药"品牌距离真正的大品牌还有较大的距离。"十大陇药"单品种年销售额超过亿元的仅有9个，而邻省宁夏的"中宁枸杞"品牌估值已经达到23亿元。

（3）中药材研究期限长，创新成果时限长

与农作物研究相比，中药材种植研究期限较长。农作物多为一年生，而大部分中药材二年生或多年生，如当归一般为二年生，黄芪一般为三～五年生，这就拉长了研究期限，增加了研究难度，加之气候、土壤、地质条件等诸多不确定因素，可能进一步增加样品获取和实验对比的困难。另外，我省目前各级政府项目的结题周期一般为三到五年，项目不能按期完成的概率极高，有可能还没获取样品，项目就需要结题了。因此，即使有人认识到这类选题的重要性，也不敢轻易触碰。还有，目前我省各类科研机构对科研人员的考核周期一般也为三到四年，即要求在这么短的周期内出成果，而且越多越好，而这类研究也是完全做不到的，这又成为这类研究少有问津的重要原因。

在中成药及高质量制剂新产品研发过程中，也存在同样的问题。由于中药材成分复杂，成分分析、药效鉴定、药理分析、制剂制备、工艺研究、临床研究都需要开展大量的工作，实验研究环节多。以只有两味药（元胡和白芷）的元胡止痛方为例，其目前已知的有效成分就有五种，这五种成分的作用靶点和作用机理都未完全阐释清楚，更不要说其他未知成分了，这都极大拉长了中药新药成药的周期。而大部分西药只有1～2种成分、靶点明确，工艺简单明了，实验研究环节较少，成药周期较短。加之上述项目结题和考核等原因，很多科研人员不愿做真正的中药新药开发研究。

（4）企业对科技创新重视程度不够

甘肃省的中药深加工企业大多体量较小，年营业收入在3亿～5亿元的为数较少，如扶正药业和陇神戎发药业的年营收在3亿～5亿元之间，而创新药物研究开发经费大多需要在8 000万元甚至更高，后续可能还需要设备更新换代的投入，对大多数企业来说负担过重。不少企业的管理者出于升迁的考虑，或抱着小富即安的思想，不愿在开发新产品上冒风险；还有一些企业管理者自身素质不够高，不了解业界前沿行情，对产品研发和创新知之甚少，不能合理规划产业发展布局，又不愿与科研机构深度合作，靠没做过几天科研的人员搞研发，都是在原来的工作基础上小修小补，创新程度严重滞后，所谓的“新产品”市场接受度不高，从而又打击了管理者的信心，形成恶性循环。上述多种原因，导致企业对科技创新重视程度不够，很难去开发新产品和新工艺，从而大幅度提高利润。

即使某些企业能够认识到科技创新的重要作用，但还是不想自己搞研发，只想转化别人的研究成果，而转化的成果往往不能紧密切合该企业的实际情况，导致转化成本过高或转化失败。更为重要的是，科研工作不会一帆风顺，也有失败的可能，连企业自身都不愿承担风险在自己的特色或独有产品上搞研发，其他科研机构又怎么会承担这种风险呢？最终转化他人的成果只能成为空谈。

3.信息物流网络不健全

完善的信息物流网络是商品正常流通和物价稳定的保障。中药材市场情况繁杂，药农分散贮存，难以统计栽培面积和产量，药农往往根据当年市场行情调整次年生产，这都增加了掌握供应信息的难度。而从信息收集、整理到各类媒体公布传播周期长，又给供求信息对交易的影响增加了不确定性。目前甘肃省的中药供需信息网络不能及时掌握国际市场需求，国内市场需求只能参考各大中药材集散地及各城市各类库存资料估计供需状态，导致信息误差进一步加大，最终导致交易不稳定。[8]另外甘肃中药材物流产业发展还不够完善，存在流通渠道流程过长、物流水平低、流通过程损耗高、交易成本高、流通主体组织规模不对等以及组织化程度低等问题，既影响了物流供应链管理的合力效应，也成为制约整个物流体系规模化、集约化发展的瓶颈。[8]

二、中医药产业事业深度融合发展体系有待完善

中药产业具有贯通一、二、三产业的特点，实现中医药产业的高质量发展，依赖于中医药产业链的延伸和交织。其中，实现医、药、康、养、游、美等一系列产业和事业的深度融合和协同发展是关键。[12]但是，目前我省在产业深度融合发展方面仍存在一些限制因素。

（一）中医服务体系呈现衰减趋势

中医药是中华民族的瑰宝，现已发展成为具有比较全面的科学内涵和完善的专业理论体系。长期的临床实践证明，中医药具有鲜明的特色，已成为医学领域的重要组成部分。中医“天人合一”的整体观，辨证论治的治疗模式，中药的副作用少、无耐药性并具整体调节和双向调节的作用等独特的理论及治疗方法为中医药学走向世界提供了机遇。[13]

但是，在西医主导医疗领域的大背景下，中医的特色逐渐模糊，越来越向西医靠拢，中医西医化、中医医师转而从事西医的现象较为普遍。随着传统中医工作者的逐渐减少，传统的中医药治疗遂进入衰减模式。中医院和中医科是中药材的主要市场，它们的萎缩和衰减是影响中医药产业发展的一个重要因素。出现这个现象的原因是多方面的。

1.对中医药的重要性认识不高，中医药特色没有充分凸显

一些管理部门和医疗机构，对发展中医药特色和作用认识不清，存在着“重西轻中、淡化中医”的观念，忽视中医“简、便、验、廉”的特点，忽视中医药在预防、保健、康复、养生、治疗等方面的优势，把中医药事业放在西医的从属地位，甚至要求中医药按照现代西医的模式发展。在实际工作中，部分州市中医药政策落实不到位，中医药行政管理体系不健全，部分医院中医科发展相对滞后，甚至一些医院尚未设立中医科，更无法发挥中医的特色优势。

2.中医药人才队伍结构不佳，高级人才匮乏

西部艰苦的自然环境和甘肃贫困的财力，导致人才使用的社会环境不理想；用人机制不灵活，培养工作相对滞后，导致人才队伍结构不佳；基层中医药从业人员学历、职称偏低，学科带头人、临床技术骨干不足，中医药人员的整体素质有待提高；不少老中医的学术经验未得到传承，许多特色诊疗技术面临失传；一些民间传统验方、秘方开发不够。大多数中医医院医疗科研条件差、待遇低，人

才难以正常更新。[14]

3.中医药的价格政策不利，难以保障中医药行业发展

医疗行业的服务收费，由国家统一定价。目前，政策规定的中医药治疗和服务性收费，与同类别的西医相比，价格标准普遍偏低，未能体现出劳动价值和技术含量。在已经确定的中医药医疗服务收费项目中，近2/3的项目处于亏损状态，背离按劳分配的原则。在医疗单位执行的价格体系中，中医医疗项目的比重很小，总的3 966种医疗收费项目中，中医项目只占97种。由于大部分中医医疗价格难以冲抵成本，又缺乏补偿渠道，迫使中医医院依赖设备检查等西医手段，维持自我生存。这样，在工资待遇与收益挂钩的分配政策下，就难以保障中医药从业人员的劳动报酬，不利于调动工作积极性、不利于人才队伍的稳定、不利于中医药行业健康发展。[14]

（二）中药康养旅游业发展滞后

中医药对健康养生有独到的认识和见解，随着人们生活水平的提高，物质层面上对优质中医药健康养生产品的需求不断增加，精神层面上对中医养生和中医药文化的学习充满渴望。因此，基于中医药的康养旅游不仅受到国家的大力支持，更是具有巨大潜力和广大市场的一种新颖的旅游方式。甘肃省独特的自然环境、丰富的中药资源和发展的中医预防治疗机构成为发展康养旅游的资源优势。然而，截至目前，由于以下几个方面的原因，我省中医药和康养旅游的结合做得还很不到位。

1.规划和基础设施不健全

国务院办公厅印发的《中医药健康服务发展规划（2015—2020年）》中指出，到2020年，基本建立中医药健康服务体系。[15]目前，甘肃省针对中医药旅游体系建设的规划还在进行中，将中医药与旅游业完美结合的工作仍然任重而道远，制定一套完善的规划是今后稳扎稳打发展中医药旅游产业的重要基础工作。同时，由于中医药旅游业属于新兴产业，很多与之配套的基础设施如医药植物园、中药康养产品基地、中药食疗馆、中医养生馆及医药知识讲堂等都尚未建立和完善。[16]

2.康养旅游特色不突出

在传统旅游项目中，跟团旅游的人都或多或少地有被安排购物的经历，其中不乏关于中医药及养生产品的推荐，例如韩国旅游线上就有马骨粉、高丽参等产

品的购物项目。[16]尽管这种购物满足了一部分旅客的购物需要，但这也忽视了以观赏风景为目的的大部分旅客的需求，容易被认为是推销产品而造成不良影响。目前部分康养旅游产品沿用传统旅游+购物的方式，没能够突出康养旅游的特点，康养和旅游没有实现无缝结合，在品牌塑造上也没有展现出优势，产品缺乏竞争力。今后如果能将中医药旅游和风景旅游无缝契合，在旅游线路和内容设计上细化创新，风景旅游时无缝注入康养生体验，而不仅仅是软强迫购物，势必能够满足不同旅客的需求，提高旅游业的口碑。如果游客在欣赏甘肃独特美景的时候，意外擦伤时能够随手用上独一味止血贴，意外磕碰时能够用上中药跌打损伤喷雾剂，寒冷诱发关节炎时能够用上藏药风湿贴，遭蚊虫叮咬时能用上本地独特的止痒霜，一天劳累后能够享受健康的药浴或中医药按摩，食用肉食和辣椒过多突发痔疮时可以用上藏药独特的痔疮栓，消化不良时能用上藏药独特的洁白丸，因劳累或突发降雨而不能欣赏野外景观时可以享受独特的中藏药养生课程，体验中藏药养生饮食、保健和美容护理，这样的旅游线路，何愁找不到回头客？如此发展下去，又何愁中医药养生、中医药养老等产业的发展呢？

3.从业人员管理制度不健全

中医药康养旅游不同于传统的旅游产品，必须在具有专业素养的工作人员的指导下购买和使用。因此，中医药康养旅游对从业人员的专业素养有更高的要求，不仅要具备一个旅游服务人员的基本素质，更要兼而具备中医药养生的专业知识。康养旅游的从业人员由哪个部门管理？各个部门如何协调？如何对从业人员进行培养、素质认定和管理？是目前管理部门亟须解决的问题。如果从业人员专业素质和职业道德素质较低，可能会出现只追求销量而忽视顾客的实际需要的情况，反而会影响我省旅游的品牌形象。

4.中医药宣传和旅游宣传结合不紧密

甘肃省已经在旅游宣传方面做了大量的工作，鸣沙山、月牙泉、嘉峪关、玉门关、张掖丹霞地貌、雅丹地质公园、麦积山、祁连山、黄河石林、黄河铁桥等等景点已经被国内外游客知晓，但是关于旅游的宣传内容很少有中医药资源和特色的介绍，而专门宣传中医药的内容又很少，致使中医药资源大省的形象还未在游客中确立起来。如果把甘肃的中医药资源宣传嵌入旅游宣传，将会极大促进甘肃省中医药旅游事业的发展。

（三）中药化妆品产业发展滞后

从近几年化妆品市场变化趋势来看，在全球范围内，人们对纯天然化妆品的认可度越来越高，需求量日益增加。中国是天然植物化妆品增长最快的国家，调查显示，94%的年轻用户会选择天然化妆品。[17]由于中草药在我国历史悠久、文化根基深厚、在养生美容方面应用广泛，使得含有中草药成分的化妆品成为本土化妆品中最具竞争力的部分。

和中药市场相比，化妆品市场要广阔得多。艾媚网数据显示，2017年以来，中国中药材市场规模呈增长趋势，2018年中国中药材市场规模达1 246亿元，同比增长22.40%，预计2022年中国中药材市场规模达到1 708亿元。[18]根据中国日用化学工业信息中心数据统计，2015—2019年，国内化妆品行业复合增长率达到8.27%，高于国内社会消费品复合增长。2019年，国内化妆品市场规模同比增长7.85%，达到4 260亿元，预计2025年中国化妆品市场规模将达到5 000亿元。[19]可见，化妆品市场规模比中医药市场规模大1倍以上。此外，很多中药的非药用部位，在中药采集后都作为废料丢弃或者作为饲料、肥料等低值售卖了，如果以这些资源作为天然化妆品的原料，可以创造高得多的价值，极大提升中草药的附加值。但是作为“千年药乡”，又有悠久中草药化妆品历史的甘肃却贡献很小，原因主要有二。

1.从事化妆品生产的企业数量少、实力弱

中国的化妆品市场仍还处于低集中寡占的情况，在天然化妆品市场上也有越来越多的本土品牌占据了越来越多的市场份额，如上海的“佰草集”“自然堂”“相宜本草”等以中草药化妆品为主的品牌，都成为天然化妆品市场中与国际知名品牌平分秋色的天然化妆品品牌。根据欧瑞特咨询公司的数据显示，2018年，15家电商平台当年的美妆销售总额达到了2 536亿元，欧莱雅销售额为48.43亿元；雅诗兰黛为32.09亿元；国产品牌中，百雀羚和自然堂的销售额分别为21.94亿元和19.50亿元，由此可以看到本土品牌正在追赶这些老牌的国际大品牌。[17]但是截至2021年，甘肃从事化妆品相关的行业企业共142家，没有一家甘肃品牌能够进入销售前十。

目前国内获许化妆品生产企业主要集中在广东、浙江和江苏等人口密集地区，集中度达到84.16%。2019年获许化妆品生产企业西北五省（陕西省、甘肃省、青海省、宁夏回族自治区和新疆维吾尔自治区）合计98家，占比1.88%；而华南地区（广东省、广西壮族自治区和海南省等）合计2 933家，占比56.37%。对比起来，甘肃从事化妆品生产的企业数量太少，与资源大省的规模极不对称。[19]

这种产业布局形成的原因，除江浙和广东等地区人口密集、消费量大，原料和装备市场较为集中，化妆品产品生产成本整体较低等有利于行业生存的原因外，也和甘肃省的整体产业布局以及对化妆品产业的重视程度高度相关。

2.天然化妆品研发力度不足

化妆品产品更新速度很快，一般产品换代周期在六个月左右。天然化妆品产业产品的竞争力主要体现在成分或工艺导致的差异化效果上，成分上的差异要比较不同类型单味中药或复方的效果，从而筛选最佳者；而工艺上的差异要比较不同药材加工工艺制备的产品的效果，从中获得最优者。无论产品换代还是差异化效果产品的开发，都有赖于大量的研发投入和强大的科研团队。[17]国外和沿海地区企业由于产品类型完善、管理体系成熟，能够在市场上卖出相对较高的价格，保证他们有更多的科研投入，从而保证了产品天然、高效，再加上他们完善的市场营销体系以及丰富的市场经验，使他们的产品在市场上具有竞争优势，形成了良性循环。而甘肃大多数品牌目前企业规模小、研发力度小、产品类型少、技术含量低，没有形成自己特点，必然在激烈的市场竞争中处于劣势。要改善这一现状，除企业自身加大研发力度外，一定程度的政府扶植也是必不可少的。

我们也欣喜地看到，政府部门也在逐渐重视甘肃化妆品产业的发展。2021年3月，甘肃省药监局调研组赴甘肃奇正藏药有限公司、甘肃泛植制药有限公司，就化妆品备案、委托生产以及原料研发等情况进行调研，了解企业在化妆品原料及化妆品产品研发方面的计划。并明确提出，将进一步深化“放管服”改革，优化办事流程，让企业“少跑腿”，助推甘肃省化妆品产业高质量发展。[20]2021年6月，甘肃省药监局赴山东、山西两省考察学习化妆品监督管理及支持鼓励化妆品产业发展的先进经验。[21]如果政府持续加大力度促进化妆品行业发展，将极大推动本省中医药产业链的延伸和稳固。

（四）中医药国际化发展有待深入

中医药因其博大精深的药理文化、祛病强身的独特疗效在多个国家获得认可，通过推广中医药国际化，特别是在“一带一路”倡议背景下，让中医药走出去，获得更广泛的市场，也是推动中医药产业发展的有效手段。目前，中国计划与“一带一路”沿线国家合作建设30个中医药海外中心，颁布20项中医药国际标准，注册100种中药产品，建设50家中医药对外交流合作示范基地。虽然为实现上述目标，甘肃省也做了很多工作，但我们在中医药的国际化上还存在一些短板。

1. 中医药在大多数国家未获认可

各国有关法规是中医药学走向世界的主要影响因素之一，目前，在世界范围内，除了少数国家外，大多数国家对中医药都采取不承认的政策。在许多国家，中医药无法进入医疗保险，没有合法的地位；大多数国家也不允许中药作为药品进入主流医疗市场，只能作为食品出售。大多数国家没有关于中医药产品、技术、从业人员、医疗机构等准入方面的法律法规；对于针灸治疗，部分国家是认可和支持的，但对中草药和免煎中药颗粒，在进口和使用上大多都不允许，这影响了中医体系的完整进入和推广。

2. 中医药国际化人才储备不足

中医药对外传播过程中，既懂中医药专业知识又能讲流利外语的复合型人才的匮乏也是限制其发展的重要因素。文化认同首先是要能用同一种语言交流，复合型人才的培养也成了当务之急。当前中医“高水平走出去”形势很好，已经在“一带一路”沿线多个国家“落地生根”，但由于中医外语人才有限，已经影响到工作的深入开展。目前中国—吉尔吉斯斯坦中医中心6名医生都是从甘肃派出的，出国前只在国内进行了短期俄语培训，经过一年多的工作，在简单交流上已经没问题，但在一些专业术语上，仍存障碍。[22]此外，由于中医药学是深深植根于中国传统文化和哲学之中的，因此，与西方的文化背景和思维模式都有着很大的差异，加之以古汉语为基础的中医药学术语言表达方式的古朴深奥，就更加大了国际社会对中医药学理解的难度。因此，要使西方国家理解中医药理论体系的内涵，是一项十分艰巨的工作，也是影响中医药学走向世界的关键因素之一。让专业医生打好语言功底，这样中医走向更多的国家才能减少障碍。[23][24]

3. 国际中草药市场存在绿色贸易壁垒

随着科学技术的快速发展，绿色消费理念逐渐引发人们的广泛关注，我国也愈发重视绿色消费理念。而在经济全球化发展形势下产生的绿色贸易政策也开始直接影响国际贸易活动，绿色贸易壁垒的作用逐渐显现出来。[25]近年来，随着国外对天然药物研究开发的热潮不断升级，以及全球经济一体化的发展，中草药国际市场的竞争越来越激烈。世界上的许多国家，尤其是发达国家，为了保障他们在国际中草药市场上的利益，不断通过用药安全和环境保护等措施加强对进口中草药的管理措施，制定或提高了对相关质量的技术要求，如重金属、农残等内在产品质量标准，植物提取物标准化的技术和环保标准等，不断加高“绿色贸易壁垒”，使得我国中草药进入国际市场更加困难，严重阻碍了中医药学走向世界的进程。[26]

符合标准是硬道理，与其找规避壁垒的办法，倒不如把时间用在中药质量的把关方面，争取符合已有的国际标准甚至引导标准的制定，顺利进入国际市场。而且国际标准也并非高不可攀，《欧盟传统药品法案》生效后，当我国大部分企业在严酷的绿色壁垒前出口额锐减时，上海市药材有限公司针对性地解决技术问题，使该公司对欧盟出口额不降反升。[27]天津天士力的复方丹参滴丸通过美国FDA的临床预审，成为第一个获准进入美国市场的中成药，其定量标准、严格控制药品有效成分是成功的关键。[27]因此，对我省中药产业来说，必须参照国际标准制定自己的中药材标准，没有合格的标准就不能走出国门，也就得不到国外这个大市场。

三、中药产业集群化发展缓慢

随着传统中药产业向现代中药产业的转型发展，中药产业集聚发展不仅成为现代中药产业发展的基本趋势与经验，而且已成为中药产业区域专业化的一种现实组织形式，更是提高中药产业综合生产能力与竞争优势的重要途径。甘肃已基本形成了具有区域特色的中药产业带，中药产业的区域化空间布局初步显现。在此基础上，从甘肃中药产业发展的区域空间布局出发，以发展现代中药产业集群为导向，建立甘肃中药产业区域化、专业化、规模化、集约化与生态化发展格局，是促进中药产业链的拓展升级、提升中药产业竞争力、实现中药产业可持续发展的有效途径。[28]

然而，受甘肃现有中药产业发展水平的多种因素限制，由于药农小规模分散经营，他们相互之间或与企业间难以形成利益共同体；地方各自为政，产业区域布局不合理，加剧区域内或区域间竞争，限制产业集群的发展；众多中小企业技术落后、创新层次低、重复建设、分散竞争、产业链条关系不明显，难以形成规模效益；人才和资金短缺，企业兼并与扩大再生产动力不足；中药产业的支撑性产业如农资、技术、商业、信息、物流发展不健全，产业链条联系不稳固，甘肃中药产业集群化依然呈缓慢发展态势。[29]只有省级和地方政府充分认识中药产业集群化发展的重要性，合理规划，有序引导，针对性解决上述问题，甘肃中药产业的整体竞争力才可能大幅提升。

参考文献

［1］蒋成，李顺祥．中医药产业高质量发展的思考［J］．人民论坛，2021（03）：92-93.

［2］龚成文，米永伟，谢志军，等．甘肃中药材产业发展现状、问题及对策［J］．甘肃科技，2017，33（22）：1-4.

［3］甘肃省卫生健康委员会办公室．甘肃省“十四五”中医药发展规划，2021-12-22.

［4］王青云．甘肃两部门印发《2021年全省中医药产业发展工作要点》［J］．中医药管理杂志，2021，29（06）：9.

［5］孟养荣，袁明华，李淑玲，等．甘肃中药材生产机械化发展现状报告［J］．甘肃农业，2016：78-81.

［6］赵武生，石培基．甘肃省中医药产业发展机遇，挑战与对策——基于“一带一路”背景［J］．资源开发与市场，2020，36（67）：712-715.

［7］柳燕，于志斌．2019年中药类商品进出口形势分析［J］．中国现代中药，2020，22（03）：342-347.

［8］龚成文，米永伟，谢志军，等．甘肃中药材产业发展现状，问题及对策［J］．甘肃科技，2017，22（33）：7-10.

［9］中药材炮制通则（药典2005版）[EB/OL].（2020-04-22）［2022-07-08］. http://www.cnlongxi.gov.cn/art/2020/4/22/art_9273_648722.html.

［10］蒋成，李顺祥．中医药产业高质量发展的思考［J］．人民论坛，2021-02-08.

［11］任婕，梁金燕，万倩芸，等．中医药传承及其创新发展的思考［J/OL］．时珍国医国药，2020，31（7）：1689-1691.

［12］黄蓓．甘肃探索中医药产业事业融合发展［J］．中医药管理杂志，2018，26（14）：132.

［13］胡玉娥，王珂玥．中医药事业发展的思考［J］．中医药管理杂志，2014

(1)：11-12.

[14] 郝宗维. 促进甘肃省中医药事业发展的思考 [C] // 第十六届中国科协年会——分14开放交流、创新模式——加速西部医疗卫生事业发展高峰论坛论文集. [出版者不详]，2014：2-8.

[15] 胡彬. 国务院办公厅发布中医药健康服务发展规划 [J]. 中医药管理杂志，2015，23 (10)：173.

[16] 郭睿，米璇，王翠云. 甘肃省中医药旅游产业发展问题及对策研究 [J]. 绿色科技，2018 (7)：244-245.

[17] 刘卓航，齐飞. 基于SCP范式的我国天然化妆品市场分析 [J]. 轻工科技，2020 (8)：119-121.

[18] 中药行业数据分析：预计2022年中国中药材市场规模达到1708亿元 [EB/OL]. (2020-01-16) [2022-07-12]. https://www.iimedia.cn/c1061/68068.html.

[19] 赵永杰. 2019年—2020年中国化妆品行业发展概况 [J]. 日用化学品科学，2020，43 (6)：5.

[20] 丁怡媛. 甘肃省药监局调研指导化妆品企业生产研发情况 [J/OL]. (2021-03-16) [2022-07-14]. http://www.cnpharm.com/c/2021-03-16/781472.shtml.

[21] 甘肃药品监督. 省药监局赴山东、山西考察化妆品监管及产业发展 [J/OL]. (2021-06-18) [2022-07-14] https://new. qq. com/rain/a/20210618 A06ZDG00.

[22] 耿黎明. 加快产业化进程，推动中医药国际化 [J]. 健康中国观察，2020，(5)：85-86.

[23] 王艳明，梁军. 以文带医显成效，以医带药推进慢——甘肃与吉尔吉斯斯坦中医药合作样本观察 [N/OL]. 经济参考报，(2016-11-04) [2022-07-18]. http://www.jjckb.cn/2016-11/04/c _135805172. htm?from=timeline.

[24] 徐晓婷，沈远东. 匈牙利中医药立法对中医国际化传播的启示 [J]. 中医药文化，2018，13 (1)：80-86.

[25] 刘霄泉. 国际贸易中的绿色贸易壁垒问题研究 [J]. 投资与创业，2021，32 (19)：72-74.

[26] 崔蒙. 中医药国际化发展战略研究 [J]. 中国中医药信息杂志，2001，

8（8）：2-4.

［27］郝静. 中药国际贸易中的绿色壁垒研究［J］. 重庆文理学院学报（社会科学版），2011，30（01）：90-92.

［28］杨敬宇，张维. 基于地理标志的甘肃中药产业集群化发展研究［J］. 当代经济，2013（15）：12-15.

［29］杨敬宇，张维. 甘肃中药产业集群化发展政策研究［J］. 北方经济，2013，（12）43-47.

下　编

中医药海外市场拓展

甘肃中医药产业发展与丝绸之路经济带建设

林 柯[①] 董鹏飞[②]

自2008年国际金融危机以来，世界政治与经济格局不断发生重大调整，国际分工特别是区域性合作持续深化，全球技术创新日趋活跃，新技术、新产业、新业态、新商业模式层出不穷。然而，新一轮技术革命和产业革命尚在孕育，新的经济增长边界尚未实质拓宽，世界经济复苏步履维艰，充满风险和不确定性。国内外形势的重大变化，既使中国面临巨大的挑战，也为中国带来了重大的机遇。面对百年未有之大变局，为了在区域性合作中采取更主动的行动，抓住新机遇，应对新挑战，开展更务实、更有效的国际合作，党中央、国务院审时度势，根据国际形势的深刻变化和国内发展的客观需求，提出了“一带一路”倡议。2013年9月，习近平总书记在哈萨克斯坦提出了共建“丝绸之路经济带”的构想，为中国与中亚地区的共同发展提供了新的方向和路径。丝绸之路经济带是在古丝绸之路概念的基础上，提出的一个新的经济发展区域，该经济发展区域东连富有活力的亚太经济圈，西接发达的欧洲经济圈，辐射东亚、中西南亚和欧洲以及北非区域，其范围涵盖40多个国家，总人口约44亿，经济总量约21万亿美元，分别约占全球的63%和29%。沿线国家和地区的能源、矿产、旅游和文化及农业资源丰裕，潜在市场规模在全球独一无二。“一带一路”通过现代化的综合交通通道和信息网络通道将丝绸之路沿线国家紧密联系起来，是横跨亚欧大陆的世界最长、最具发展潜力的经济大走廊。

①林柯，兰州大学经济学院教授，甘肃省侨联特聘专家。

②董鹏飞，兰州大学经济学院硕士研究生。

丝绸之路经济带的建设既是对历史的传承，又是新形势下实现国家和地区发展的有效路径。通过“一带一路”建设，加强与沿线国家的对接，可以深挖中国与沿线国家经济合作的潜力，有利于实现国内与国际的互动合作、对内开放与对外开放的相互促进，有效促进要素跨境流动，推动各种资源的高效配置和市场的对接融合，更好地利用两个市场、两种资源，拓展发展空间，释放发展潜力。与此同时，“一带一路”建设的实施有利于进一步开发与诸多邻国接壤的西部，具有通过合作发展而促进自身发展的潜在优势。经过近十年的发展，习近平总书记提出“共同建设丝绸之路经济带”的倡议已在国际上产生了重大的影响力，受到各国的高度关注以及丝路沿线国家的积极响应。甘肃作为丝绸之路经济带的重要节点，中医药产业作为甘肃的特色生态产业，如何依托自身的发展优势，立足于丝绸之路经济带所带来的发展机遇，积极面对挑战，推动中医药产业的长远发展，带动地区经济的繁荣，是甘肃省需要考虑的重大战略问题。

一、丝绸之路沿线国家和甘肃中医药的交流与相互促进

汉武帝派张骞出使西域，开辟了以首都长安为起点，经甘肃、新疆，到中亚、西亚，并连接地中海各国的陆上通道，被称为“丝绸之路”。“丝绸之路”的最初作用是运输中国出产的丝绸，在明朝时期成为综合贸易之路。丝绸之路作为连接亚洲、非洲和欧洲的古代商贸通道，充分发挥了推动文化交流和贸易往来的作用，给沿线国家带来了新奇的事物和新的思想，推动了沿线国家之间的交流和发展。在丝绸之路的带动下，沿线国家间的交流变得日益频繁，大量的商品往来于各个国家之间，同时也促进了文化的交流。中医药作为丝绸之路商贸和文化交流的重要内容，随着丝绸之路交流的深入而不断发展，形成了悠久的历史和深厚的底蕴。西汉作为开辟丝绸之路的朝代，借助丝绸之路最早带回中原的一批商品中就有中草药。其中，最著名的当数《本草纲目》收录的胡蒜，《开宝本草》《图经本草》收录的胡桃。《后汉书・马援列传》：“援在交趾（越南）尝饵薏苡实，云能轻身资欲，以胜瘴气也。”此外，《开元释教录》记载，东汉末年名医安世高曾把印度的医药翻译成汉语介绍到中国，拓宽了中国医药学的内容，大大开阔了国民的视野。同时，张骞出使西域也使中医药文化向西方传播。如汉武帝元鼎三年（公元前114年），中国大黄沿丝绸之路经西域、里海被转运至欧洲。

魏晋南北朝时期是我国历史上最动荡的年代，中国医药在这种历史时期下仍取得了发展。中国与朝鲜的医药交流在这一时期已经很密切，包括中国政府派医

师赴朝，及陶弘景《本草经集注》记载的朝鲜药材五味子、昆布、芜荑。[1]与日本的医药交流主要是向日本传播先进的中国医术，包括政府向日本赠送的《针经》一套，吴人知聪携带医书106卷到日本，中医脉学经朝鲜传到日本。《拾遗记》记载，浮支国进献夜来香，后“植于宫中”，说明当时除有药材的输入外，还有外来药用植物的引种栽培。由于佛教在中国的迅速发展，使得这一时期的中医含有明显的印度医学色彩，如《华阳陶隐居集》卷二所使用的“百一”二字，乃由佛经中一百一病之说发展而来。

隋唐是我国历史上的繁荣时期，也是中医承前启后的全面发展时期。由于经济、社会、文化及交通运输的发展，使得中外医药交流达到新的高度，中医药发展迅速。[2]医学造诣颇深的鉴真先后六次东渡日本，教化日本民众辨别药物真伪，带去大量中药，使得中医药在日本得到广泛传播，逐渐形成了其特色的汉方医学。该时期中国与朝鲜的医药交流更加密切，《黄帝内经》《伤寒杂病论》《针灸甲乙经》《神农本草经》《诸病源候论》等大量中医古籍输入朝鲜，并且朝鲜以唐为师，设立了医事制度。朝鲜的药物与医学知识也传入了中国，如《新修本草》及《海药本草》所载的白附子、元胡索、新罗人参等。越南的药物沉香、苏合香及玉龙膏等成药也输入中国。同时，我国与印度的交流不断加强深化，我国医家翻译了印度医书《龙树论》《婆罗门药方》等；中医的眼科技术、穿颅术及出血疗法明显受到了印度医学的影响，特别是孙真人《千金方》“凡四气合德，四神安和，一气不调，百一病生，四神同作，四百四病，同时俱发”的观点。当然我国的许多药物也同时传入印度，包括人参、茯苓、当归、远志、麻黄、细辛等，被赞为“神州上药”。这一时期中国与阿拉伯国家的医学交流相当兴盛，中国炼丹术传入阿拉伯国家，进而影响了全世界制药化学的发展；脉诊及麻醉法亦传入了阿拉伯医界临床应用。随着丝绸之路的发展，阿拉伯国家的乳香、没药、血竭、木香、葫芦巴等药物传入了中国。唐朝时还出现了首部外来药物的医药学专著《胡本草》，很可惜，这本中国古代仅有的记载外来中药材的医学著作在唐末战乱中亡佚。幸运的是，随后的五代时又出现了一本外来药物专著《海药本草》。

宋金元时期海陆交通发达，科学技术得到空前的发展，同时由于统治者政策的支持和对中医药的重视，使得医疗水平得到极大的发展，中外医药交流进一步扩大，其典型特点是“进贡”药物规模空前。据史料记载，“进贡”相当规模的药材包括犀角、龙脑、乳香、玳瑁、丁香、豆蔻、茴香、槟榔、沉香、胡椒、木香、胡黄连、苏木等。中国的许多医书在朝鲜得以印刷发行，由于朝鲜社会安定，远离战争的破坏，使得部分中国已经失传的古医籍在朝鲜得以保存，并重新回国。宋朝与阿拉伯国家的交流进一步密切，阿拉伯国家药物制剂技术，如花露剂、金箔、银箔包裹中成药等传入中国，中医人士得以借鉴，补充了中药剂型的不足，使中药使用起来更加方便。

明朝经济繁荣，海陆交通发达，郑和七次下西洋，使得中国与世界的联系达到了封建社会的顶峰，同时大大促进了中外医药交流。朝鲜医师来中国学成归国后，编撰了《医方类聚》《东医宝鉴》；中国医书《医学入门》《景岳全书》传入越南，越南名医在此基础上写成了《海上医学心领》。中日交流更加频繁，许多名医赴日行医、讲学，如江右人许仪明、杭州人陈明德、杭州人戴曼公，以及明末张若水；在中国行医之日本医师人数也不少，如曾随名医金翁学医10年、治好明皇后难产的竹田昌庆，曾为明朝皇帝治病的吉田宗桂等。许多传教士致力于中西医药交流，譬如来华办医院，带来西方的医药学书籍如《泰西人身概说》《人体图说》等，并与名医交往，如王肯堂所著《疡科准绳》中记载的人体骨骼形状和数目，就是在西洋解剖学影响下完成的。郑和七下西洋，带回了大量亚非各国特有的珍贵药材，如苏合香、降香、芦荟、番木鳖子、大枫子、奇南香、藤黄、脑柴等。李时珍得以借鉴，完成了医学巨著《本草纲目》。

清朝时期西方资本主义国家兴起，纷纷向海外寻求市场，清统治者有感于威胁，实行了严格的闭关锁国政策，导致中外医药交流基本中止。但是，清朝初、中期中外医药交流还是取得了一定的进展，如清朝初年中国的脉学、针灸、中药和众多医学书籍在西方各国出版，如波兰传教士布弥格在维也纳出版的《中国植物志》、英国医师菲洛伊尔著作的《医生诊脉的表》，甚至在19世纪的法国，一些大的医院已经开展了针灸疗法。由于外国传教士用西药金鸡纳霜治愈了康熙皇帝的疟疾，使得西洋医学暂时在中国得到传播。制药露法是由欧洲传入我国的，被艾儒略的《西方问答》、安文思的《西方要纪·医药条》所记载；赵学敏的《本草纲目拾遗》记载了欧洲的金鸡纳霜、洋虫、氨水（鼻冲水）、硝酸（强水）等；西洋医学提出的“脑为记忆之官”被汪昂、方以智、王清任等所接受，写入自己的著作并加以发挥。

二、丝绸之路经济带建设背景下甘肃中医药产业发展的优劣势

丝绸之路经济带由习近平总书记在哈萨克斯坦纳扎尔巴耶夫大学作重要演讲时首次提出，为的是深化与沿线国家及区域经济体之间经济贸易、基础设施

等方面的合作关系，打破国家或区域经济体制间的发展瓶颈，促进经济共同发展与繁荣。[3]丝绸之路经济带是在古丝绸之路概念基础上形成的一个新的经济发展区域，涉及哈萨克斯坦、吉尔吉斯斯坦、塔吉克斯坦、乌兹别克斯坦欧亚、俄罗斯、阿富汗、巴基斯坦及印度等几十个国家和国内西北五省、西南四省等9个省区。在丝绸之路经济带建设背景下，甘肃作为西北地区的中心之一、丝绸之路经济带的重要节点，应借丝绸之路经济带建设的机遇，充分利用在长期的丝绸之路交流中所形成的悠久的中医药历史和深厚的底蕴与资源优势，大力发展中医药产业。

（一）优势

甘肃作为中华医药的发祥地，中医药文化渊源久远、底蕴深厚，中医药资源丰富独特、量大品优，有“天然药库”和“千年药乡”美誉优势，在中医药产业的发展上具有无法媲美的优势。在丝绸之路经济带建设背景下，甘肃中医药产业的发展优势主要体现在以下几个方面。

1.适合药材生长的地理环境

甘肃地貌复杂多样，有山地、高原、平川、河谷、沙漠、戈壁等，地处黄土高原、青藏高原和内蒙古高原三大高原的交汇地带，气候类型从南向北包括亚热带季风气候、温带季风气候、温带大陆性干旱气候和高原山地气候四大类型。海拔多数地方在1500～3000米之间，年降雨量约300毫米（40～800毫米之间）。经过数千年的积淀与演变，现已形成了东南部高寒阴湿、中东部温带半干旱、南部暖温带和西部温带荒漠干旱等四大特色中药区域。

2.极其丰富的药材资源

甘肃省是全国重要的中药材原产地和主产地，种植历史悠久、品种资源丰富，素有“千年药乡”“天然药库”之称。[4]现有中药资源2540种，人工种植（养殖）220余种，道地药材30余种。在国家药典保护的363个品种中，甘肃省就占有276个，占比76%；目前，甘肃省中药材种植面积达465万亩，总产量132万吨，已经建成10个中药材市场，中药材静态仓储能力130万吨，年周转量200万吨，交易额达250亿元；种植规模、产量及出口量位均居全国前列，当归、党参、黄芪、大黄、板蓝根、半夏等大宗中药材年产量占该品种全国总产量的50%以上。[5]截至2020年，规模以上中医药生产企业79户，实现工业总产值75.11亿元，年销售额过亿元的企业20家，中药材全产业链年产值达449亿元。[6]国有企业主要集中在中药材加工和制药领域，2020年营业收入达17.4亿元，占比3.87%，其中甘肃药业投资集团5.6亿元、甘肃农垦集团5亿元、兰州佛慈集团6.8亿元。

3.历史悠久的中医药文化资源

甘肃天水市是伏羲文化的发源地，根据《帝王世纪》的记载：伏羲“味百药而制九针”，因此被后世的中医界所追奉，称他为中医药学之祖和针灸文化之祖，甘肃也因此在中医药学上比其他省份先走一步；《黄帝内经》是中国现存最早的中医理论著作，被奉为“医家之宗”，它的作者岐伯是甘肃人，后世经常将医学称为岐黄之术，其中的岐，便指代岐伯，他也因《黄帝内经》被奉为“中华医学之祖”；针灸是中华医学的重要组成部分，甘肃省灵台县的皇甫谧写下了历史上第一部针灸专著《针灸甲乙经》，被推崇为世界针灸鼻祖。司马炎曾评价皇甫谧：“男子皇甫谧沉静履素，守学好古，与流俗异趣。”[7]此外，甘肃还曾出土过两部中医界的著作，一部是在敦煌市莫高窟藏经洞内的医学残卷，为后世开展中医药研究提供了宝贵的历史资料，被外界称为敦煌医学。其次是武威汉代医简，武威汉墓出土的简牍，共3批，是研究汉代中医学、药物学和针灸学的重要资料。从历史的角度来看，甘肃中医药文化源远流长、底蕴深厚、传承久远。历史的传承加上现代的发展，也使得甘肃成为中国重要的养生保健旅游资源基地。[8]

4.延绵不断的丝绸之路中医药交流基础

甘肃省不仅与“丝绸之路经济带”沿线国家存在着延绵不断的中医药交流历史，而且在医疗卫生和医药产业方面具有良好的互补性，这是甘肃中医药产业可以借“丝绸之路经济带”建设机遇实现国际化发展的现实基础。甘肃中医药资源丰富，具有较强的国际竞争潜力，中亚、西亚及东欧对中医药有较好的认同、需求量较大，许多国家医疗服务相对薄弱，对外依存度较高。因此，中国与中亚、西亚以及阿拉伯国家间中医药贸易往来的契合点较多，甘肃中医药产业可借助推动沿线国家卫生事业的进步而发展，中医药市场较为广阔。自“一带一路”倡议提出以来，甘肃省积极推动中医药产业发展，相继在4个国家建立了中医中心，在8个国家成立了“岐黄中医学院”，多家企业在国外成立了分公司，完成了产品注册，中医药“走出去”步伐明显加快。2013年以来，陇神药业在吉尔吉斯斯坦注册成立了中医药公司，首批完成10种中药产品并注册；亚兰药业与新西兰合作成立了中医文化交流中心，在哈萨克斯坦成立甘肃亚兰有限责任公司，建设甘草酸生产基地。

5.集中且有力的政策支持

自2015年以来，甘肃省先后出台了《“十三五”中医药发展规划》《中医中药产业发展专项行动计划》《关于促进中医药传承创新发展的若干措施》等一系列政策性文件，为甘肃省中医药产业的创新发展提供了有力的政策支持。政策的支持和保障，为中医药产业发展提供了动力，使中医药产业通过体制机制的创新提升在国内外市场的竞争力，把中医药产业真正培育成富民强省的战略性重要产业、支柱产业。[9]

（二）劣势

甘肃中医药产业在资源禀赋、历史传承和现代发展的作用下，产业发展具有得天独厚的优势。与此同时，当前中医药产业自身发展的过程中面临以下几个方面的劣势，阻碍了甘肃中医药产业国际化的发展。

1.中医药传统理论与制药方法的局限

中医药业作为我国具有悠久历史的传统行业，经过几千年的不断积累与发展，已形成一套具有自身特点的完整的理论体系与制药方法。由于这一理论体系与制药方法与西医理论体系与制药方法存在着较大的差异，因此，基于工业化体系的理论与方法无法与中医传统的理论与方法有效结合，从而在今天工业化占据主导的社会中，中医药的发展显得相对缓慢。这种发展的滞后主要表现在：西药制药方法注重有效成分的提纯，对药品的构成成分以及毒理病理的分析相对较为清晰，而中药更注重组方的系统效果；西药的生产完全采用工业生产方式，这使得西药业得以快速发展，而中药制药则以多种原料药材共煎和膏、丸的生产方式为主，很难运用工业化的生产模式，因而长期以来其生产规模无法迅速扩大。为了加快中医药的发展，促进中药制药的科学化和规范化，使传统的中医药行业向现代中医药方向发展，近年来国家食品与药品监督管理局开始对中药制药企业强制性实施GMP认证，这对一向传统的中医药行业来说，既是挑战也是机遇。这一政策措施使中医药制药行业的生产模式发生了重大的改变，各企业纷纷建立了符合GMP标准的生产系统。从甘肃省中药企业的情况来看，到2019年底，虽然大多数企业均通过了GMP认证，但是多数企业仅有一两种主要剂型的生产线通过了认证，而其他剂型仍然采取以前相对落后的工艺生产。这也是甘肃省中药企业发展缓慢，难以走出国门实现国际化的制约因素之一。

2.野生资源保护和驯化滞后

目前，野生中药材资源均分布在各林区或自然保护区，由林业部门进行保护和管理，而中药材种植则是由农业部门负责管理，野生中药材资源的驯化又是由中医研究机构负责。一是上述各部门没有形成有效的沟通和协调机制；二是省上没有专门的机构和相应的政策；三是绝大多数专业研究机构由于资金与人员的短缺，无力开展研究工作，即使有一些经专家多年研究选育出的中药材新品种，由于项目经费紧缺，无法迅速推广；四是由于中药材的育种工作长期未能纳入农作物品种选育推广计划；从而导致我省的野生中药材驯化一直处于严重滞后的状态，中药材种植长期以来只能集中在原有的几个品种上，不仅存在品种退化问题，而且阻碍了中药材品种扩大和种植规模的形成。

另外，由于野生中药材资源地大多人烟稀少、位置偏远，难以实施有效保护，长期对野生药材的滥采乱挖导致一些稀有名贵的野生药材，如甘草、肉苁蓉、麻黄草、锁阳、秦艽、虫草、羌活、杜仲、刺五加、厚朴等野生资源濒临枯竭，也给野生中药材的驯化带来了困难。

3.组织化程度低，管理滞后

甘肃省中药材主产区虽已将中药材生产作为当地支柱性产业，而且主要品种如岷县当归、陇西黄芪、白条党参等名品的种植已形成较大规模。然而，就中药材种植的组织化程度来看仍然偏低，虽有数量众多的当地政府牵头组织和种植户自发成立的农业合作组织及各类专业协会，但大多流于形式，实际上仍以家庭分散种植和销售为主，这使得中药材主产区经常出现“产能过剩”和“产能不足”交替的局面。除组织化程度偏低以外，中药材种植环节上的管理滞后也是造成种植效益偏低的原因之一。这种管理滞后具体表现在如下三个方面：一是管理体系不健全。到目前为止，省、市、县各级政府在中药材种植方面没有统一的专职管理机构，管理中药材仅用一般农产品管理方式，仍属农业部门管理；二是没有全省统一的中药材种植规划和计划，主产区的中药材种植规划与计划仍然是各自为政，产品结构高度雷同；三是市场管理滞后，各类市场参差不齐，既无统一的管理规范，各市场之间也未形成有机的协调。上述问题导致中药材种植长期处于盲目种植和无序竞争状态。同时，片面追求种植面积的扩大和产量提高，导致中药材生产过剩和市场价格不稳定，无法形成品牌效应。

4.中医药产业发展水平低

主要体现在以下几个方面：其一，如前所述，野生中药材驯化和新品种培育工作严重滞后，导致资源利用率不高。其二，甘肃省尚未制定中药产业的总体发展规划，虽然各市县均制定了中药产业的发展规划，但均从地方利益角度出发，显得较为盲目和雷同，导致同类产品的市场竞争程度不断加剧，整体利益下降。其三，从种植到加工和销售没有统一规范的标准。如在种植方面获得国家GAP基地认证的非常少，通过GMP和GSP认证的企业数量也十分有限。更为突出的问题是，在中药材的初加工和部分传统成药生产环节尚无统一规范的加工炮制标准和有效成分测定标准，大量的中药材存在程度不同的重金属残留和农药超标现象，质量难以保证。其四，中药材种植的组织与管理滞后。从各地提供的资料来看，中药材种植与销售的各类合作组织和协会数量众多，但通过实地调查访谈，绝大多数是有名无实，实际上仍然是以农户自主种植和销售为主。虽然农户有意愿建立合作组织，但在销售及收益方面难以统一和协调，而“公司+农户”“公司+基地+农户”等模式由于企业需要巨大的投入，而且在收购价格方面与农户难以协调，企业既无意愿也无力承担。如何形成有效的种植合作组织是目前面临的最困难的问题。其五，生产加工企业数量少、规模小、技术相对落后。目前，全省以中药材加工和成药生产为主的企业仅百余家，而且以中小企业居多，资产过亿、利润过千万的企业仅4～5家，大多数企业主要从事中药材的初级加工，技术、设备陈旧，产品附加值低，大量的中药材只能以原料形式出售，具有市场知名度和竞争优势的品牌偏少。尤其缺少龙头企业，因而带动作用弱。其六，市场体系不成熟，结构不合理，信息不畅通。虽然中药材市场的发展较快，数量较多，但一是大多数市场是以中药材销售为主的市场，而且大多属于附属市场，专业市场相对较少；二是市场的地域布局尚不够合理、不够集中，各类市场之间、市场与种植之间尚未建立起全面有效的信息沟通与共享机制；三是市场中各类专业服务机构，如技术服务、信息提供、咨询服务等机构偏少，即使在具有一定规模的专业市场中，从配套设施、仓储物流、加工包装到中介服务仍然较为落后，难以适应国际化发展的市场要求。

5. 中药产业结构不合理

目前，甘肃省域尤其县域中药产业化组织少、规模小，生产力水平较为落后，产业集中度低；在以中小企业为主的产业发展中，众多中小企业处于分散竞争、粗放型发展状态；各地追求地方经济利益，各自规划发展，从而重复建设与恶性竞争并存，尚没有形成规模效益。同时，缺乏中药产业集群化发展的龙头企业，而既已形成的龙头企业尚没有摆脱“小、散、低、弱”状态，市场竞争力和带动效应有限，而且受自然和市场的双重风险制约，具有很大的不稳定性；在中药企业开始聚集发展的背景下，许多地区发展的中药产业集群未能充分突出本地区的资源优势，而且聚集区内主导产业不突出，产品、产业模式和定位同化明显，使大中小企业之间没有建立起产业链条关系，专业化分工与协作网络没有形成，不完全竞争和过度竞争并存，使中药产业以及组织协同层次低。中药产业化经营水平低，产业链多为中药材生产及销售两个环节或中药材生产、粗加工及销售三个环节，精深加工比例不高，附加值低，市场竞争力弱，限制了产业集群规模的扩大和产业化水平的提升。

6.品牌效应不足，缺乏优秀大品牌

甘肃省虽然是我国最主要的中药材产地之一，但省内的中医药企业品牌并没有建立起来，佛慈制药、扶正制药、太宝制药、奇正藏药等品牌与国内十大中药品牌相比，仍有不小的差距。知名品牌较少，将无法发挥良好的品牌效应和品牌集聚效应。在“一带一路”背景下，如何集中力量，打造属于甘肃中医药产业的品牌，并通过发挥品牌效应，加大周边国家的宣传和推广，进一步扩大在周边国家的市场，带动其他中医药企业的发展，最终推动整个中医药产业的繁荣，是甘肃省亟待解决的问题。[10]

7.创新能力不强，发展后劲不足

任何一个企业在现代市场经济运行中，能够获得稳定发展的基础是技术及其研发能力，对于中医药企业来说，也是如此。[11]而产品与技术的研发能力体现在如下两个方面：对新产品的研发能力以及研发成功后将其成果转化为经济效益的能力，而这一切均需要高水平的研发人才与强大的研发资金支持。从这个角度来看，甘肃省中药企业由于一方面受传统中医药理论与方法的局限；另一方面由于中医药自身的特征，新药的研发周期较长，研发投入巨大，一般企业无力承担，专业研究机构又苦于无研究经费，致使专业人才无用武之地，原有人才大量流失，后继人才培养困难。而且大部分企业仍然在微薄的利润中挣扎，根本无力进行相应的研发投入，导致整个行业发展缓慢。此外，中医药创新平台建设十分滞后。缺乏中医药技术服务和传承创新平台，是制约甘肃省中医药产业发展和产品创新的一个瓶颈。据甘肃省统计局统计：2019年，甘肃省规模以上中医药生产企业仅68户，实现工业总产值75.6亿元，其中，中药饮片加工企业48户，中成药生产企业20户。甘肃省绝大多数企业普遍存在生产技术水平不高、创新能力不足、产品科技含量不足、同质化严重等问题。这也是甘肃省中药制药业及相关企业在抓住“丝绸之路经济带”建设机遇，快速拓展国际市场中所面临的主要问题之一。

8.市场营销能力弱。

就中医药企业自身的运行来看，市场营销能力弱也是制约甘肃省中医药产业发展的重要因素之一。现代管理学的理论研究与企业实践充分表明，随着经济的发展特别是产业的发展，企业间的竞争日趋激烈，企业要想在激烈的竞争中立足，其市场营销的能力和水平就必须不断地提高。市场营销的能力和水平越来越成为企业获得稳定生存和良好发展的决定性因素之一。从目前甘肃省各中医药企业市场营销的状况来看，其市场营销能力弱主要体现在如下三个方面：第一，观念陈旧。许多企业至今在思想观念上，并未真正领会市场经济所具有的竞争性和优胜劣汰的本质属性，没有意识到市场经济体制下，营销是决定一个企业成败的首要因素，没有对市场营销引起高度的重视，许多企业的营销人员不是积极主动跑市场，而是坐在营销部里等客上门。第二，由于大部分企业仍属中小企业，规模小，无力建设一支强大的营销团队。第三，由于医药行业普遍实行代理销售制，从而导致生产企业的市场营销能力弱化。

9.社会配套设施不到位

近年来，我省各级政府对中医药的财政投入有了较多增长，但由于大多数中医医院基础差、底子薄、历史欠账多，目前依然没有较大的改观；在基本建设、医疗设施配备、科研立项和科研经费的划拨上，中医药远远少于西医。近年来实施的一些卫生建设项目，没有全部涵盖中医机构，特别是藏医药缺乏民族医药资金的专项支持。国家财政总体上的投入不足，是制约中医药产业发展的首要因素。在国家医疗保障体系中，中医药的项目比较少，价格比较低，中医院院内制剂不能发挥应有的作用。当前，中医院院内中药制剂的管理，按照《医疗机构制剂配制质量管理规范》《医疗机构制剂许可证验收标准》等规定执行，规范了院内制剂的研制生产，保障了患者的用药安全。但是，由于规定的生产标准要求较高，我省部分市县中医医院条件有限，院内制剂的生产达不到国家标准，使得一些在临床上疗效良好、患者认可的膏、丹、丸、散等制剂，日渐萎缩直至停产，造成凝聚多年临床经验和民间智慧的中医药传统制剂，不能发挥应有的效能。甘肃作为中药材种植大省，原产地的资源优势开发利用不足。中药材产业停留在原材料产出阶段，精深加工、新药研制开发等产业升级进展缓慢，发展后劲不足。甘肃特色的人文中医药资源，没有得到较好的开发和利用。运用现代科技改造、提升中医水平、提高中药材产业竞争力的工作收效甚微。

10.资源环境问题日益突出

中医药产业以有生命的动植物为主要生产对象，耕地、水资源、草地、森林、野生动植物等自然资源是中药产业发展的基础。甘肃自然资源禀赋状况差，又是全国少有的生态恶化区之一，随着中药产业的规模化、区域化发展，中药产业集群的资源利用短期化行为与可持续发展即生态化问题日益凸显。当前，一些地区盲目追求区域中药产业发展的速度与数量，过度开发利用本地区的中药动植物资源，使生态环境问题日益严重。同时，许多中药材种植、加工及关联企业生产中，大量使用化学制剂、废弃物乱投放等环境污染问题突出，不仅影响了生产、生活与生态环境，中药产品的安全性也受到质疑，影响了区域中药产品在国内外市场的声誉，而地方政府又缺乏促进中药产业与资源环境协调发展的制度环境建设，从而制约了中药产业集群的可持续发展。

三、丝绸之路经济带建设对甘肃中医药产业发展带来的机遇与挑战

党的十八大以来，习近平总书记多次指出要加大中医药发展的力度，促进其在海外的发展。2013年9月，在“一带一路”沿线重镇比什凯克出席上合组织成员国元首理事会第十三次会议时，习近平总书记提出：传统医学是各方合作的新领域，中方愿意同各成员国合作建设中医医疗机构，充分利用传统医学资源为成员国人民健康服务。

丝绸之路经济带是连接内陆城市与沿边国家的重要通道，甘肃作为丝绸之路经济带的重要节点，为甘肃中医药“高质量走出去”的发展战略提供了新的契机。截至2022年，中医药已经传播到世界196个国家和地区，中国政府同40多个国家和地区签署了专门的中医药合作协议。国际标准化组织也成立了专门的中医药技术委员会（ISO/TC249），并陆续制定颁布了69项中医药国际标准。以中医药为代表的传统医学被纳入世界卫生组织国际疾病分类代码（ICD-11）。中医药作为国际医学体系的重要组成部分，正为促进人类健康发挥积极的作用。丝绸之路经济带的建设，对于甘肃加大中医药产业的国际宣传和影响力，打开丝绸之路经济带沿线国家市场、推广产业产品和服务、加大对外贸易出口水平、发展中医药产业具有重要的推进作用。与此同时，丝绸之路经济带的建设也对甘肃中医药产业的发展带来了新的挑战。

（一）丝绸之路经济带的建设为甘肃中医药产业发展带来的机遇

丝绸之路经济带建设作为我国对外开放的核心之一，其内涵是以经济合作为基础和主轴，甘肃省作为丝绸之路经济带的重要节点，中医药产业作为甘肃优势产业，完全可以通过实现“高质量走出去”战略，进一步扩大市场范围，在丝绸之路经济带沿线国家打开市场，实现更大的发展空间和更高的经济收益。在丝绸之路经济带建设背景下，甘肃中药材产业可以通过有效的营销策略和投资实践，不断树立企业在沿线国家的中药材产业形象和口碑，逐渐获得沿线国家对于企业产品和服务的认同和支持，进一步提升企业产品和服务的国家影响力，提升中国制造的国际声誉和形象，在实现企业自身发展壮大的同时，实现国家经济的发展进步，提升中国在世界的影响力。

自共建丝绸之路经济带提出以来，甘肃省在中医药“高质量走出去”方面开展了大量工作，取得了很好的成效。甘肃省通过成功举办三届中医药产业博览会，初步搭建了中医药合作交流的国际平台。目前，甘肃省在白俄罗斯、吉尔吉斯斯坦、匈牙利、泰国等16个国家建立了岐黄中医学院或中医中心，诊疗患者2.2万人次，培训境外人员近1 000人次。此外，甘肃省采取“以医带药”和“以药促医”等方式，推动中药及中医器械的国际注册认证及推广应用，组织省内中医药企业赴多个国家参加国际化专业展会，开展对接洽谈、境外认证、商标注册等业务，有效拓展了中医药海外市场。2018—2020年，全省实现中药出口近1.5亿元人民币，年增长率超过20%。目前，中国已在“一带一路”沿线国家建设了一批中医药中心，在国内建设了17家中医药服务出口基地。

特别是在2020年，面对百年不遇的新冠疫情，甘肃卫生健康系统、中医药系统闻令而动、迎难而上，创新实施中西医专家共同会诊、查房、病例讨论，中西医全程联合救治、“一人一案”辨证施治，积极研发“甘肃方剂”参与预防、治疗、康复全过程，在抗击疫情中展现了中医药的独特魅力。新冠疫情发生以来，“甘肃方剂”因“第一时间”介入，参与治疗新冠肺炎，治疗率居全国前列而备受称赞。在此次疫情中，中医药产业所展现出的力量无疑是巨大的，让全国人民和世界人民都重新认识了中医和中药，打破了中医药见效慢、多用于调理的常规认识，中医药的影响力得到了显著的提升。习近平总书记曾说，过去，中华民族几千年都是靠中医药治病救人。在丝绸之路经济带建设的过程中，特别是经过抗击新冠疫情、非典等重大传染病之后，沿线国家对中医药的作用有了更深的认识，这为甘肃中医药产业借助丝绸之路经济带建设带来了重要的契机，打开了丝绸之路经济带沿线部分国家的市场，中医药产业发展水平得到显著提升。在未来的发展中，甘肃中医药仍要依托丝绸之路经济带的建设，抓住机遇，充分发挥中医药产业的优势，进一步扩大丝绸之路经济带沿线国家市场，加大对外贸易出口量，利用好产业的规模优势，提升中医药产业的发展水平，进而推动甘肃经济的繁荣。机遇与挑战总是并存，甘肃中医药产业要想抓住丝绸之路经济带建设的契机，关键是要克服丝绸之路经济带建设中所面对的挑战。

（二）甘肃中医药产业在丝绸之路经济带的建设过程中面临的挑战

从丝绸之路经济带建设的实际以及甘肃中医药产业发展的现状来看，其面临的挑战主要来自以下两个方面。

1.来自语言、文化、法律等方面的挑战。

依托丝绸之路经济带的建设实质是利用好国外市场和资源，丝绸之路经济带的涉及范围广泛，沿线包括几十个国家，为中医药产业的发展提供了巨大的潜在市场。但不同的国家由于起源和发展历史不同，造就了多样的语言、文化、法律等。因此，中医药产业在对外开放的过程中，要克服来自多样文化、各式语言、不同法律的障碍。在对外发展过程中，首先要克服的就是语言障碍，语言的沟通和交流对中医药产业的对外宣传和对外贸易是必不可少的，是保证交流顺利进行的基础条件，是中医药知识和文化正确传播的重要保障。[12]语言沟通与交流的障碍可能导致中医药相关内容不准确、不规范的翻译，造成了国外用户对中医药的误读误解，不利于中医药产业的发展，严重阻碍了中医药贯彻执行“高质量走出去”的发展战略。[13]同时，克服来自文化的挑战也是必要的。对他国文化的不了解可能导致一些文化冲突，对中医药产业的发展造成阻碍、损害国家之间的关系。在与丝绸之路经济带沿线国家的交流中，要深入了解他国文化的历史和现状，秉承着相互尊重、共同发展的原则开展对外贸易。通过对他国文化的学习和了解，寻找发展中医药产业的切入口，借此开拓国际市场。此外，法律方面存在的不同也值得注意。在国际之间的交往过程中，贸易等的摩擦是难以避免的。因此，熟知他国法律对于避免违反他国法律、维护自身权益是必要的。但是，目前精通中医药专业知识、掌握他国语言、文化和政策法规等的综合型人才大量缺乏，对甘肃中医药产业抓住丝绸之路经济带建设发展机遇造成了挑战。

2.来自中医药知识产权保护的挑战。

虽然我国目前是世界第二大经济体，体量巨大，但是我国仍处于社会主义初级阶段。知识产权制度在我国发展时间不长，对知识产权保护的意识仍然不够深入，中药企业对知识产权也不够重视。一方面，受传统观念的影响，一些知名中医将长期临床研究总结出来的秘方，只通过家庭内部传承下去，认为使用公开换取保护的方式会失去中国传统特色；另一方面，很多人不认可中医标准，质疑中医药传统知识的科学性和技术性，放任传统知识流失或变异。不少中药企业存在重市场轻保护的现象，在中医药知识产权上投入过少。特别是在丝绸之路经济带建设的背景下，中医药可以通过“高质量走出去”的战略开拓市场，发展产业，但是同样会面临来自中医药国际知识产权的挑战。在向丝绸之路经济带沿线国家宣传中医药和出口商品的过程中，可能会存在他国利用我国中医药知识、技术、产品等申请专利，或者非法利用我国中医药成果，造成我国中医药产业出现损失的情况。因此，在借助丝绸之路经济带发展甘肃中医药产业的过程中，要重点关注知识产权的保护问题。

四、丝绸之路经济带建设背景下甘肃中医药产业发展的策略

为了抓住丝绸之路经济带建设的机遇，充分发挥甘肃省中医药产业的优势，积极拓展甘肃省中医药在丝绸之路经济带沿线国家的市场，甘肃省中医药产业应从如下几个方面展开工作。

（一）加大对野生中药材资源的保护与选育

作为中医药产业发展的基础，甘肃省应增加资金投入。一方面，加大对省内野生中药材资源的保护与选育。其一是加强发改、林业、农业及中医药管理部门和研究机构之间的分工协调，以林业部门为主，组建专门机构负责野生中药材资源的保护。其二是以中医药管理部门和研究机构为主，对野生中药材资源，特别是重点野生资源和品种进行选育，建立若干野生中药材资源种苗的培育驯化基地，为种植和加工提供资源保障。另一方面，应在积极了解丝绸之路经济带沿线国家的植物资源的基础上，对当地药材资源予以开发利用。

（二）加快推进中药产业生产的标准化和规范化

标准化和规范化生产是产业形成与发展的基本条件，而小规模分散化的生产

方式容易导致盲目跟风的市场行为，难以实现与千变万化的大市场的有效接轨。因此，甘肃省中药产业的发展应加快如下方面的工作：一是尽快成立专家委员会，制定从种植到加工和销售各环节的统一标准，并实施行业和市场准入制；二是在种植和销售环节，重点扶持专业种植大户和重点销售企业，并通过扶持大户和重点企业，带动种植与销售合作组织的发展，最终形成以有效的合作组织为依托的规模化、专业化、标准化种植与销售模式；三是在生产环节，从初加工、提纯及成药三个方面重点扶持龙头企业，并通过龙头企业带动相关企业和相关行业的发展，尤其要鼓励和支持企业通过GMP、GSP认证。这既是甘肃省中医药产业发展最薄弱的环节，也是产业发展最重要和最关键的环节，应给予优先重点支持。

（三）构建中医药外向型产业发展集群

政府应根据丝绸之路经济带沿线国家医药发展的状况和市场需求，重点规划中医药产业集群布局。[14]在扩大与中亚、西亚国家的经贸合作中，应将甘肃中医药优势资源与“丝绸之路经济带”沿线国家医药、卫生、旅游等产业的发展融合起来。以现有的兰州佛慈制药、独一味、奇正藏药等知名药企为依托，重点采取税收、技术、土地、金融等扶持政策，选择并购、合资、参股及租赁等多种资产运作方式在境外组建独资、合资药企，促进企业集聚和产业集群，培植面向中亚、西亚、东欧国家的中医药服务机构、中药生产基地和加工贸易基地，不断配置优化现有企业的资金、技术、设备、人才等产业资源，改变目前甘肃中药产业“弱、散、小”的局面。

（四）加大政策扶持力度

增长理论研究的结论及实践经验均表明，在欠发达地区，要素的边际报酬率远低于发达地区，如果没有政府干预作用，仅依靠市场机制的力量难以吸引和汇聚要素。因此，甘肃省首先应该制定有利于中药行业快速发展的倾斜性政策及措施。[15]例如：首先，建立针对中药行业的中小企业发展基金和中医药研发创新基金，并充分运用财政补贴政策、土地批租政策，支持中药行业提升整体水平；其次，通过设立中药产业园区的方式吸引多方投资进入中药行业，同时鼓励省内中药生产企业通过兼并、重组、合作等多种方式，形成一批具有较高技术水平和较强竞争力的龙头企业，从而有效带动整个行业的发展。[16]

（五）加快培育和引进人才促进中药技术创新

产业发展变化的规律表明，技术创新是产业赖以发展的核心要素，而技术创新又依赖于专业技术人才，即产业的竞争优势集中体现在其技术创新水平和人才的拥有。因此，加快培育和引进人才，促进中药技术创新是甘肃省中药材产业发展的当务之急。鉴于此，甘肃省应加大政策支持力度，一是积极培育和吸引技术创新及高级管理人才；二是加大对中医药基础研究和技术创新的支持力度，鼓励企业加强与各类中医药院校及科研机构的协同与合作，建立中药材种植技术、生产与加工技术、中成药新品种研发中心及中医药基础研究中心，有效扩展中医药产业的人才队伍、提升技术创新水平；三是加大对道地药材的科技攻关，研发中药新产品，提高中药材的附加值和产品质量，形成具有高品质、临床疗效好、市场竞争力强的中药材产品品牌优势；四是以科技为先导，带动外向型中医药产业的发展。从欧美、日本等发达国家的发展历程来看，不断培育创新能力才是我国中医药企业在国内外竞争中赢得竞争优势的源泉。面对世界范围内对中医药产业的关注，中医药产业相关人才匮乏的情况凸显。为了尽快改变这一状况，甘肃省中医药产业一要整合并促进省内中医药产、学、研资源与沿线国家（地区）及全球科研机构或公司合作，联合培养人才，加大人才交流；组建协同创新联盟，联合开展研究，实现优势互补，共担研发成本，增加新技术、新工艺和新产品的开发及成果转化能力，提升产业现代化水平；二要充分运用信息、网络等现代技术，加快构建中医药网上科技服务与商品交易平台，提升甘肃中医药资源配置的效率，促进政府、企业、高校及科研院所在信息、资源和人才等方面形成合力，加速科技资源的聚集和成果的转化应用，打造规模化、技术化、服务化的中医药产业链；三要注意培养高素质的管理人才、生产经营人才和国际贸易人才，培养既懂医药又懂管理还精通国际贸易的复合型人才。

（六）强化市场监管和品牌保护

为了使甘肃省中医药产业借助丝绸之路经济带建设的机遇获得快速稳妥的发展，应进一步加强市场监管和品牌保护。一是加大对甘肃现有名优特中药材和中药品牌的保护。首先，要严厉打击生产销售假冒伪劣产品和侵犯知识产权的行为，特别要打击违规使用农业投入品、使用硫黄熏蒸等违法行为，冒用甘肃品牌获取不法利益的行为；要依法查处责任企业和责任人，维护中医药市场公平公正。其次，要抓好“种植—加工—生产—流通”等环节的质量安全控制，防止因质量安全事故造成的品牌形象的损害，同时加强检验检疫与药监部门的监管合作。在收购、储藏和加工环节，要扶优扶强、培育龙头企业，帮助企业规范加工和仓储设施建设，健全质量安全管理，提升储藏、加工能力和水平。二是要强化中医药知识产权保护，中医药知识产权保护既包含处方和配方的专利，还包括中药材生产、中药制药工程技术、中药炮制技术、中药质量控制与保障技术、中医药基础研究等，是多方面多层次的完整知识产权保护体系，其中对复方和古方的知识产权保护等更要加强研究。同时特别需要注意的是，海外知识产权问题，由于知识产权具有相对严格的地域性特征，因而国内中医药企业和科研机构要及时向海外当地政府申请知识产权保护。

（七）提高丝绸之路经济带沿线国家对中医药的认知和理解

促进甘肃省中医药产业的国际化发展，应在战略层面加强我省在丝绸之路经济带沿线国家的中医药文化推广、国际沟通与协作，提高中医药在海外的认知度和美誉度。如举办定期不定期的中医药博览会，对丝绸之路经济带沿线丰富的中医药古籍进行整理出版，发挥好海外中医职业队伍的宣传推广作用等。还应继续办好中国—东盟传统医药高峰论坛等国际性中医药会议，继续与国外政府和机构合作举办以中医为特色的孔子学院等。

（八）化解中医药在法律、政策、经贸、文化等方面的障碍

在丝绸之路经济带，甘肃省中医药产业国际化有着宽广的前景，但同时也受到海外法律、政策、经贸、文化等方面的障碍和挑战。同时，丝绸之路经济带沿线各国对中医药服务的需求也不尽相同，需要国家从宏观上加强顶层设计，统筹各个层面、角度，满足不同利益群体的诉求。应在丝绸之路经济带整体框架下确立相应的中医药产业政策沟通、货物与服务贸易、资金、民心等内容的合作框架，建立各种双边或多边协商运行和监督机制来保障合作方案的顺利进行。目前要做的包括在丝绸之路经济带沿线国家建设一批中医药体验示范中心，以中医针灸等独特的治疗项目让国外患者体验到疗效并体会到中医的内涵，发挥好中心以点带面、以医带药的辐射引领作用。同时还应设立政府主导的中医药丝绸之路经济带专项基金，为与沿线国家开展合作项目提供投融资支持。

（九）加快中药现代化的道路

中药制造的现代化是其国际化的必由之路。当前随着提取分离和成分分析技术的不断发展和进步，从中药众多复杂成分中获得效应组分已不是不可能的事，组分中药也必将成为开发新型中药的趋势。以中医药理论为基础、遵循中药方剂的配伍理论与原则、由有效成分或有效组分配伍而成的现代中药，具有有效物质更明确、作用机制更清楚、临床适应更确切等特点；并且组分中药能够有效申请专利来保护中药的知识产权，易于融入全球各部法典，能有效促进中医药走向世界。因此，甘肃省在中医药“高质量走出去”的发展过程中，要通过以上途径加大研发，提高科技创新能力，加快产业现代化建设步伐。[17]同时要利用先进科技，如生物、基因、信息、航天和纳米技术等，将其引入中药现代化的实践中。

（十）积极全面参与国际组织中涉及中医药政策标准的制定工作

中医药的国际化发展不单是中国或甘肃省的事，而是我国与丝绸之路经济带沿线国家乃至国际社会共同合作的事。因此，应充分发挥世界卫生组织的传统医药合作中心作用，积极争取世界卫生组织、国际标准化组织、世界中联、世界针联等相关国际组织的中医药合作项目，利用好国际组织的平台加强科研合作，积极参加中医药以及世界传统医药的法规标准制定并掌握主动权。[18]同时，在丝绸之路经济带沿线合作国家中，发挥中医药在新加坡、泰国等国家已经立法的优势，加快东南亚国家与中国的中医药一体化发展；发挥中医药在部分国家社会认可度高的特点，加强中医药标准的互认；帮助阿拉伯地区传统医学发展，使中亚、西亚也参与到中医药以及传统医药的标准化建设中来。

（十一）以传统中药的出口推进中医药服务贸易的发展

任何一个产业“高质量走出去”都需要循序渐进，甘肃省中医药产业借助丝绸之路经济带的国际化之路也需要分阶段来进行。如可先以我省佛慈制药、独一味、奇正藏药等知名药企的明星产品打入沿线国家市场，确立中医药的品牌和口碑，以明星产品带动相关产品的出口，然后择机开展对外投资合作。[19]同时，还要重视从文化和理念上带动中医药走出去的发展。在此过程中，企业需要系统透彻研究各国医药相关法规，形成一整套国际社会认可的中药标准，包括药品的安全生产管理、药品成分的作用机理、详细的说明书，以及药品包装的卫生合格标准。同时，“走出去”的中药企业还应组建好符合当地特点的医药营销网络。甘肃省中医药服务贸易在中药国际化的基础上，一是应借助丝绸之路经济带建设，适应不断变化的国际贸易运行规则，突出中医药产业链打通后服务贸易的优势；二是要加强对境外主要贸易国家或地区对我技术性贸易措施的调查与研究，主动作为，积极应对。制定严格的中医药产品质量与安全标准，构建技术性贸易措施预警与快速反应机制，促进传统贸易转型升级。

参考文献

[1] 常学辉，位磊.丝绸之路与中医药学 [J].中医药管理杂志，2015，23 (20)：165-167.

[2] 滕金聪，张宗明.古丝绸之路视域下中医药在印度的传播及现代意义 [J].世界中医药，2021，16 (04)：677-681.

[3] 王志宏，颜鲁合，林雪，等.“丝绸之路经济带”背景下加快甘肃中医药产业发展的对策 [J].西部中医药，2019，32 (08)：57-59.

[4] 季琼.“一带一路”背景下我国中药材出口现状、问题与对策 [J].北京劳动保障职业学院学报，2018，12 (04)：30-36，46.

[5] 王娟，蒲永杰，罗娟，等.甘肃中医药产业发展现状分析 [J].甘肃科技，2021，37 (10)：4-7.

[6] 赵芳.甘肃中医药产业发展循环经济的优劣势分析 [J].老字号品牌营销，2019 (06)：10-12.

[7] 王志宏，林雪，颜鲁合，等.“丝绸之路经济带”视角下加快甘肃中医药产业升级的对策探析 [J].中国药事，2018，32 (12)：1669-1674.

[8] 王志宏.加强甘肃省中医药地域文化建设的若干思考 [J].医学与社会，2013，26 (01)：61-63.

[9] 李慧，俞力畅，陆永强，等.中医药地方立法现状及立法建议 [J].中草药，2020，51 (21)：5664-5668.

[10] 文建强，王娟，蒲永杰，等.后疫情时代甘肃中医药产业发展“陇药三名”策略 [J].甘肃科技，2021，37 (15)：8-10，46.

[11] 王琳.推动中医药振兴发展的四个维度 [J].天津师范大学学报（社会科学版），2022，(01)：109-114.

[12] 崔璨.文化强国视域下中医药翻译存在问题及对策［J］.莆田学院学报，2021，28（06）：72-75.

[13] 丁立福，郭智莉，张健.论中医药国际化进程中的译介成果、挑战及对策［J］.安徽理工大学学报（社会科学版），2021，23（04）：74-79.

[14] 蒋成，李顺祥.中医药产业高质量发展的思考［J］.人民论坛，2021（03）：92-93.

[15] 刘迅，邓奕辉.中医药发展的优势、劣势、机会与威胁分析［J］.医学与哲学，2021，42（13）：62-66.

[16] 金汝城.现代化——甘肃中药产业发展的必由之路［J］.西部论丛，2005（05）：38-40.

[17] 罗中华，梁婷，张翔，等.推动甘肃省中医药服务贸易发展策略研究［J］.中国中医药信息杂志，2017，24（01）：15-19.

[18] 段资睿.中医药产业国际化发展路径研究——基于“一带一路”倡议的视角［J］.国际经济合作，2017（04）：76-79.

[19] 罗中华，梁婷，张翔，等.推动甘肃省中医药服务贸易发展策略研究［J］.中国中医药信息杂志，2017，24（01）：15-19.

甘肃中医药拓展海外市场的华侨动员

喇杰廉①

中医药是中华文化的瑰宝，是几千年来中华文明的结晶，在中国人民长期以来与疾病的斗争中发挥了重要的作用，也在目前防控新冠疫情的过程中发挥了积极作用，这是举世瞩目的。随着中医药的发展，这一古老的传统医学也深受世界各地人民的喜欢，特别是改革开放以来，很多人走出国门，在世界各地谋求发展，世界各地的侨胞把中医文化和中医药也带到了国外，使中医药在国外有了迅速的发展，也使各国人民对神奇的中医药有了广泛的认知。同时，我国近几年在国外对中医药文化的宣传和推动也发挥了巨大的作用，特别是“一带一路”建设的新形势，为中医药走向世界提供了新的战略方向。

中医药合作交流已经成为“一带一路”建设的新亮点，有着巨大的发展潜力。中医药在“一带一路”沿线国家不仅具有相对更深的历史渊源，还有着现实的客观需求。在参与各方的共同努力下，中医药“一带一路”建设已经取得初步成效。各省、自治区、直辖市“一带一路”建设的思路举措、在国外推广中医药技术和推动中医药立法的方法、中医药海外中心等平台的建设，都为中医药“一带一路”建设积累了宝贵的经验。当前，中医药国际化发展有着难得的历史性机遇，同时，中医药在2020年以来新冠疫情中的出色表现又为其走向世界迎来新的机会。[1]

甘肃是华夏文明的重要发祥地，也是中医药学的重要发祥地。甘肃中医药文

---

①喇杰廉，巴基斯坦岐黄中医中心主任，医学博士，甘肃省侨联特聘专家。

化厚重，拥有丰富而独特的中医药资源，有“千年药乡”和“天然药库”之称，并已成功举办了多次中医药产业博览会。甘肃早在20世纪90年代初就迈开了中医走向国外的步伐，甘肃省中医院派出医疗队在巴基斯坦首都伊斯兰堡创立了第一个由官方派出的“甘肃针灸医院”，目前在白俄罗斯、巴基斯坦和泰国等国家创办了“岐黄中医中心”。甘肃也曾派出中医药代表团到伊朗和巴基斯坦等国家进行中医药文化交流，同时也有很多国家的中医药爱好者前来甘肃学习中医药和针灸。

海外华侨华人既是中医药海外发展的服务对象，也是中医药海外发展的重要依托力量。海外中医师主要是华侨华人，中医业既是侨胞的谋生手段，同时也为海外侨胞健康提供了重要保证。华侨华人在推动海外中医药事业发展中具有独特优势。在很多国家，华侨华人把中医药带入该国，经过华侨华人的努力，中医药在有些国家已经立法，针灸治疗被纳入医疗保险，中医药养生在国外也成为时尚。

一、中医药发展在美国、加拿大和部分欧洲国家的现状

在美国、加拿大和欧洲的很多地区，中医和针灸已经合法使用，中药归类为代替医学，补充医学或自然疗法等，中医药在有些地区也已立法，在很多地区也已成立了中医药管理局和中医学院等教育机构，[2][3]有些城市中药以食品方式出现在华人超市和参茸堂等场所，中药主要在华侨华人圈内使用，但针灸和推拿按摩等已被广泛接受。以加拿大温哥华为例，中医已立法，已有中医药管理局对中医师进行注册管理，并有具体的管理规定，对中药师、针灸师也有具体的要求，[4]也有如温哥华国际中医学院等中医教育机构，中医教育已走向了正规英文教育，中医（特别是针灸和推拿）已成为有些外国人的谋生职业。针灸也被纳入医疗保险，每年可以报销一定数量的针灸治疗费。在温哥华，中医诊所随处可见，在华人区有很多的参茸堂，各种中药也易找到，而且品种不比国内少，使中医诊治非常方便，而且比西医治疗更加经济实惠。

二、中医药在中亚发展的现状

随着我国与中亚五国（哈萨克斯坦、吉尔吉斯斯坦、塔吉克斯坦、乌兹别克斯坦、土库曼斯坦）政治，经济和文化交流的发展，中医药方面的交流和合作也已逐渐兴起，具体体现在中医在这些国家的发展受到当地政府不同程度的重视和

支持，开设的中医针灸推拿等诊所的数目在不断地增加，国家之间在中医药方面的交流也增多。虽然在这些国家西医占主导地位，但中医药在自然治疗或代替医学方面起到了重要作用，彰显出了强有力的发展潜力。如吉尔吉斯斯坦政府鼓励设立中医诊所，设立了相应的机构负责中医诊所、中草药、中成药市场等，两国有关医药公司建立了合作关系。塔吉克斯坦、乌兹别克斯坦、哈萨克斯坦、土库曼斯坦从民众到政府都对中医有着极大的兴趣。[5]

三、中医药在南亚的发展现状

南亚国家与我国有相似的文化背景和习俗，中医药在南亚地区已被了解和接受。南亚地区8个国家中，印度的传统医学起源最早，南亚其他各国传统医学的发展很大程度上都基于印度传统医学，主要包括阿育吠陀医学等。从中医准入南亚国家的立法情况来看，多个国家都有对应的立法。[6]

在南亚各国，医疗卫生方面虽然以西医为主，但也非常重视自然疗法和传统医药。民间对草药、针灸等疗法都非常重视，当地的民间疗法也和我们中医疗法有非常相似之处，所以中医药在民间深受欢迎。在印度、巴基斯坦、斯里兰卡等国家有自己的针灸和草药教学机构和研究机构。以巴基斯坦为例，受到伊斯兰医学文化的影响，拔罐放血疗法与中医的拔罐非常相似，同时也有自己的传统医学和草药，在治疗上也主要以西医为主，但广泛接受外来传入的医学，如顺势医学、伊斯兰医学等。而且这些医学和西医一样有合法地位，也有自己的管理机构、教学机构、科研机构和药物制造厂家。巴基斯坦是我国的友好邻邦，自20世纪70年代开始，就有官方派专业医生到我国学习针灸，回国后在政府医院开展针灸治疗工作的先例。有些中成药也因其显著的功效在当地被推广使用，受到广大患者的欢迎，例如，在首都伊斯兰堡的大药店就可以买到由中国出口的“丹参胶囊”“前列康”等中成药。近年来，巴基斯坦的大学和科研机构也与中国的中医药大学以及中药开发科研机构共同研究并开始在当地种植和研发新的中成药[7][8]。巴基斯坦也经常派出代表团到中国的中医药大学和科研机构参观学习，中国的中医药代表团也到巴基斯坦访问交流，推广中医药文化，当地的中国文化中心和孔子学院也经常举办中医保健讲座和中医知识讲座等活动。

甘肃省是在巴基斯坦最早推广中医的，早在1991年甘肃省中医院就派出医疗队在巴基斯坦首都伊斯兰堡创立了“中国甘肃针灸医院”。甘肃省中医院邀请了当时的“巴基斯坦医学和牙科学会”访问了甘肃省中医院，此学会是巴基斯坦西医医生资格注册和管理机构，甘肃省中医院和甘肃中医药的发展给他们留下了深刻的印象。“中国甘肃针灸医院”发展为“中国针灸中心”，成为唯一由巴基斯坦卫生部许可的针灸中心，于2016年12月由甘肃省卫健委和甘肃省中医院来访巴基斯坦的中医药交流代表团挂牌为“巴基斯坦岐黄中医中心”。

四、中医药在海外发展面临的问题

（一）法律和政策的影响

中医药在海外的发展有很多的挑战，很大程度上受到当地政策的影响，即中医药管理在当地是否已立法，是否允许进口中药和应用中药；是否具有中医药管理体系，是否允许中医医生行医；是否允许中医教育，是否允许培养中医人才。例如，在巴基斯坦已允许进口中成药，在药店中已有某些疗效非常好的中成药如复方丹参胶囊等销售，但由于中医没有立法，不允许中医医师执业，而没有多少当地西医医生知道此药，只有个别华侨华人医生知道此药、向患者推荐此药，或仅在华侨华人中使用，或个别知道此药的患者相互推荐，所以销量很小，即使厂家做了大量的广告，发展仍然较为缓慢，迫使进口商停止进口。

（二）文化习俗的影响

当地的文化差异和对中医药的认可程度也是影响中医药在海外发展的重要因素。虽然中医药在有些国家已被立法，有专门的中医管理部门发放中医医生执照，也有中医教育机构，中草药有进口的规则和销售的规则要求，但中医药的发展和应用都在华人圈，中药的销售在华人超市、参茸堂等华人的生活圈，而外国人接受的主要以针灸和推拿按摩为主。由于华人人口数量有限，所以发展相对缓慢。

巴基斯坦一直保持着采用传统医药的习惯，普遍应用传统医药防病治病，应用的传统医药体系是尤纳尼医学。目前尤纳尼、阿育吠陀和顺势疗法都在巴基斯坦医疗体系框架之中，[9]但对中医没有明确的管理制度，也没有被纳入西药的管理制度，随着中草药在世界范围内的应用发展，巴基斯坦也于2012年在药物管理方面对中草药和中成药的进口有了明确的立法。中草药、中成药或含有中药配方和中药成分的保健品都需要在药监部门注册和审批。巴基斯坦对顺势医学和民族医学都建立了独立管理系统，有药品进口要求，有大学和学院等教育机构，也有对医生的注册和管理系统。对于中医药，虽然对药品的进口有了明确的要求，但还没有教育机构和对中医医生的注册和管理机构。而针灸和拔罐等，相对容易操作，在印度、斯里兰卡和巴基斯坦推广较早，接受程度也较广泛。

五、发挥华侨华人对中医药在海外发展方面的推动作用

（一）促进华侨华人与所在国政府之间的中医药交流合作

华侨华人与所在国的各个阶层和部门都有着千丝万缕的联系，对中医药在当地的发展具有非常好的优势。目前在“一带一路”倡议下，中国和南亚国家已在经济、文化各方面有了广泛的合作，侨胞应该积极努力参与推动政府之间的中医文化交流和合作，促进所在国中医药的合法化、药物进口合法化、药物销售合法化、中医药教育和行医合法化，为中医药走向世界铺平道路和创造良好条件。目前，我国积极推动和支持中医药在国外的发展，也是中医药在海外发展的良好时机。由于中医药的廉价有效，以及世界卫生组织对中医药在某些疾病治疗上的推荐，很多国外的政府机构也有积极合作的态度，都在努力寻找中医药方面合作的机会，海外侨胞应积极掌握机会，做好信息交流工作，促进政府之间的中医药交流，这对中医药在当地的发展相当重要。

（二）促进中医药产业和教育机构的合作

华侨华人熟悉我们国内中医药产业以及中医药教育的优势和所在国的医疗以及中医药发展状况，有利于促进两国的教育、学术机构和生产企业等在中医药方面的交流和合作。目前南亚国家的民族传统医学发展在教育、科研、生产等方面与中国的中医药发展相比较，一般落后于中医药的发展。侨胞应该促进企业对企业、机构对机构的对接，介绍我们甘肃的中医药教育机构和当地的传统医药教育机构合作，推动中医药教育方面的合作。例如，尽管巴基斯坦接受和允许已备案和获批的中药进入巴基斯坦，但当地的传统医药理论和中医药理论是有区别的，没有中医医生是不可能发展中医的，只有培养了当地的中医医生，才能快速推动当地的中医药发展和应用。巴基斯坦是中国的友好邻邦，很多私立大学和政府的公立大学都对中医感兴趣，有发展中医的愿望，如巴基斯坦卫生部直属的公共卫生科学院曾主动联系巴基斯坦岐黄中医中心寻求中医药合作教育或培训的机会，主动联系国内的中医药大学和中医药科研机构进行医学探讨并签署了合作备忘

录。巴基斯坦传统医学学会也和巴基斯坦岐黄中医中心有中医方面的合作，有些私立职业大学也为了发展寻求和中医院校合作开办中医系的机会。广大侨胞应该向国内中医药教育机构及时传递这种合作信息，分析和评估合作的可能性。

南亚国家民族医药生产厂家的水平也差别很大，以巴基斯坦为例，目前该国民族医药发展总体上也比中国落后，而甘肃的中医药生产已达到先进水平，侨胞应积极推动中药生产厂家和当地民族医药厂家的合作，把先进的生产工艺介绍到当地，提高当地的生产水平，达到合作共赢的目的。

（三）促进中药材和中成药的出口

华侨华人熟悉当地的地理环境、气候和生活习惯，应该因地制宜，选择适合和有效的药材和产品介绍到当地。侨胞对中药有一定的常识，也对当地的环境条件，当地的生活习惯和常见病等情况有一定的了解，能正确选择所需药品。由于国外文化和习俗的不同，疗效是患者评判药品的唯一标准。例如在巴基斯坦，由于气候炎热，夏季藿香正气水、风油精、清凉油等防暑药深受欢迎，而在气候寒冷的巴基斯坦北部，喜欢红花油等外用药；心血管患者非常喜欢见效快、副作用小的“复方丹参胶囊”，对舌下含化的丹参滴丸或速效救心丸并不常用；前列腺炎的患者也喜欢非常有效并且与西药形状相同的“前列康片”，而对于六味地黄丸等起效慢、具有调理性的中药不感兴趣。

（四）促进中医药文化的传播

发挥当地的侨胞医生的作用，做好中医药文化交流推动工作。巴基斯坦岐黄中医中心曾参与过孔子学院每年举办的中医药文化宣传活动，举办过中医药展厅，展示过中药、针灸治疗过程，并通过影像题材展示了几千年来中医药的发展过程；也和当地的大学合作举办过中医药宣传活动、中医药知识讲座、义诊活动，并和当地的西医医院进行过中西医交流活动等，对中医药在巴基斯坦的宣传起到了推动作用。当地有些医疗机构曾主动前来联系合作，也有些当地的诊所邀请岐黄中医中心的医生到当地诊所去坐诊，还有些人前来学习过中医针灸等。更有些人前来咨询过到中国学习中医的机会，当地有些诊所也推荐过患者前来中医中心进行中医治疗。同时，岐黄中医中心在当地电视、报纸、杂志、网络等媒体上的定期宣传对中医在当地的发展起到了推动作用。

（五）促进当地对中医药的应用

海外侨胞也可以和国内中医药机构联系，在条件允许的国家建立中医诊所，一方面为广大侨胞服务；另一方面可以在海外推广中医药发展。海外侨胞都喜欢应用中药和传统的中医治疗，甘肃侨胞应该在海外侨胞中积极推荐和介绍甘肃的中药和中药产品。在条件允许的国家，尽早和尽力把甘肃的中药产品引入当地的华人圈，当地的超市和商场等：一方面让广大侨胞能广泛使用我们甘肃的优质中医药产品；另一方面，也促进我们甘肃的产品走向世界。

同时，更重要的是正确推广所在国民众使用中药和中成药。由于国外文化差异，外国人没有中医药调理的概念，只以当时改善症状作为判断疗效的唯一标准。自20世纪90年代初至今（2022年）的30年多里，在巴基斯坦首都伊斯兰堡有来自中国各地的单位和医生曾开办过多个中医诊所，但由于各种原因，坚持到如今的并不多。侨胞医生要考虑当地的习惯，结合常见病和流行病等因素正确选择治疗方式和中药。对于急性炎症以西药为主，对于慢性病选择中药，对于不同的疾病选择不同的治疗方法，中西医结合，这样才可能产生更好的疗效，以免当地的病人对中医药产生误解。对一些中药疗效不明显的疾病尽量避免使用中药，以免当地民众对中药产生效果不好的偏见，只有当地民众对中药有了正确的认识和应用，才能真正推动中医药的发展。

（六）发挥甘肃中医药在海外拓展的优势

1.积极宣传和推进甘肃中药材走向海外

甘肃具有中药材的天然优势，自然资源方面：甘肃有中药资源2540种，人工种植药材已有350余种，分布面积较大的野生药用植物资源200余种。现已形成了以岷县、宕昌、漳县等地为中心区的优质当归生产基地；以渭源、陇西、临洮、文县为中心区的党参生产基地；以陇西、武都为中心区的黄（红）芪生产基地；以礼县、渭源、华亭地道产区为中心区的优质大黄生产基地；以金塔、高台、民勤为中心区的甘草生产基地。中医药文化资源方面：《黄帝内经》的作者，被奉为“医家之宗”的岐伯和“世界针灸医学鼻祖”皇甫谧都是甘肃人。由于历史传承、现代发展，敦煌医学、皇甫谧针灸文化、岐黄中医药文化等在甘肃省起源、发展，源远流长，使得甘肃成为中国重要的养生保健旅游资源基地。[10]中医药发展已走在全国前列，甘肃侨胞应做好中医药交流的平台工作，向海外介绍我们中医药的优势，介绍国外的相关人员到我们甘肃多参观、多交流。我们甘肃的“药博会”是非常好的交流和宣传平台，侨胞应介绍国外的中医药爱好者积极参加我们的“药博会”，并推荐我们甘肃的中医药企业参加所在国的医药展会。同时，介绍国外的中医爱好者到我们甘肃学习中医，也介绍我们甘肃的中医药机构到国外联合办学，这样才能真正在海外推广中国文化、培养中医人才、实践中医，同时推动中医药走向国外市场。

2. 积极宣传和推进甘肃中成药名优产品

在加拿大很多的中医诊所内，会看到中国甘肃的当归和黄芪等中草药，也能看到佛慈制药厂等甘肃中医药企业的中成药，我们应该充分发挥侨胞的积极作用，推动甘肃其他中药材和中成药在海外的使用。

3. 促进甘肃中医药教育和中药生产与南亚国家的互动和合作

南亚国家在民族医药产业方面并非十分发达，但在南亚却有丰富的中草药资源，国内其他省份已经开始和有些南亚国家合作研发，在当地生产中药。甘肃中医药产业拥有比较好的优势：一是位于“丝绸之路经济带”黄金路段的区位优势，二是产业资源优势，三是中医药人文资源优势。甘肃中医药产业的发展拥有丰富的中医药资源优势、传统中药生产经验，[10]也可以取长补短和国外的企业共同合作开发中成药。

4. 发挥甘肃中医人文和中医治疗的优越条件

甘肃拥有很多的名老中医专家，甘肃省中医院、甘肃中医药大学附属医院等具有良好的中医治疗条件，特别是甘肃省中医院具有条件良好的国际部，可以接待治疗国外患者、海外侨胞应积极宣传甘肃的中医优越条件，介绍国外患者前来甘肃接受中医治疗。在巴基斯坦一些有条件的肿瘤患者、疑难杂症患者经常前来岐黄中医中心寻求中医药治疗，可以介绍这类患者到甘肃来治疗。另外，甘肃的中医专家也可以和国外的岐黄中医中心、中医诊所合作，通过网上远程诊疗，定期对国外患者进行诊断和治疗，以促进中医药在海外发挥作用。

总之，中医药在海外开拓市场，是在海外弘扬中华文化、促进中医药为全人类健康服务的大事。海外华侨华人有得天独厚的优越条件，海外侨胞了解国外文化、熟悉国外环境、掌握国外市场，肩负着时代赋予的重任。海外侨胞应认真分析客观情况，正确判断市场需求，实事求是地面对问题，抓住时机，为中医药在海外的发展而努力，特别是我们甘肃的侨胞，更应利用家乡中医药的资源和人文优势，在海外积极为家乡建设而努力和贡献自己的力量。

参考文献

[1] 程勇，石云，蔡轶明.依托“一带一路”促进中医药走向世界［EB/OL］.（2021-05-12）［2022-06-18］. http://sh. xinhuanet. com/2021-05/12/c_139941083. htm.

[2] 独思静，周思远，梁宁，等.中医药在美国的发展现状与分析［J］.国际中医中药杂志，2021，43（5）：422-428.

[3] 顾小军，蒋兆媛，张子隽，等.中医药在德国、法国、英国及荷兰的发展现状及合作策略分析［J］.国际中医中药杂志，2021，43（7）：630-633.

[4] 石晗，尹雅倩，Rybicka Monik，等.波兰中医药发展现状与分析［J］.国际中医中药杂志，2021，43（3）：214-218.

[5] 马晓晨.中国中亚传统医学交流前景广阔［EB/OL］.（2013-08-22）［2022-06-18］. http://www.xinhuanet.com/world/2013-08/22/c_125221716.htm.

[6] 龙堃，郑林赟.中医药在巴基斯坦伊斯兰共和国的现状及发展策略探究［J］.国际中医中药杂志，2020，42（05）：417-420.

[7] 四川省中医药管理局.四川省中医药管理局与巴基斯坦信德省卫生部签署合作备忘录［EB/OL］.（2021-06-12）［2022-06-18］.http://sctcm.sc.gov.cn/sctcm/gzdt/2021/6/12/5c3f758ae7c843feba6a2b4e3b89c306.shtml.

[8] 彭彩云.我省首个海外中医药研究中心“中巴中医药民族医药研究中心”在巴基斯坦卡拉奇揭幕［EB/OL］.（2017-02-17）［2022-06-18］. http://tcm.hunan.gov.cn/tcm/xxgk/tpxw/201702/t20170217_3993979.html.

[9] 桑滨生，郭子华，温丽.国外传统医药法律现状与我国传统医药律法［EB/OL］.（2010-11-16）［2022-06-18］. https://www.docin.com/p-97865366.html&isPay=1.

[10] 王志宏，颜鲁合，林雪，等.“丝绸之路经济带”视角下加快甘肃中医药产业升级的对策探析［J］.西部中医药2019，32（8）：57-59.

甘肃中医药向东南亚市场拓展的路径

马玉田① 马玉玮②

一、东南亚中药市场的现状

中医药文化有着悠久的传播历史，漂洋过海定居东南亚的华侨华人都是中医药的传播者、继承者、扩散者，这让东南亚处处杏林花开。当前，中医药在东南亚市场的传播和发展迎来了新的机遇，应以中医药学术交流合作为基本载体，并在中国—东盟自贸区框架下推动中医药贸易畅通，通过溢出效应以丰富新颖的方式传播中医药文化，充分发挥华侨华人的作用进一步发展中医药，并利用好中医药资源促进中国和东南亚民心相通，实现中国与东盟合作的提质升级。[1]

（一）东南亚市场成为中医药海外发展的高地

作为中医药文化的传播者、继承者、扩散者，华侨华人既见证着中医药走向海外，也为中医药的发展贡献了自己的力量。尤其是在东南亚，华侨华人世世代代都为中医药在该地区的传播搭桥铺路，使东南亚市场成为中医药海外发展的高地。2000年，泰国政府就通过卫生部部令公布了“中医药合法化”，泰国中医药交流中心、泰国中医药联合总会等也都在中医药交流和推广中发挥了重要作用，还有许多私立中医院广泛应用中草药和针灸治病。新加坡设有《航医》《中医学

---

①马玉田，甘肃驻马来西亚商务代表处首席代表，甘肃省侨联特聘专家。

②马玉玮，马来西亚拉曼大学博士研究生在读。

报》等中医刊物，中华中医院及中医师公会在推动中医药受政府承认和取得法定地位方面积极作为，中医师通过政府卫生部考试取得合法执照后可以营业。马来西亚华人医药总会也在发展中医药方面扮演重要角色，多家中医院校在其监督下培养人才，而且当地有不少药材店，多设中医诊疗室，坐堂医生能切脉诊病和开药。印度尼西亚不仅有几十万传统医学工作者，而且印尼中医协会中央理事会还主办了东盟中医药学术大会。越南中医药市场活跃，很多中药药名、陈列方式和计售方法都与中国极为相似，中医在当地颇受欢迎。在缅甸、老挝、柬埔寨、菲律宾、文莱等东南亚国家，中医药也都得到了不同程度发展，杏林花开东南亚。

（二）东南亚市场成为中医药推行疾病防治的枢纽

近年来，随着健康观念和医学模式的转变，中医药在疾病防治中的疗效日益得到国际社会的接受。中医针灸被列入联合国教科文组织（UNESCO）“人类非物质文化遗产代表作名录”，以中医药为代表的传统医学首次被纳入世界卫生组织国际疾病分类代码（ICD-11）。“一带一路”倡议提出后，中国制定了《中医药“一带一路”发展规划（2016—2020年）》，把推动中医药“一带一路”建设提高到战略高度，提出要“以周边国家和重点国家为基础”实现中医药与沿线合作“更大范围、更高水平、更深层次的大开放、大交流、大融合”。同时，中国与东南亚国家关系友好发展，与东盟携手建设中国—东盟命运共同体，而人的健康无疑是命运共同体的核心关切之一，中医药在东南亚的发展迎来了新机遇。

（三）东南亚市场成为中医药学术交流和医疗合作的战略目标

在中医药学术交流和医疗合作方面，中国积极推动中医医疗机构、科研院所、高等院校和企业与东南亚国家相关机构合作，开展多领域、跨学科的联合研究。新冠疫情（COVID-19）阻击战中，中西医结合的应急医疗体系发挥了独特作用。[2]据中新社报道，中国抗疫医疗专家赴老挝协助开展疫情防控工作时，中医药得到了认可和欢迎，“中医药治疗”在老挝第二版《新冠肺炎诊疗方案》中成了举足轻重的独立部分。据马来西亚星洲网报道，马来西亚中医药抗疫工作小组发布了《马来西亚中医药人员安全指南（COVID-19）》，鼓励中医药行业以线上形式或零接触式服务民众，同时也为民众提供免费中医体质分析服务。这都会形成示范效应，中医药的作用得到更广泛认可，有利于中国和东南亚在“后疫情时代”的中医药学术交流和医疗合作，推动中医药在东南亚和其他地区传播和发展。

（四）东南亚市场成为中医药产品和服务贸易的关键

推动中医药海外发展，还要在服务“一带一路”建设上有所作为。甘肃省政府应发挥中医药在密切人文交流、服务外交、促进民生等方面的独特作用，加强与“一带一路”沿线国家的中医药交流与合作，开创中医药全方位对外开放新格局，不仅要提供诊疗服务、发展中医药服务贸易，而且还要讲好中国故事、展示中华文化魅力和当代中国活力。坚持政策沟通，完善政府间交流与合作机制；坚持资源互通，与沿线国家共享中医药服务；坚持民心相通，加强与沿线国家的人文交流；坚持科技联通，推动中医药传承创新；坚持贸易畅通，发展中医药健康服务业，把中医药打造成亮丽的“中国名片”。[3]

在中医药产品和服务贸易畅通方面，中国与东南亚自古至今在中医药方面的往来就络绎不绝，东南亚国家的中医药市场比较庞大，中医药产品和服务出口都颇具潜力。华侨华人一直是东南亚中药材消费的主体，因此，中医药产品在东南亚国家的市场有着稳定的基本盘，加之中药材性价比高、实用性强、医疗效果好，逐渐融入了当地民众的日常生活中。随着中医药产业链的拓展与升级，原材料经加工后成为中成药、中药饮片、中药配方颗粒等产品，以标本兼治、口感良好、副作用小、携带方便等优点深受东南亚民众的喜爱。

二、东南亚中医药市场面临的挑战

习近平总书记指出，中医药学是“祖先留给我们的宝贵财富”，是“中华民族的瑰宝”，是“打开中华文明宝库的钥匙”“凝聚着深邃的哲学智慧和中华民族几千年的健康养生理念及其实践经验”。这些重要论述，凸显了中医药学在中华优秀传统文化中不可替代的重要地位。中医药走向国际，也为我国中医药的发展作出了重大贡献。

较之西方发达国家，东盟与我国地缘相近、文化相通，中医药在东盟影响更广、更易接受。作为我国近邻，东盟自古深受中华文化影响，同时东南亚也是华侨华人的主要聚居地，多数国家如泰国、越南、缅甸等都有应用传统医学和草药的习惯，对中成药认同度普遍较高。因此，中成药进军东盟市场具有欧美市场无法比拟的地缘、文化以及技术等方面的天然优势，东盟有望成为中成药出口的新增长点和国际化的重要突破口。

（一）中医药文化自身的局限性

中医药理论博大精深，内容丰富深奥，文字多以文言文为主，有些中医词汇晦涩难懂，需要翻译成现代语言，才容易理解，有些治疗技术“只能意会，不能言传”。中医药文化需要融会贯通，有了深厚扎实的传统文化基础，才能透过现象看本质，掌握中医药的精髓。东南亚国家意识形态、风俗文化等和我国有差异，这些国家的普通民众对中医药文化认知受到了一定的限制，阻碍了中医药在东盟国家的顺利传播。

我们所处的是一个“酒香也怕巷子深”的时代，所以要想加速对东南亚市场的开拓，甘肃省政府就必须健全与东南亚国家的合作与交流。传播中医药文化，应不断地与东南亚国家分享和交流中医药方面的各种经验，包括中医药的质量监管、中医药产品的注册、中医药从业人员的资质评定与审核、国家与国家之间的政策法规的应用与实施等。应打造更具实力的便于“走出去”的机构，从而更好地为具备“高质量走出去”的中医药机构搭建足以良性发展平台。

中医药文化传承已久，源远流长，甘肃省要想加速中医药“走出去”的节奏，加速中医药文化传播，必须打破文化壁垒，充分利用“一带一路”相关政策的指示，加强与以马来西亚为首的东南亚国家进行友好的文化交流，促进东南亚医药市场对甘肃省中医药的了解。甘肃省应加强与中医药国际推广机构合作，运用现代医药学公认的科技术语和指标来描述、翻译中医理论，让“一带一路”沿线国家的民众能够更准确地了解中医药文化内涵和技术优势，以文化软实力扩大中医药的影响。

（二）中医药发展面临西医的阻力

随着西医与西药在全世界的推广普及，中医在对外交流的过程受到了西医的排斥，中医与西医在理论体系、治疗范式、文化背景等方面差异较大，加之外媒对中医的歪曲报道，使中医药文化越加受到西医的排斥，使得中医药文化在东南亚的传播受到舆论的阻力。

甘肃省政府应与“一带一路”国家之间实施资源互通、服务共享机制，布局好中医药的发展区域，并鼓励和引导甘肃省比较优秀的中医药机构与东南亚国家建立中医药合作中心，并对“一带一路”沿线国家的多发病、常见病、重大疾病和慢性疾病进行研究，从而为“一带一路”沿线国家的人民提供更好的中医医疗和中医药保健服务，使我国优秀的中医药理论、文化以及服务等逐渐深入当地居民的卫生体系当中，以便我国中医药逐渐立足于国际市场，并在世界上逐步扎根深化，扩大国际市场中的中医药份额。[4]

近年来，通过日趋加深的资源互通和服务共享，中医药学在理论层面与中华文化的同构性及其在实践层面体现的群众性，使其成为我国独特而优秀的文化资源。推动中医药健康养生文化的创造性转化、创新性发展，重在实践和养成相结合，达到外化中医健康养生理念于行、内化中华文化价值于心的效果。使中医药健康养生文化与现代社会生产生活相协调，将其以人们喜闻乐见、具有广泛参与性的形式转化为人民群众的健康行为和生活方式；处理好中与外的关系，坚持中西医健康理念和方法优势互补、融合利用，使中医药健康养生文化与现代健康理念相融相通，让中国人民乃至世界人民享受中医药健康养生的益处。这是传播中医药文化与中华优秀传统文化较为有效的方式。

（三）文化创新与传播模式滞后

中医药文化既需要传承，但同时也离不开创新，没有创新就会故步自封，创新是事物不断发展的动力，中医药缺乏一个完善的具有中医药文化特色的研究规范体系。日新月异的科技时代，信息传播方式层出不穷，但是中医药理论主要是通过发表文章、开展学术会议等传统方式进行对外传播交流的渠道，新媒体平台开发尚显不足，这并不能让中医药文化惠及大多数人，只有少数的中医领域的专家能接触到中医。这种传统的对外传播模式已经不能满足中医药文化对外交流的需求。

在信息技术不断发展的今天，“互联网+”的新兴业态已经逐渐渗透到世界各国的各行各业当中。随着2020年新冠疫情的全球蔓延，互联网愈加成为产业发展和贸易交易的重要渠道。随着新冠疫情的有效遏制和全球人民对人类健康的更高追求，我们已经逐渐步入后疫情时代，互联网发展更应该成为战略措施。甘肃省政府应充分利用“互联网+”来逐步建立国际化的中医药营销体系和贸易促进体系，通过构建“云平台”不断地将我国的中医服务贸易市场进行有效的推广和拓展，将我国的中医医疗保健作用发挥到国际上，让更多的国家和人民享受到中医药带来的医疗服务。

中医药产业在抗疫过程中所取得的成效，使之从过去主打调理、治未病的“慢郎中”位置走向台前。在数字化浪潮中，“互联网+中医”等相关工作如火如荼地开展，医疗健康行业正经历着从传统模式到“智慧化”的跨越。这是中医药产业形成标准化、产业化建设的关键一步，亦是互联网加速中医药产业融入国际医药体系的关键一环。

（四）中医药的法规建设任重而道远

根据不同国家和地区的具体情况，要积极争取所在国家和地区的立法管理，这是推动中医药健康发展的重要支撑，也是安全合法行医，保障行医者和患者正当权益的基础。目前对中医药立法管理的国家和地区还比较少，缺乏将中医药纳入本国卫生保健和初级卫生保健，尤其是确认和评价相关的战略和标准；缺乏安全性和质量，尤其是产品和服务的评估、技术服务提供者的资格认证、评价有效性的方法和标准，从而难以保障从业者和民众的权益，中医药为各国人民提供医疗、保健服务的能力大打折扣。

中国现行涉及传统医药的法律法规，主要是参照医药模式制定的，无法有效体现中医药等传统医药自身的特点和发展规律，在一定程度上制约了中国传统医药的发展。中药知识产权保护内容尚不明确，专利保护不得力，造成的中药专利侵权现象较为严重。中国中医药的科研产品及市场具有明显的优势，中医药的技术和产品理应具有中国的自主知识产权。数千年来的中医药宝贵遗产有待开发，如何利用专利权来保护自身利益防止侵入，同时鉴他人之长开发新药，又避免因侵权导致的经济损失，已成为我们面临的重要问题。

（五）中医药人才储备缺乏

中医药的国际从业人员数量缺乏，知识水平有待提高。在“一带一路”背景下，中医药国际传播需要储备优秀人才。因此，甘肃省政府要不断培养一批优秀的中医药人才，既要有扎实的中医药基本功，还要有与时俱进的国际思维和政治敏锐性，更要能对国际中医药标准、规范以及多国外国语言进行熟练的掌握和运用。与此同时，甘肃省政府还可以聘用或者引进国外高级人才、顾问进行战略合作，这有利于我国的中医药更好地向国际传播。逐渐组织一支高素质、高水平的中医药国际传播队伍对甘肃中医药开拓东南亚市场是如虎添翼的。

甘肃省中药材相关部门应积极联络“一带一路”沿线国家和地区中药材领域

院校、企业、科研机构共同成立“陇药商学院”，充分发挥各自资源优势，在我省中药材产业人才培养、人力资源管理、国际营销员、产学研融合等方面进行全方位的复合型人才培养，共同促进中药材产业发展。甘肃省政府应该在政策的支持和帮助下加大人才培养的力度，保证甘肃中医药的发展和传播。

三、甘肃中医药在东南亚国家发展的策略

当前，中医药在经济社会发展中的地位和作用越来越重要，已成为独特的卫生资源、潜力巨大的经济资源、具有原创优势的科技资源、优秀的文化资源和重要的生态资源。[5]近年来，我国陆续出台了《“健康中国2030”规划纲要》《中医药法》《中医药发展战略规划纲要（2016—2030）》等文件支持中医药的发展，推进中医药的现代化与国际化建设。2017年，国家发布了《中医药“一带一路”发展规划（2016—2020）》，强调要加强建设中医药国际医疗服务体系、中医药国际教育及文化传播体系、中医药国际贸易体系。这一系列的中医药政策，为中医药的国内外发展提供了便利，因而，结合目前甘肃中医药出口东南亚各国的制约因素，甘肃省政府可以采取相应的措施助推甘肃中医药更好地发展。

（一）推进中医药标准体系建设

东南亚各国均有自己国家的中药贸易政策，由于中药缺乏国际标准，各国在中药贸易中参照的质量标准各不相同，使中药产品注册时常受困于质量问题。中药质量标准不明确使不少假冒伪劣产品混入东盟市场，影响了中医药在国外的长远发展。中药标准过于西化、脱离中医理论、中药标准体系混乱等问题亟须完善。因此，甘肃省政府一方面要在国家相关政策的支持下，致力于制定中医药国际标准，提升药品质量；另一方面要熟悉各国贸易政策，解决市场准入问题。甘肃省应和香港合作，充分发挥香港“贸易中转站”的优势，推进中医药在香港的注册，让中药更顺畅地流通至东盟各国。甘肃省政府应积极研读东南亚国家的相关经济政策，制定适合甘肃中医药发展的经济法规，与当地政府加强沟通，了解中医药的准入标准、流通条件等，确保甘肃中医药能够更加畅通地进行流通和贸易往来。还可以在当地合理发展中医药企业，与当地中医药平台加强联系，助力打造中医药品牌，为国家谋利益。

（二）增进中医药文化交流与传播

东南亚中医药市场的开拓还有赖于更加密切的文化交流。提升文化软实力，让当地居民从心理上认可并接受中国的中医药文化也是甘肃省工作的重点。在双方进行贸易往来的同时，加强学术交流，建立完善的文化产业，派遣留学生进行交流等，让更多的人为中医药发声，这些都有助于促进中医药文化的广泛传播，从而提升其在世界范围内的影响力。中医药在华人较多的东南亚国家深受欢迎，许多华侨中医自发组织中医药学会来推广中医药，对中医药的海外传播发挥了很大作用。但是，由于不同国家语言背景不同，对中医药的认识存在差异，常常因为产品中具有某类成分或功效而禁止进口和使用。因此，在“一带一路”政策背景下，克服语言障碍，普及中医药教育，加快中医药国际教育与文化传播尤为重要。对于部分有宗教信仰的国家，充分尊重他国文化，对于中药市场较小，但药用植物资源丰富的国家，充分利用他国中药资源优势，鼓励我国企业与东南亚国家合资办厂，促进两国的中医药交流与合作。以学术交流、文化产业、留学教育为载体，加强交流与沟通，共享科研成果，学习经验，将“高水平引进来”与“高质量走出去”更好地结合，使中医药文化更好地扎根于异地的土壤之中，扩大其影响力，并通过有效的宣传不断占领国际中医药的市场份额。

结语

在当前新冠疫情全球蔓延的特殊背景下，包括中国在内的各国正在复工复产、提振经济、保障民生。统筹推进疫情防控工作和经济社会发展两项重要任务都是各国工作的重点。“一带一路”是甘肃最大的机遇，甘肃省政府需要积极适应国家战略，发挥自身优势，获得深层次政策支持。坚持在国家相关政策的支持下，顺应时代潮流地发展、发挥甘肃省中医药得天独厚的自我优势，做好与东南亚国家的交流与合作，建立良性的贸易往来体系，甘肃省将有望成为我国中医药传播的重要阵地。如此发展，甘肃省将会获得国家政策的倾斜性支持和专业技术型人才的大力支持，以及财政上的优惠性补助。人民对中医药的信任感和认可度不断提升，中医药良好的口碑不断发酵，有助于塑造良好的文化形象，更好地开拓国际市场。

中医药文化作为中国传统文化重要的组成部分之一，一直以来承载着弘扬和发展中华医药文明的重大使命。甘肃省政府应以文化为纽带，发挥中医药特色，获得更良好的市场口碑；应坚持可持续发展的正确道路，依托国家进行正确的发展，以马来西亚作为“桥头堡”，加强与东盟国家的战略合作与深度对话；尊重中国与东盟文化的多样性，结合当地背景，加强对当地历史、地理、人文、社会、政经、医药体系的了解，尊重世界多元文化格局，思考中医药与当地民族医药与主流医药的差异，确立在当地适用的中医药发展具体线路和规划，从而形成对话式交流和共赢的利益共同体。这样，甘肃中医药将有效开拓东盟市场。

综上所述，中医药是我国重要的文化财富。近些年来，我国逐步与“一带一路”沿线国家之间建立了战略合作伙伴关系，而中医药就是我国与“一带一路”沿线国家之间沟通和交流的重要媒介和内容。甘肃省更要依托于政策的发展和自身优势加深对东南亚市场的开拓，在国际上更好地传播、发扬中医药文化，并在多个国家之间扩大服务与合作范围，与其他国家之间建立良好的医疗合作平台，为世界人民提供优质的中医药服务，促进甘肃中医药的长远发展。

参考文献

［1］国家发展改革委、外交部、商务部.推动共建丝绸之路经济带和21世纪海上丝绸之路的愿景与行动［J］.农村·农业·农民（B版），2015（04）：5-8.

［2］《中国的中医药》白皮书（全文）［N］.中国中医药报，2016-12-07（04）.

［3］四部委出台“一带一路”建设科技创新合作专项规划［J］.首席财务官，2016（19）：1.

［4］教育部与甘肃签署“一带一路”教育行动合作备忘录［J］.山西教育（管理版），2016（11）：2.

［5］甘肃省卫生健康委员会.关于印发甘肃省基层医疗卫生服务能力提升培训工作实施计划（2019—2021）的通知［R/OL］.（2019-08-22）［2022-07-28］. http://wsjk. gansu. gov. cn/wsjk/c113837/202106/232e704b396f4f9998cf1ab8540ed406.shtml.

甘肃省中医药产业在南亚市场的发展策略

宋圭武[①] 李开银[②]

积极推进甘肃中医药产业发展，前景广阔。一是随老龄社会的到来，保健产业发展有巨大潜力。据中国发展基金会发布《中国发展报告2020：中国人口老龄化的发展趋势和政策》，从现在到21世纪中叶是中国人口老龄化高速发展的时期，到2022年左右，中国65岁以上人口将占到总人口的14%，由老龄化社会进入老龄社会。《报告》测算，2025年“十四五”规划完成时，65岁及以上的老年人将超过2.1亿，占总人口数的约15%，2035年和2050年时，中国65岁及以上的老年人将达到3.1亿和接近3.8亿，占总人口比例则分别达到22.3%和27.9%。如果以60岁及以上作为划定老年人口的标准，中国的老年人口数量将会更多，到2050年时将有接近5亿的老年人。二是随着人民收入水平的提高，对保健的需求会有较大增加。三是乡村振兴为中医药产业发展带来了极大机遇。四是国家大力推动中医药振兴发展，为我省加快发展中医药产业带来了难得的机遇。五是中医药产业在国外市场还有巨大的开发潜力。为进一步凸显我省特色资源优势，甘肃需要抓住历史机遇，大力促进中医药产业发展，打造带动甘肃发展的大经济增长极。

一、甘肃中医药产业发展基础

甘肃地处黄土高原、青藏高原和内蒙古高原三大高原交汇地，气候复杂，地

①宋圭武，中共甘肃省委党校（甘肃行政学院）二级教授、甘肃侨联特聘专家。

②李开银，甘肃药投集团办公室主任。

貌多样，孕育了丰富、独特的中药材资源，素有“千年药乡”“天然药库”的美誉。中医药文化底蕴深厚、中药材种植历史悠久、中药材资源丰富，是全国中药材主产区之一。当归、党参、黄芪等8种道地中药材产量均占全国一半以上，种植量、总产量、出口量都位居全国前列。2020年全省中医药大健康产业总产值达到525亿元，是我省最具发展潜力的支柱产业，应作为我省“十四五”乃至未来相当长一段时期重点发展的特色优势产业。另外，我省还是唯一的国家中医药产业发展综合试验区、中国中医医药产业博览会举办地、中药材产地加工试点省。

二、甘肃中医药产业发展存在问题

我省中医药产业资源大省、产业小省、企业弱省的特征明显。从全省情况看，中医药资源优势未能转化为产业优势和经济优势，中药企业缺乏辐射带动能力强的龙头企业，小而散、小而弱，同质化竞争现象突出，去年全省中医药相关产业产值450亿元，距离“十四五”末达到千亿级目标差距较大；中药材加工层次低，产业链条短，产品附加值低，产业竞争力弱；对已拥有的国家中医药综合改革试点示范区、首批中医药服务贸易先行先试重点区域、国家中医药产业发展综合试验区、中国中医药产业博览会等一系列国家重大政策和支持平台运用不够充分，政策集成作用不明显，政策辐射带动力没有充分发挥出来。从甘肃药业集团看，主要是企业发展基础单薄，省委省政府批准的《组建方案》明确的50亿元注册资本金，实际到位11.32亿元，其中现金出资到位2.8亿元，到位率5.6%，企业底子薄，资产总量小，与省委省政府赋予药业集团承担的职责使命不相匹配；仅有2户生产企业的2个主打产品，产品结构单一、品牌效应弱，抗市场风险能力不强，随着国家医改集采政策的全面落地，企业将面临非常大的生存压力；对外引资实施混改的吸引力不强，可选战略投资合作伙伴的范围有限，话语权和主动权不够，一定程度上影响到集团公司混改工作的进程。

三、甘肃中医药产业发展对策

（一）紧盯整合资源这一关键举措，集中力量、形成拳头，做大做强中医药产业

云南省委、省政府在“十三五”期间成立了由省长任组长，两位分管副省长

任副组长的生物医药和大健康产业推进领导小组，建立了主要领导亲自抓、分管领导全力抓、各部门积极支持配合企业“唱主角”的工作机制。同时，大力支持云南白药做大做强，主导将省内另外三家白药生产企业、省医药公司、省药物研究院并入云南白药。在此基础上，引入战略投资者，进行彻底的市场化改革，推动云南白药实现突飞猛进发展。云南经验值得我省学习借鉴，无论在思想上行动上，还是市场经济思维行为上，必须下决心、使全力，创新理念，解放思想，攥紧拳头做大做强中医药产业。一是建议省政府主要领导挂帅，分管领导靠实抓，强化各部门考核、责任落实、要素保障，建立强有力的组织推进机制。二是优先做强做大省内龙头企业。省内医药企业普遍规模小、实力弱，缺乏大型龙头企业带动是我省中医药产业发展缓慢的最大不足。应学习云南经验，省政府主导协调各方，强化大局意识，强力整合省内国有医药资源向省属医药龙头企业集中，支持其采取联合、兼并、参股、控股等方式，加快省内中医药企业战略重组，加快培育省内大型医药龙头企业，使其真正具备引领带动全省中医药产业快速发展的龙头功能。三是强化资金整合和投入。没有大投入，难有大发展。给够给足甘肃药业集团注册资本金，借鉴广东模式，省政府出面向国开行争取，设立50亿～100亿元的甘肃省中医药大健康产业发展基金，省财政每年安排3亿～5亿元的专项资金，调动各类资金资本向中医药大健康产业发展聚集。

（二）全面推动中药材产业由传统农业经济向现代工业化、标准化、数字化平台经济转型升级

2021年7月5日，国家药监局给我省单独出台了中药材产地鲜切加工政策，给我省带来重大利好。用足用好这一政策，对推动我省中药材种植加工转型升级、提质增效具有重大意义。我们要学习云南省打造高品质“三七”产业经验，支持龙头企业联合一批省内企业，从中药材种植、产地加工、生产制造等各环节，制定执行高于现行《中国药典》、体现药材道地优势、与国际标准接轨的、具有甘肃特色的质量标准，优选种子种苗，推行无公害种植，实行最先进的清洗加工，延伸开发下游产品，全过程进行数字化溯源，发展线上线下交易、仓单质押、供应链金融等业务，推动甘肃优质大宗药材转化为标准化数字化的工业产品，以高标准实现高价值。

我省作为全国大宗药材主产区，由省政府出面向国家药监局进一步争取中药工业原料药、中成药中间体产地生产政策，仿照西药原料药生产方式，加快布局

发展专业化的中药工业原料药、中成药中间体生产基地，把我省大宗药材就地精深加工提取，为全国中药制药企业统一供应工业原料药、中间体等高附加值产品，对我省中药材资源进行高标准、高价值、高附加值开发。

为此，省发改委、工信厅、商务厅等部门应设立省内大宗药材现代化产地加工厂、大宗药材工业原料药及中间体提取生产厂、全省中药材全产业链数字化平台、中药材交易市场改造升级等省级重大专项，由省属龙头企业牵头承接，联合地方政府和相关企业共同建设，为推动“十四五”时期中医药产业现代化发展提供强有力的项目支撑。

（三）聚合全省公立医疗市场和医保资源，培育“甘肃药好中药”系列品牌

宣肺止嗽合剂、元胡止痛滴丸、贞芪扶正颗粒、苁蓉通便口服液、六味地黄丸等是我省叫得响、有市场的代表性中成药。要着力培育单品销售额在10亿元以上的优质大品种，打响“甘肃药好中药”系列品牌，实现我省中医药资源大省向中医药制药强省的转变。一是在支持产业发展上实现“三医”联动。我省财力弱，可投入产业发展的财政资金十分有限，用足用好省内医疗市场资源和医保资金，是当前支持产业发展最直接、最可行、最有效的措施。要让我省企业“墙内开花墙外香”，先要在墙内施足肥、培好土，长得壮才有实力到“墙外”开花结果。北京、上海等发达地区都有优先采购本土中医药企业产品服务的措施。要下决心推动省内公立医疗市场优先向省内医药企业开放，优先采购使用省内优质药品、中药饮片、配方颗粒，为我省企业发展配置更多的市场资源，为其发展壮大施好底肥、培厚基土。这也是省内中医药产业界多年的呼声，最期盼的措施。应出台医保支持省内中医药产业发展的政策，为做强做大甘肃特色的中医药医疗保健和医药产业“输血”“加油”，让群众享受到更多的“简、便、验、廉”中医药医疗保健服务，从根本上减少医保支出。二是发展壮大院内制剂。院内制剂有小批号之称，我省多年前出台了院内制剂全省统一调配使用政策，但受利益格局的制约，这一在全国先行的政策未能带来好的中医药发展成果。要着力打通体制机制障碍，打破固有利益藩篱，构建全省院内制剂转化新药产业联盟和工作机制，刚性推动医疗机构与甘肃药业集团等省内企业充分合作，明确利益分配制度，将院内制剂列入医保目录，扩大院内制剂全省调配使用效果，加快推进疏乳消块丸、杜仲健腰丸等优质院内制剂和扶正避瘟丸、扶正屏风合剂等“甘肃方剂”转

化为新药，培育更多甘肃中医药大品种大品牌。

（四）加强构建全省国有医药流通配送应急战略保障体系

充分汲取新冠疫情初期，我省医药物资储备和流通配送应急保障能力薄弱的教训。省级层面出台政策，以甘肃药业集团甘肃医药储备库为依托，与市州政府协商合作，分级建设市县医药储备库，与甘肃药业集团医药销售配送体系相结合，建立平战结合的国有医疗物资应急战略保障体系，实现全省医疗应急物资的集中采购、轮储轮换、统一供应，有效保障重大疫情、重大灾害、重大公共卫生事件的医疗救治，补齐我省公共卫生应急保障体系建设短板。学习借鉴云南经验，依托甘肃药业集团构建覆盖全省14个市州城乡公立医院、药店和医疗卫生服务机构的医药销售配送网络，承担全省公立医院配送业务，形成国有医药销售配送主渠道，解决我省国有医药配送体系空白的问题（全国仅有甘肃、青海处于空白）。出台支持由省属医药龙头企业销售配送体系承担全省公立医院配送业务的医疗医保政策。

（五）实施现代中医药大健康一、二、三产业融合重大项目，创建国家中医药产业发展综合试验区创新示范园区

立足国际国内发展形势，依托甘肃比较优势，积极谋划有影响、有特色的重大中医药项目，是创建国家中医药产业发展综合试验区的内在要求，也是实现“十四五”中医药产业千亿级目标的任务所在。建议在兰州市榆中县兰州高新区，建设现代中医药一、二、三产业融合发展、展示“千年药乡”形象的国家级中医药文化旅游产业园区。一产以种苗繁育，花卉型、观赏型药材标准化种植、中药材科普展示为主，融入中医药元素，打造青山绿水型精美景观和5A级“国药公园”；二产引进5～10家国内外大型企业入驻园区，发展区域总部、生物制药总部、藏药等民族药总部、康养（医疗保健）总部经济；三产将“岐黄故里”“敦煌医学”等甘肃中医药传统文化元素植入园区，建设中医药文化标志性景观。与最优秀的医疗机构合作建立中高端养生养老基地，配套国际商务、会展、交易服务，打造国家级医药产业创新、研发、会展、交易平台，创建国家中医药产业综合试验区创新示范园区，为千亿级目标实现提供重大项目支撑。

（六）抓好中医药学术人才建设

如何抓好甘肃中医药学术人才建设：1.对中医药学校和科研院所等学术单位来说，要把学术人才队伍建设作为考察一把手工作内容重点的重点。大学靠的是大师，不是大楼。考察学术单位，既要考察单位大楼建设，更要考察学术人才建设。如何让一把手突出人才建设，建议对学校和科研院所等学术单位一把手实行人才问题“一票否决制”，若出现严重人才流失或人才打压问题，要严肃问责一把手，若一把手负有直接责任，应对一把手就地免职。2.要进一步加大中医药学术科研奖励力度。从加大科研奖励力度方面重视学术科研人才，是实现学术人才管理公平与效率有机统一的有效途径。一是满足公平原则。因为奖励对大家一视同仁，不管你是小学毕业，还是中学毕业，或是博士毕业，只要有业绩，都有奖励。而不是因为你是小学毕业，或文凭不高，就不能拿奖励，或不能享受有关待遇。二是满足效率原则。谁有业绩都奖励，没有业绩必然没有奖励，这能调动所有人的积极性。3.要进一步规范人才引进问题。一是要防止把引进人才作为领导的形象工程，只图引进之名，不图引进之实。二是要防止引进中的腐败问题。比如引进自己的乡党或亲戚等，然后进行利益分割，最终是花公家的钱，给领导自己和关系户牟利。三是要考虑引进人才和本地人才待遇的平衡问题。若存在严重不平衡，还会引致许多矛盾。所以，若给引进的人才有特殊待遇，必须在引进后有特殊贡献，要有这方面的具体规定和要求。对没有特殊贡献的，或业绩跟一般人一样的，应取消前期所享受的特殊待遇，包括引进费，都应追回等。四是引进也要根据学科情况。对自然科学而言，注重引进有一定合理性。因为自然科学类学科，研究要达到高层次，专业培养是很重要的。但对社会科学而言，要更加注重激活本地人才问题。因为社会科学真知更多来自社会实践，而不是书本。五是引进要更加注重实际业绩考察，而不是文凭，要把创新能力放在比知识更重要的位置。

（七）筑巢引凤，探索建立中医药产业优秀企业家引进制度

如何引进优秀企业家，一是把政治待遇和经济待遇结合起来。比如，可考虑引进的企业家同时在政协或人大担任有关委员职务，或聘请担任政府顾问，或列席政府有关会议等。二是把经营业绩和收入待遇结合起来。比如，可考虑多给予股权激励等。三是把物质待遇和荣誉待遇结合起来。要给对甘肃有突出贡献的企

业家充足的精神荣誉激励。比如，在评选各种荣誉称号方面，要优先考虑业绩突出企业家等。

（八）进一步规范中医药产业类合作社

重点是要把中医药产业类合作社做强、做专、做精、做特。要减少数量，提高质量。要开展中医药产业类合作社质量检查活动。对不合格的合作社，该撤销的要撤销，该合并的要合并，该完善的要完善。要重点扶持组织规范、产品质量好、经济效益好且对农民带动好的合作社。

四、积极拓展南亚等国际市场

南亚指位于亚洲南部的喜马拉雅山脉中、西段以南及印度洋之间的广大地区。它东濒孟加拉湾，西濒阿拉伯海。总面积约430万平方千米。南亚共7个国家，尼泊尔、不丹、印度、巴基斯坦、孟加拉国、斯里兰卡、马尔代夫。南亚地形分为三部分：北部是喜马拉雅山脉，平均海拔超出6 000米，海拔8 000米以上的高峰14座。尼泊尔、印度与中国三国间的珠穆朗玛峰海拔8 848.86米，是世界最高峰。气候、土壤和植被的垂直变化显著。中部为大平原（由印度河、恒河和布拉马普特拉河冲积而成），河网密布，灌溉渠众多，农业发达。南部为德干高原和东西两侧的海岸平原。高原与海岸平原之间为东高止山脉和西高止山脉。戈达瓦里、克里希纳等河自西而东流，注入孟加拉湾。南亚是芒果、蓖麻、茄子、香蕉、甘蔗，以及莲藕等栽培农作物的原产地；水稻、花生、芝麻、油菜籽、甘蔗、棉花、橡胶、小麦和椰干等的产量在世界上也占重要地位；富煤、铁、锰、云母、金等矿藏。

中国与南亚国家的交往渊源颇深，在以往的交流史中，双方都为中医药文化的传播提供了极大的便利。在两种相似的文化背景下，中医药文化往往更容易碰撞出合作的火花。目前，中国也正以多种形式向南亚地区传播中国软实力和文化。

（一）南亚本土传统医药

传统医药在南亚地区已具备较深厚的基础，南亚传统医学也历经了长期发展的过程。南亚各国中医药发展程度不一。总体来说，印度传统医学起源最早，发展时间最为悠久。南亚其他各国传统医学的发展很大程度上都基于印度传统医学，或受到印度传统医学上的影响而发展。可以说，南亚地区的传统医药是以印度为核心的传统医药体系。印度的传统医学起源于公元前 3000 年前后，主要包括阿育吠陀医学、锡达医学、尤纳尼医学。还有一些小的医学体系和疗法，如安琪医学、瑜伽等。其中阿育吠陀医学是应用最广，影响最大的医学，其他医学和疗法都在很大程度上受到阿育吠陀医学的影响。目前大约有 300 家阿育吠陀医院，1.2 万个门诊部。有一个统一协调和管理印度传统医药的机构——印度医学中央理事会。南亚其他各国均在印度医学上发展，在斯里兰卡、巴基斯坦等南亚国家，传统医学也早已存在。佛教和印度医学很早就从印度传播到斯里兰卡。传统上，斯里兰卡对本土医学和印度医学的教育在属于佛教寺庙的学校中开展。在殖民统治期间，这种教育受到了压制，因此斯里兰卡本土医学体系的正规教育长期以来被忽视。此后，本土医学和印度医学以家庭传统的形式得以延续。中医药在巴基斯坦也早有传播，巴基斯坦民众对中国传统医学有着很强的认同感。中国传统医药进入巴基斯坦，不仅可以治病救人，也可以扩大中国传统医学的影响。相对上述国家，不丹、尼泊尔、阿富汗等南亚国家在传统医学方面的发展较为有限。不丹传统医学源自藏医学，是在传入不丹的过程中，根据不丹特殊的社会、历史和地理环境逐渐形成的。虽然传统医药在尼泊尔的地位不高，但却是国家医疗体系中的有机组成部分。由于与西医相比，传统医药更有效、安全和容易获得，因此，尼泊尔在全国都鼓励使用传统医药。马尔代夫以旅游业为本国的主要产业，传统医药发展较为局限。可见，中医药在南亚各国发展程度各异，其中以印度、斯里兰卡以及巴基斯坦的发展程度较高。

（二）中医药在南亚的传播

回顾历史，不难发现早在约公元前二世纪，张骞开辟“丝绸之路”时，派副使到达印度，并把中医药学传入了印度。南北朝时，中印佛教僧侣往来频繁，我国求法印度的僧侣大都精通中医药学，如公元六世纪敦煌高僧宋云就向印度人介绍了华佗的医疗事迹，唐代僧人曾在印度居住 20 年，用中医药学为印度人诊治疾病，促进了中印医药学的交流。南亚是“一带一路”倡议的重要组成，它是中国睦邻外交的重点。地缘上，中国与南亚的边界线长达 4 700 多公里，是南亚最大的邻邦，自古以来就是东西方经济文化交流的枢纽地带，与中国在经济、文化、政治等方面关系非常密切。目前，南亚一些国家也在本国同时设立传统医学和西医的学校，开设相关课程。以印度为例，当地人们在就医时还是偏向选择西医治疗，对于特殊病的治疗则选择传统医学。南亚地区有些国家传统医学发展较为成熟，已形成自身体系。具体来说，除了受本国传统医学影响，斯里兰卡、巴基斯坦、尼泊尔接纳中医药，有良好的民众基础，并得到当地政府的支持。在国家“一带一路”重要倡议的支持和指导下，中医药在海外发展迎来了新的契机。

（三）中医药在南亚传播的优势

学者龙堃、郑林赟认为，优势主要体现于文化背景、理论基础、政策支持和教育需求四个方面。首先，从文化角度来说，南亚地区与中国同属亚洲文化区域，对于中国文化有一定的了解与认识基础。中文在一些地区也能被接受，这都为交流提供了基础。南亚地区国家也与中国开展了多种形式的多元文化交流。中国与印度的文化交流颇深，中国与南亚的宗教交流有两千多年历史。印度佛教传入中国后，中国人对佛教逐步认识和了解并使之成为中国文化的有机组成部分。中国古代重视“天”和“人”的关系，强调“天人合一”的哲学观点，南亚传统文化重视“梵我同一”。两种思想观点的形成来源基本是相同的，两者都是宇宙创生论而来。中国的“天”和印度的“梵”都有创生万物的含义，而且是人格化的神，这种共同的思维方式和观念为中医药在南亚的传播提供了较好的人文基础，使得南亚地区人们能更好地理解中国文化。其次，从两种传统医学的理论基础而言，中印传统医学都强调顺应自然和季节变化，以一年四季的气候变化规律和特点来调节人体对内外环境的适应能力，以求达到健康长寿的目的。中医和印度传统医学都依赖于基础哲学。中医传统古籍《黄帝内经》，阿育吠陀的理论基础是《遮罗迦集》和《妙闻集》，分别记载手术和外科操作程序。而就诊断方面，中医和印度传统医学也有共同之处，阿育吠陀主要考虑病人的年龄、居住环境、社会及文化背景等。诊断手段包括触摸、检查和交谈，主要借助观察疾病病症和征兆，询问并观察等手段。基于两国传统医学的相似之处，这对于中医药在南亚地区的传播提供一定基础。再次，就国家政策而言，随着国家中医药“一带一路”政策的出台，南亚地区和中国的关系也日益升温。李克强总理曾于2013年5月首访选择印度和巴基斯坦，在那里正式宣布中国有意推进中巴和孟中印缅两个经济走廊的建设，这实际上早于中国正式宣布“一带一路”倡议。2015年4月，习近平主席同样将该年的首访选在巴基斯坦，双方随后发布的联合声明亦强调了中巴经济走廊是“一带一路”倡议的重大项目。中国与南亚主要国家的这些互动显示了中国高度重视南亚的地缘经济作用，与周边国家紧密合作，打造和谐共赢的新周边，这也为中医药在南亚地区的传播和推广奠定了有效的合作基础。此外，中医药在教育领域的优势也较为明显。南亚各国对中医药学习需求量较大，特别是斯里兰卡、巴基斯坦两国卫生部部长曾提出希望我国派出中医药专业人才传授中医药文化知识，尼泊尔也有专门人士来中国学习中医并且从事中医工作。

（四）中医药在南亚传播的劣势

中医药在南亚的发展面临着不可忽视的困难。学者龙堃、郑林赟认为，中医药在南亚地区的发展面临着西方医学和当地传统医学的竞争。以印度医学为例，其传统医药历史悠久，目前大约有 300 家阿育吠陀医院，1.2 万个门诊部。有一个统一协调和管理印度传统医药的机构——印度医学中央理事会，在推进当地医药发展方面具有很大作用。南亚其他各国在印度医学基础上也各有发展。同时，中医药作为传统医学在本国已有传统医学的基础上，大多数情况下并不能像现代新生科技一样带来新颖、直观、有冲击性的感官刺激，从而导致了中医药会难以在短期内吸引更多人的关注，这将在一定程度上影响中医药推广。从中医药准入情况上看，中医药在南亚大多数国家都没有立法，中药在很大程度上是作为食品补充剂进入当地市场。医学在几千年前对人体功能的认识就已经形成了完善的理论体系，这种认识超越了具体的解剖结构，再加上自汉以后的几千年里中国人对人体解剖的忌讳，历代的中医从业者对人体结构的确存在盲区，这毋庸讳言。再加上生产力的发展水平导致中医的医疗工具不可能出现如输血、支架等各种急救工具和恢复机体形态的医疗器械。因此中医在治疗完全由解剖形态改变导致的疾病上与西医相比存在劣势。而南亚一些国家，其医疗基础建设并不完善，在发展医疗过程中可能会更多地考虑采用西方医学。因此中医药在推广交流过程中，尤其是在当地传统医学较为成熟的地区，中医药也面临着竞争的医疗环境与认知度、应用度低的发展困境。

（五）进一步推进南亚各国政府在传统医药层面的通力合作

目前，在“一带一路”倡议的指导下，中医药在南亚的国际化发展拥有了更多机遇。2015 年 5 月 7 日，国务院办公厅发布了《关于印发中医药健康服务发展规划的通知》，将中医药国际化作为“一带一路”建设的重要内容。中医药的“一带一路”建设将中亚、南亚、东南亚、西亚等区域连接起来，有利于各区域间互通有无、优势互补、建立和健全亚洲供应链、产业链和价值链，使泛亚和亚欧区域合作迈上新台阶，因而得到了“一带一路”沿线各国的积极响应。在该政策的积极扶持下，中医药在南亚地区发展受到政策支持和保护。中国与南亚地区也曾签订相关合作协议促进双方的贸易往来，中国国际贸易促进会与南亚联盟工商会签订了合作协议，提升工商界的广泛友好关系，来推动合作机制。此外，促进会和孟加拉国和印度也分别签署了合作协议，这对于中国与南亚各国开展中医药服务贸易等合作模式提供了政策支持和便利条件。

（六）采取多种途径促进中医药的传播

中医药的国际传播目前主要通过以下途径：中医孔子学院、中医海外诊所、国际标准化组织及世界中医药学会联合会。此外，还有：印度孟买大学与中国天津理工大学合作筹办的印度第一所孔子学院，斯里兰卡科伦坡大学孔子学院，尼泊尔加德满都大学孔子学院，孟加拉国南北大学孔子学院，巴基斯坦伊斯兰堡孔子学院。在国家政策支撑中医药传播和发展的大环境下，中医药的传播日益受到重视，在孔子学院、中医药海外诊所以及国际交流与合作日益发展的状况下，需要通过具体传播途径扩大其影响力。具体说来，媒体传播方式主要分为新媒体和传统媒体。相比较而言，新媒体传播具有传统媒体不具备的强大的内容生产力和权威性。新媒体的大量原创型首发报道都来自传统媒体，这是基于新媒体在新闻报道的采编权限方面受到很大的限制以及审核的局限性。然而，新媒体也具备传统媒体无法取代的优势，例如，新媒体具有强时效性、传播范围广、传播方式多样等特点，这对于在海外传播中医药的途径有着重要作用。在应用媒体来传播中医药的选择上，可以根据具体的宣传事件，采取不同的传播途径和方法。在南亚地区传播中医药，在国家政策大力支持的基础上，可以采取多种传播途径相结合的方法，用其所长，将中医药在南亚传播实现最大化。

（七）根据不同国家制定不同发展策略

由于中医药在南亚不同地区发展水平良莠不齐，为了更好地推进中医药在南亚地区的发展，宜根据其发展现状与民众接受的不同程度来制定相应的发展策略。作为世界第二大传统医学诞生地的印度，其传统医学已发展成熟，可以合作为主基调，对比分析阿育吠陀医学与中医药理论研究，发挥中医药在当地的优势病种，找出中医药学不可替代的比较特色和优势。阿育吠陀医学和中医均依赖基础哲学，但在具体治疗手段上也存在个性化差异。学者龙堃、郑林赟认为，认为应该挖掘优势本身及背后的中医理论及手段方法进行重点推广和应用，以疗效提升接受度，推进中医药的传播。具体来说，可以先以针灸为试点，与其他治疗方法相比，针灸的发展阻力小，易被民众接受。巴基斯坦和斯里兰卡由于传统医药也有一定发展，但受到当地政策或经济水平制约，发展较为缓慢。与印度相比较，这两个国家中医药发展具有更大的发展空间和潜力。可以通过提供医疗和教育服务，搭建科研教学平台、医疗援助等方式，发挥中医药理论、文化及产业特色，带动中医药的全方位发展。孟加拉国在很大程度上仍旧属于中医药未及之地，中医药也初步展现了发展的可能。尼泊尔的基础建设较为落后，在中医方面几乎无任何的涉及。不过，该国家已有20余名留学生进入中国学习中医药，这将为日后中医药推广提供可能。不丹王国领土面积狭小，国教为藏传佛教，传统文化底蕴深厚，这为传统医学的发展提供可能。对于长年战乱、政局动荡的阿富汗以及旅游业为主的马尔代夫则几乎不见传统医学发展的踪迹，也可以考虑采取提供医疗援助等方式逐步带动中医药保健养生等产业的发展等途径。

参考文献

［1］《甘肃省中医药产业发展先行先试实施方案》，甘政办发〔2015〕15号.

［2］《甘肃省中医中药产业发展专项行动计划》，甘肃省人民政府办公厅，2018年6月2日.

［3］刘晓芳.甘肃确定2022年中医药重点工作［EB/OL］.（2022-02-22）［2022-07-14］.http://gs.people.com.cn/n2/2022/0222/c183283-35143783.html.

［4］龙堃，郑林赟.“一带一路”倡议下南亚地区中医药的传播与发展初探［J］.中医药文化，2017，12（01）.